Doris Kleffner

Liberia – Paradies auf Abwegen

Am Beispiel des rohstoffreichen und fruchtbaren westafrikanischen Landes Liberia, das von zurückgekehrten amerikanischen Sklaven gegründet wurde, deren skrupellose Machtgier jedoch zu einem zerstörerischen Bürgerkrieg führte, legt Kleffner als ehemalige Mitarbeiterin der Vereinten Nationen die Problematik der internationalen Entwicklungspolitik im Angesicht von Korruption, Misswirtschaft und Machtgier dar.

In vielen Anekdoten berichtet sie von der liberianischen Kultur sowie von der Arbeit und vom Leben der UNO-Mitarbeiter*innen im Kriseneinsatz. Die Autorin schreckt auch nicht vor befremdlichen Ereignissen und verstörenden Beschreibungen von rituellen Menschenopfern und Gräueltaten des Bürgerkrieges zurück. So wird deutlich, wie allgegenwärtig abergläubische Überzeugungen und Praktiken in der einheimischen Bevölkerung sind und welch starken Einfluss traditionelle Geheimgesellschaften und Freimaurertum haben.

Die Autorin hinterfragt das Verhältnis unserer Politiker zu den korrupten Machthabern und zeigt, dass Massenmigration durch Millionenzahlungen an korrupte Eliten nicht gestoppt werden können. Das Buch regt somit an, stereotype Vorstellungen von Afrika und Entwicklungspolitik grundsätzlich zu überdenken.

Doris Kleffner arbeitete über 32 Jahre weltweit für die Vereinten Nationen. Sie war zunächst Konferenzassistentin bei den Vereinten Nationen in New York. Humanitäre Hilfe leistete sie zunächst in Pakistan und Afghanistan, bevor sie von 1992 bis 1994 ihren ersten Einsatz in Liberia hatte. Mehrere Jahre war Kleffner im Kriseneinsatz in Ruanda, Burundi und Bosnien und viele weitere in Genf beim UNO-Hochkommissariat für Flüchtlinge. Von 2007 bis 2009 folgte ein erneuter Einsatz in Liberia, als Beauftragte für die Reintegration der Ex-Rebellen des Bürgerkrieges bei UNMIL, der UNO-Friedensmission in Liberia. Weitere Stationen waren Kambodscha und die Zentralafrikanische Republik, wo sie ebenfalls zuständig war für die Reintegration der Ex-Rebellen. Doris Kleffner ist seit 2018 pensioniert und lebt in Frankreich.

Doris Kleffner

Liberia – Paradies auf Abwegen

Kritische Einblicke in die
internationale Entwicklungspolitik

Brandes & Apsel

Auf Wunsch informieren wir Sie regelmäßig mit unseren Katalogen
»Frische Bücher« und »Psychoanalyse-Katalog«. Wir verwenden Ihre Daten
ausschließlich für die Zusendung unserer beiden Kataloge laut der EU-Datenschutzrichtlinie und dem BDS-Gesetz. Bitte senden Sie uns dafür eine E-Mail
an info@brandes-apsel.de mit Ihrer Postadresse. Außerdem finden Sie unser
Gesamtverzeichnis mit aktuellen Informationen im Internet unter:
www.brandes-apsel.de sowie www.kjp-zeitschrift.de

1. Auflage 2020

© Brandes & Apsel Verlag GmbH, Frankfurt a. M.
Alle Rechte vorbehalten, insbesondere das Recht der Vervielfältigung und
Verbreitung sowie der Übersetzung, Mikroverfilmung, Einspeicherung und
Verarbeitung in elektronischen oder optischen Systemen, der öffentlichen
Wiedergabe durch Hörfunk-, Fernsehsendungen und Multimedia sowie
der Bereithaltung in einer Online-Datenbank oder im Internet zur Nutzung
durch Dritte.
DTP: Brandes & Apsel Verlag
Cover: Brandes & Apsel Verlag unter Verwendung einer Abbildung von
Doris Kleffner
Lektorat: Daria Bendel, Brandes & Apsel Verlag
Druck: STEGA TISAK d. o. o., Printed in Croatia
Gedruckt auf einem nach den Richtlinien des Forest Stewardship
Council (FSC) zertifizierten, säurefreien, alterungsbeständigen
und chlorfrei gebleichten Papier.

Bibliografische Information der Deutschen Nationalbibliothek:
Die Deutsche Nationalbibliothek verzeichnet diese Publikation
in der Deutschen Nationalbibliografie; detaillierte bibliografische
Daten sind im Internet über www.ddb.de abrufbar.

ISBN 978-3-95558-286-9

Inhalt

1.	Wie man an die Pfefferküste kommt	7
2.	Amerikanische Ex-Sklaven gründen Republik an der afrikanischen Pfefferküste	10
3.	Ankunft im Paradies	12
4.	Paradies und »Failed State«	20
5.	Der Coup – ein »Game Changer«	28
6.	Die Rebellion	32
7.	Der Feldmarschall	37
8.	Das Schachspiel beginnt	42
9.	Operation Octopus	45
10.	Rückkehr nach Liberia	52
11.	Pfaffen, Freimaurer, Hexenmeister, Geheimbünde und Ritualmorde	60
12.	Diamantenhändler, Goldsucher und andere Abenteurer	80
13.	Am Rande des Abgrunds	83
14.	Das Massaker von Harbel	86
15.	UNOMIL – neue Hoffnung auf Frieden	93
16.	Umzug an den falschen Ort	96
17.	Wenn Elefanten kämpfen, leidet das Gras	100
18.	Leben mit Checkpoints	105
19.	Warum das mit den Projekten so schwierig ist	108
20.	Paradiesische Idylle	115
21.	Versuchter Coup	120

22.	Abschied	125
23.	Die Show geht weiter	126
24.	General Butt Naked – Warlord und Evangelist	129
25.	Je höher der Flug ...	138
26.	Eine Superpower erzwingt den Frieden	145
27.	UNMIL, die größte UNO-Friedensmission der Welt	148
28.	Die eiserne Lady und Countdown für Taylor	151
29.	Wiedersehen nach 13 Jahren	154
30.	Ein neues Leben für Ex-Kämpfer?	164
31.	Ein paar Projekte	181
32.	Feldtrips	185
33.	Professor Sachs – der weiße Retter	200
34.	Das Gegenstück zu Sachs: Schwester Barbara	203
35.	Eine ziemlich große Enttäuschung	205
36.	Schachmatt für Charles Taylor	211
37.	Der Fußballspieler – Liberia heute	212
38.	Gedanken	214
39.	Chronologie	218
	Abbildungen	224
	Abbildungsnachweise	241

1. Wie man an die Pfefferküste kommt

Es war für mich keine Frage, meinen guten Job in Deutschland zu kündigen und nach New York zu ziehen, wo ich durch einen Freund an einen einfachen Halbtagsjob bei den Vereinten Nationen, der UNO, kam. Das war der Anfang einer langen Reise und von seither 32 Jahren in dieser Organisation, deren Ideale ich teilte und in der ich eine Heimat fand, Seite an Seite mit Menschen aus aller Welt. Sie öffnete mir Türen in unbekannte Welten und endlose Möglichkeiten, die sich nur ergeben, wenn wir es wagen, unsere Pläne über den Haufen zu werfen, und unsere Wohlfühlzonen zu verlassen, um mit Selbstvertrauen von der Klippe ins Unbekannte springen.

Ich dachte nicht an Karriere, sondern wollte lernen und erkunden, und das tun, was ich liebte. Viele Kolleginnen und Kollgene zogen einen wechselnden Dienstort vor, bei dem man die Komfortzone nicht verlassen musste, das hieß, man wechselte von New York nach Paris und von da nach Genf, das nannte man die »Elizabeth-Arden[1]-Runde«. Ich jedoch begab mich auf die abenteuerlichere »Indiana-Jones-Runde«, mich interessierten Herausforderungen anderer Länder und Kulturen. Mich reizte die multikulturelle Umgebung, die Idee, mit Menschen aus aller Herren Länder und aus allen Lebensbereichen zu arbeiten und zu leben.

Nach einem Start bei UNICEF in New York ganz unten auf der Leiter und dann als Konferenzassistentin bei der UNO-Generalversammlung 1987 landete ich in einem langweiligen Bürojob bei der UNO in Genf. Ich ließ erneut den sicheren Job hinter mir und wechselte zum UNO-Freiwilligenprogramm (UNV).[2] Dort wurde ich 1989 »Liaison Officer« beim Welternährungsprogramm, WPF,[3] um die Lebensmittelverteilung in den afghanischen Flüchtlingslagern[4] in Pakistan zu überwachen. Alle Kollegen in Genf hatten mir davon abgeraten, bis auf den japanischen Vizedirektor, der mich in sein Büro rief und mir etwas sagte, dass ich nie von ihm erwartet hätte: »Geh' raus und mach' den Job, und sogar wenn du auf eine Mine treten solltest und ein Bein verlierst, ist das immer noch besser, als hier sitzen zu bleiben!« Ich sollte diesen Mann sechs Jahre später im Süden Ruandas wiedersehen, als er mich

---

1 Kosmetikkonzern mit Geschäften in schicken Hauptstädten.
2 United Nations Volunteers – und dies ist ein Tipp für alle Interessierten. Neben dem UNV Programm ist das JPO (Junior Professional Officer) Programm die Alternative, um bei der UNO einzusteigen.
3 World Food Programme.
4 Eine Folge der sowjetischen Intervention in Afghanistan.

dem ruandischen Präsidenten Kagame vorstellte und mir sagte, dass er stolz auf meinen Werdegang sei.

Die »Indiana-Jones-Runde« ging von Pakistan nach Afghanistan, wo ich in Kabul Leiterin des UNO-Freiwilligenprogramms wurde – in einem Land, in dem die Russen einmarschiert waren, um die Kommunisten unter Präsident Najibullah zu unterstützen, und die Mujaheddin, unterstützt vom Westen, heftigen Widerstand leisteten. Drei Millionen Afghanen waren ins benachbarte Pakistan geflohen. Als ich ankam, waren die Russen gerade abgezogen. Für mich wurden es zwei lohnende Jahre in diesem wundervollen Land, bis die Mujaheddin 1992 Kabul überrannten. Der UNO-Sondergesandte fuhr den Präsidenten mit seinem Wagen zum Flughafen, wo eine Maschine ihn ins Exil nach Indien bringen sollte. Die Mujaheddin aber waren schneller und versperrten ihnen die Straße, konnten ihn jedoch auch nicht verhaften, da er in einem UNO-Fahrzeug saß. Somit flüchtete er in das UNO-Büro in Kabul, wo er vier Jahre lang Schutz suchte, bis ihn die Taliban gewaltsam herausholten und an einem Laternenpfosten aufhängten.

Wir wurden damals sofort nach Neu Delhi, Indien, evakuiert, denn die Mujaheddin-Anführer fingen an, sich gegenseitig die Macht streitig zu machen. Pakistan, der Iran, Usbekistan und Saudi-Arabien bewaffneten ihre Interessengruppen, um ihre Kontrolle über Afghanistan geltend zu machen.

Da saßen wir nun alle in Neu Delhi im Hotel und verfolgten die Situation in Kabul jeden Tag über BBC und CNN. Niemand wusste, was passieren würde, und uns wurde geraten, erstmal Urlaub zu nehmen. Mein Vertrag ging sowieso seinem Ende zu. Nach weiteren Tagen des vergeblichen Wartens auf eine Beruhigung der Situation in Kabul schwand die Hoffnung auf eine baldige Rückkehr nach Afghanistan. Ich flog nach Deutschland.

Jetzt saß ich also in Deutschland im Hause meiner Eltern in einem kleinen Dorf in Ostwestfalen und war auf der Suche nach einem neuen Job. Die Evakuierung hatte mich von heute auf morgen aus meinem Umfeld, meinem Leben, meiner Arbeit und aus meinen Freundeskreis herauskatapultiert. Doch an anderer Job als bei der UNO kam überhaupt nicht in Frage.

Als meine Mutter schon verzweifelte, weil die Menschen im Dorf denken könnten, dass ich arbeitslos sei, kam ein Anruf meines früheren Chefs in Kabul. Mein Vater nahm den Anruf entgegen und grummelte etwas in den Hörer. Als er immer wieder schrie: »Wer ist da«, und nichts zu verstehen schien, hatte ich eine Ahnung, dass der Anruf für mich sein könnte. Der Anruf kam aus Monrovia, Liberia, wo mein früherer Chef inzwischen Repräsentant des UNDP[5] war. Er fragte, ob ich wieder als Leiterin des UNV-Büros arbeiten wol-

---

5 United Nations Development Programme, das Entwicklungsprogramm der Vereinten Nationen.

le, allerdings herrsche dort ebenfalls ein Bürgerkrieg. Liberia! Wer kennt schon Liberia! Meine Intuition sagte mir, dass das genau das Richtige war, und ich sagte begeistert zu.

Dann schaute ich im Atlas und im Lexikon nach, denn, man kann es sich kaum vorstellen, man lebte damals noch ohne Google. Den Küstenstreifen, an dem die Hauptstadt Monrovia lag, nannte man früher die Pfefferküste, denn dort wuchs wirklich der Pfeffer. Sumpfig und heiß sollte es dort sein, Malariagebiet. Was war das für ein Bürgerkrieg? Den Bürgerkrieg konnte das Lexikon zwar nicht erklären, aber die Geschichte des Landes war sehr ungewöhnlich.

2. Amerikanische Ex-Sklaven gründen Republik an der afrikanischen Pfefferküste

Liberia ist Afrikas älteste Republik, und eines von nur zwei Ländern in Afrika, die nie kolonialisiert worden waren.[6] Die Geschichte des Landes fängt aber in den USA an, wo die »American Colonization Society« sich seit 1820 zum Ziel setzte, freigelassene Sklaven aus Nordamerika und der Karibik zurück nach Afrika zu schicken.

Die Beweggründe dieser Aktion waren vielfältig, sie waren nicht nur einem humanitären Streben entsprungen. Viele konnten sich keine Gesellschaft vorstellen, in der sie Seite an Seite mit freien schwarzen Menschen zusammenleben sollten. Andere wiederum, die noch Sklaven besaßen, fürchteten sich vor gewalttätigen Sklavenrevolten, wie sie in der Karibik vorkamen, und manche glaubten, damit zwei Klappen zu schlagen, indem man sie das Christentum in Afrika verbreiten ließ. Wenn man sich die Fotos der ersten liberianischen Präsidenten ansieht, wird anhand der Gesichtszüge und ihrer hellen Haut klar, dass diese wohl eine Zumutung für die damalige amerikanische Gesellschaft gewesen sein mussten, denn sie waren der Beweis, dass weiße Männer mit Sklavenfrauen schliefen.

1822 macht sich ein Segelschiff mit den ersten 86 freigelassenen Sklaven von Amerika aus auf den Weg nach Westafrika, dem Kontinent ihrer Vorfahren. Tausende sollten ihnen folgen. Sie landeten an der Pfefferküste. Die erste Gruppe erpresste ein Stück Land vom einheimischen König Peter, indem sie ihm mit militärischer Gewalt drohten. Gleichzeitig überschütteten sie ihn mit Geschenken wie Alkohol, Waffen, billigem Glitterzeugs und anderen Ramschwaren. Die ersten Siedler starben fast alle an Fieber und Malaria, aber andere Schiffe kamen nach, und so entstand die erste Siedlung, die zunächst von weißen Gouverneuren der American Colonization Society, und später von den Americo-Liberianern, wie sich die Ex-Sklaven nannten, verwaltet wurde.

Es gab noch eine andere Kategorie befreiter Sklaven, nämlich diejenigen, die nach dem Verbot der Sklaverei auf See abgefangen wurden. Man nannte sie »Congo« und brachte sie ebenfalls nach Liberia. Später verwischte der Unterschied zwischen Americo-Liberianern und Congos, obwohl, es gibt heute noch ein Stadtviertel in Monrovia das »Congo Town« heißt, wo sich auch die Deutsche Botschaft befindet.

Die Americo-Liberianer gründeten mehrere Siedlungen an der Küste, die größte ist die heutige Hauptstadt Monrovia, benannt nach dem amerikanischen

---

6 Das zweite Land ist Äthiopien.

2. Amerikanische Ex-Sklaven gründen Republik an der afrikanischen Pfefferküste

Präsidenten Monroe. 1847 wird die Republik Liberia nach dem Vorbild der USA gegründet. Verfassung, Verwaltung und Ortsnamen spiegeln die der USA wider. Liberias Flagge entspricht der der USA, nur dass sie einen einzigen weißen Stern trägt. Noch heute sehen sich viele Liberianer als Söhne Amerikas.

3. Ankunft im Paradies

Der Sonderflug von der Elfenbeinküste landete im September 1992 auf dem kleinen Flughafen Spriggs Payne inmitten der Hauptstadt Monrovia, weil der internationale Flughafen Robertsfield[7], der knapp 60 Kilometer außerhalb der Stadt liegt, außer Betrieb war. Von den Amerikanern erbaut, war er eigentlich ein Vorzeigeflughafen in Afrika. Jetzt war die Landebahn mit Bombenkratern übersät. Der Flughafen lag nämlich in dem Gebiet, das sich unter Kontrolle des Warlords und Rebellenführers Charles Taylor befand. Dieser hatte fast ganz Liberia erobert, aber es war ihm nicht gelungen, die Hauptstadt einzunehmen. In Monrovia selbst war nach dem Mord an dem letzten Präsidenten, Samuel Doe, eine provisorische Übergangsregierung installiert worden, die von der westafrikanischen Friedenstruppe ECOMOG[8] unter nigerianischer Führung geschützt, und von der UNO unterstützt wurde.

Charles Taylor finanzierte seinen Krieg damit, dass er die üppigen Rohstoffe des Landes wie Gold, Diamanten und Tropenhölzer illegal ausbeutete und exportierte und dabei sehr reich wurde. Um ihm den Export der Rohstoffe und den Import von Waffen zu erschweren hatte ECOMOG, oder vielmehr die nigerianische Luftwaffe, die Landebahn des internationalen Flughafens Robertsfield bombardiert und damit unbrauchbar gemacht.

Eine der Hauptrollen der UNO neben der Leistung humanitärer Hilfe für die Bevölkerung war es, eine politische Lösung des Konflikts durch Verhandlungen zwischen den Parteien herbeizuführen. ECOMOG sollte eigentlich als Friedenstruppe im ganzen Land stationiert werden, aber Charles Taylor verweigerte dies mit der Begründung, dass sie hauptsächlich aus Nigerianern bestand, die er als nicht neutral zurückwies. Somit war der Bewegungsraum von ECOMOG zunächst auf nicht viel mehr als Monrovia und seine Vororte beschränkt.

Die Hauptstadt hatte sich mit dem kleineren Stadtflughafen Spriggs Payne arrangiert. Als ich oben auf der Flugzeugtreppe stand, schlug mir wohlig warmfeuchte Tropenluft entgegen. Ich mochte dieses Klima sehr. Auf den Dächern der Flughafengebäude konnte ich schwerbewaffnete ECOMOG-Soldaten ausmachen. Panzer und andere Militärfahrzeuge dominierten den Flugplatz.

---

7 Heute heißt er nur noch »Roberts«.
8 Economic Community of West African States Monitoring Group, oder kurz ECOMOG, war eine regionale Westafrikanische Friedenstruppe, welche die Vereinigung der westafrikanischen Staaten, ECOWAS, nach Liberia entsandte. Es war ein erstmaliger Versuch, einen Konflikt mit regionalem Einsatz statt einer internationalen UNO-Friedenstruppe zu lösen.

3. Ankunft im Paradies

Nigerianische Passagiermaschinen brachten neue Soldaten und holten alte Kontingente nach Hause. Es war Regenzeit und es nieselte leicht. Mein alter Kollege Doug holte mich ab, er wartete unten an der Flugzeugtreppe mit einem Regenschirm.

Doug war ein UNO-Urgestein. Als ich meinen ersten Job bei der UNO begann, war er schon im Ruhestand, aber er reinkarnierte immer wieder als Berater in Krisengebieten. Nach einer Karriere bei der britischen Armee hatte er schon in den Sechzigerjahren während der Wirren im Kongo für die UNO Dienst geleistet. Doug war Schotte und ein Gentleman, wie man ihn sich vorstellte – ein anständiger Mensch, dem man seinen Sparstrumpf anvertrauen würde. Diskret kümmerte er sich um das Wohlergehen seiner Kollegen, deshalb holte er mich auch persönlich ab. Wir hatten schon in Afghanistan und Kambodscha eng zusammengearbeitet. In diesen unwirklichen Orten ist UNO immer Familie, man arbeitet und lebt zusammen, man kümmert sich umeinander. Doug trug am Wochenende immer kurze Hosen und hohe weiße Kniestrümpfe, was etwas kolonial anmutete. Seine Witze riss er nach der Art der britischen Inseln, ohne dabei seine Miene zu verziehen, und er behielt immer Haltung, komme, was wolle.

Dougs Fahrer erwartete uns mit einem weißen UNO-SUV, und ab ging es zum mehr als zehn Kilometer entfernten UNO-Compound, in dem zu der Zeit alle UNO-Mitarbeiter aus Sicherheitsgründen wohnen mussten. Auf dem Weg dorthin passierten wir eine Reihe von ECOMOG-Checkpoints – Straßensperren, die von ECOMOG-Soldaten hinter Mauern aus Sandsäcken und einfachen Kabäuschen bemannt waren. Sie durchsuchten verdächtige Fahrzeuge nach Waffen und überwachten die Ausgangssperre, die von abends acht Uhr bis zum nächsten Morgen um sechs Uhr galt. Da die UNO diplomatische Immunität genießt, durften ihre Fahrzeuge sowie Mitarbeiter nicht durchsucht werden. Wir näherten uns den Checkpoints ganz langsam, hielten an, drehten die Scheibe herunter und grüßten respektvoll. Da es schon leicht dämmerte, machte der Fahrer die Innenbeleuchtung schon weit vor dem Checkpoint an, um den Soldaten die Angst vor einem Anschlag zu nehmen, immerhin kam es nicht selten vor, dass Charles Taylors Kämpfer UNO-Fahrzeuge oder Fahrzeuge von Hilfsorganisationen, den sogenannten NGOs, einfach kommandierten.

Die Stadt war bei einem Angriff von Charles Taylors Kämpfern zwei Jahre zuvor gründlich geplündert worden. Es sah aus, als hätte eine Bombe eingeschlagen, ein Schlagloch folgte dem anderen, die Häuser waren verwahrlost, Straßenlaternen und Schilder rostig und von Maschinengewehrsalven durchlöchert. Das feuchte Klima hatte dafür gesorgt, dass die Wellblechdächer verrosteten, und Häuserwände moderten mit schwarzen Flecken überzogen vor sich hin.

3. Ankunft im Paradies

Die Bevölkerung in Monrovia hatte sich verdoppelt, da abertausende Familien vor den marodierenden Rebellen im Landesinneren geflohen waren und in der Hauptstadt Schutz suchten. Die Infrastruktur schien zu kollabieren, die Wasser- und Stromversorgung war zusammengebrochen, Müllcontainer quollen über, Abfallhaufen säumten die Straßen.

Die Menschen richteten sich provisorisch in halb zerstörten Häusern und Ruinen ein oder errichteten provisorische Verschläge aus verrostetem Wellblech und flachgeschlagenen Blechbehältern zwischen den Gebäuden, die eher an Hühnerverschläge erinnerten. Tausende hatten sich in den verlassenen mehrgeschossigen Verwaltungs- und Bankgebäuden einquartiert, die so gründlich geplündert worden waren, dass nur noch Betonskelette übriggeblieben waren, durch deren Etagen man von einem Ende zum anderen durchschauen konnte. Die Vertriebenen hängten große Tücher auf, um für jede Familie etwas Privatsphäre zu schaffen. Das gleiche Schicksal war den einzigen zwei 5-Sterne-Hotels der Stadt beschert.

In der Innenstadt waren die Straßen wie in amerikanischen Städten im Schachbrettmuster angelegt, mit ebenso amerikanischen Namen, meistens die der americo-liberianischen Siedler. Sie hießen Gurley-, Broad-, Benson-, Randall- oder Johnson Street.

Trotz Chaos und Zerfall war die Atmosphäre alles andere als desolat – inmitten von Zerfall und Chaos pulsierte ein buntes, fröhliches und lautes Leben. Die Bürgersteige waren voll mit Menschen und Ständen, die irgendetwas verkauft oder wo gekocht wurde. Schubkarren mit Waren reihten sich aneinander. Junge Männer verkauften Trinkwasser aus riesigen Kanistern, die sie in großen Karren vor sich herschoben, eine Knochenarbeit bei der dortigen Hitze. Tankstellen waren zerstört und Benzin wurde auf dem Bürgersteig in leeren Bierflaschen verkauft. Laute afrikanische Musik plärrte aus den Lautsprechern der jungen Männer, die CDs und Kassetten aus ihren Schubkarren heraus verkauften. Füllige Frauen mit farbenfrohen langen Kleidern trugen Waren auf dem Kopf, andere hatten ihre voluminösen bunten Kopftücher in kunstvollen Designs hochgesteckt. Die Männer waren ebenfalls fantasievoll angezogen, mit weiten bunten Hemden in afrikanischen Mustern und Pluderhosen in gleichen Mustern, manche trugen auch westliche Kleidung, oft Ware aus zweiter Hand, die hier massenweise überall auf den Straßen spottbillig angeboten wurde.

Verrostete und hoffnungslos überladene Fahrzeuge und gelbe Taxis waren mit bunten Sprüchen meist religiöser Natur bemalt: »Satan ist vollends besiegt« oder »Kein Jesus – kein Leben«. Je näher wir unserem UNO-Compound kamen, desto spärlicher besiedelt wurde es, am Ende stand nur mal hier und da ein Haus inmitten einer wuchernden grünen Natur. Wir fuhren über eine lange Brücke, die den Saint Paul River überspannte, und bogen von der geteerten

Hauptstraße auf eine gradlinige Schotterpiste ab, bis wir vor einem Tor standen. Wir waren angekommen.

Als das Tor von einem uniformierten Wachmann geöffnet wurde, traute ich meinen Augen kaum. Mir bot sich ein Bild wie auf einer Postkarte aus dem Urlaub in den Tropen. Eine geteerte Straße führte durch einen gepflegten Palmengarten mit 23 Bungalows. Links am Eingang lagen zwei Tennisplätze. Die Bungalows auf der einen Seite waren direkt an das Ufer des Saint Paul River gebaut, dem die Terrassen zugewandt waren, die anderen standen in der zweiten Reihe. Außer auf der Flussseite war der Compound von einer Mauer umgeben. Am Ende der Straße lag der damals größte Swimmingpool des Landes[9], direkt neben dem Restaurant mit seiner großen Halle und einer gut bestückten Bar aus edlem Tropenholz. Das Restaurant war umgeben von einer Terrasse, die über den Fluss hinausging, daneben war der Bootsanlegeplatz. Auf der anderen Seite des Pools stand die Squashhalle. Der Compound lag mitten in der Natur, allein der Blick auf den breiten Strom ließ Entspannung pur aufkommen. Das andere Ufer lag in der Ferne, und nur schemenhaft konnte man ein paar Häuser in einem Meer von Grün auf der anderen Seite wahrnehmen. »Riverview« oder »Flussblick« hieß der Compound, der ursprünglich für die Angestellten der amerikanischen Botschaft gebaut worden war. Jetzt bot er den Mitarbeitern der verschiedenen UNO-Organisationen ein sicheres und komfortables Zuhause. Wie überall in Afrika patrouillierten Sicherheitsleute in Uniform innerhalb des Geländes, und am Eingang hielt der Pförtner in seinem Häuschen alle ungebetenen Gäste fern – obwohl er selbst in den Häusern anrief, wenn er zum Beispiel neue Turnschuhe brauchte, wie ich noch feststellen sollte.

Doug setzte mich an meinem Bungalow ab, den ich mir mit einer amerikanischen Journalistin teilte, die ebenfalls im UNV-Freiwilligenprogramm als Pressebeauftragte arbeitete. Für sie war der Job eine einzigartige Möglichkeit, einen Bürgerkrieg aus der sicheren Postition der UNO zu verfolgen, was für eine unabhängige Journalistin schwierig und gefährlich gewesen wäre, und außerdem machte sich das gut im Lebenslauf. Ich war begeistert von den Lebensverhältnissen und ließ mich von Doug zu einem Drink im Riverview-Restaurant einladen, bevor wir dort zu Abend aßen. Zufrieden packte ich meine Koffer aus und ging zu Bett.

Am nächsten Morgen hatte der Koch das Frühstück zubereitet und ließ uns wissen, dass das Abendessen auf dem Herd stehen würde, wenn wir nach

---

9 Die großen Hotels mit ihren Pools waren vollständig geplündert worden, und die ausländischen Minengesellschaften mit ihren Wohncompounds und großen Pools mitten in der Wildnis hatten das Land bei Kriegsbeginn verlassen. Ihre Anlagen waren ebenfalls geplündert worden.

3. Ankunft im Paradies

Hause kämen. Die weißen UNO-Fahrzeuge, alle mit deutlicher schwarzer Markierung, die vor jedem Haus standen, bewegten sich jetzt eins nach dem anderen Richtung Innenstadt, wo sich die Büros der UNO alle in derselben Straße aneinanderreihten. Ich sollte die ersten Tage morgens mit Doug fahren, während ich darauf wartete, dass mir ein eigenes Auto zugeteilt wurde.

Wir überquerten wieder die lange Brücke über dem gewaltigen Strom. Über mehrere Kilometer durchfuhren wir die Insel Bushrod Island der Länge nach, um am Ende wieder über eine Brücke die Innenstadt zu erreichen.

Die Außenbezirke waren sehr grün, nicht weil es Gärten gab, sondern weil die tropische Vegetation überall wild wucherte. Einfache Hütten wechselten sich mit Häusern von europäischem Standard ab. Halbfertige Häuser oder solche, für die gerade erst der Grundstein gelegt worden war, durchzogen wild die Landschaft. Die Bauherren bauten immer nur dann weiter, wenn sie wieder Geld hatten.

Der Straßenverkehr wurde dichter, je näher wir der Stadt kamen, genauso wie der Strom von Menschen, die am Straßenrand unterwegs waren. Der Verkehr fing an zu stocken, als wir einen Markt durchquerten, der sich links und rechts der Straße ausbreitete. Ununterbrochen überquerten Menschen mit Handkarren die Straße. Frauen, die Schüsseln und Eimer mit schweren Waren auf dem Kopf balancierten, wichen unserem Hupen aus.

Wir kamen nur mühsam voran, manche Händler hatten ihren Stand fast auf dem Asphalt aufgebaut. Junge Männer hatten Zahnpasta, Seife und billige Kosmetika aus China oder Nigeria in Schubkarren aufgestapelt. Die Waren standen dicht an dicht, Berge von bunten Plastikschüsseln und Eimern türmten sich zum Verkauf auf, bunte Stoffe mit afrikanischen Mustern, BHs, Jeans und Handtücher lagen neben Schweinefüßen, Hühnerfüßen, geräuchertem und frischem Fisch. Palmöl, Reis, Mehl und Zucker wurden lose verkauft und mit leeren Konservendosen abgemessen. Gemüse, Obst, Fleisch und Fisch wurde nicht gewogen, sondern in Portionen verkauft, die sorgfältig auf Tischen oder auf einer Plane auf dem Boden zusammengelegt waren. Manche Verkaufsstände waren eine Augenweide: Limonen, Bitterballknollen und scharfe Pfefferschoten waren zu bunten Pyramiden aufgebaut. Die Portionen waren klein, weil die Menschen, die hier einkauften, keinen Kühlschrank hatten, und meist reichte das Geld auch nicht, um für mehr als eine Mahlzeit einzukaufen. Zwischen den Waren staute sich Müll, und Unmengen von Fliegen surrten auf den Fisch- und Fleischwaren, die von den Händlern mit haarigen Wedeln aus Tierschwänzen vertrieben wurden. Doug hupte sich vorwärts durch einen Wirrwarr von Transportern, Handkarren und klapprigen Taxis.

Nach dem Markt reihten sich kilometerweit wie Perlen auf einer Schnur die Geschäfts- und Werksgebäude der libanesischen Geschäftsleute. Autohäuser,

Bauunternehmen, Fabriken für Schaumstoffmatratzen, Großhandel für afrikanische Wachsdruckstoffe[10] sowie moderne Supermärkte rauschten vorbei, vor denen liberianische Frauen ihr Obst und Gemüse verkauften.

Rechts lag das Hafengelände, hier hatten die Amerikaner den wichtigsten Hafen Westafrikas gebaut. Riesige Containerschiffe aus aller Welt liefen ihn an, und von hier wurden die Rohstoffe des Landes exportiert. Neben uns fuhren völlig schrottreife Lastkraftwagen, welche die Container vom Hafen aus weitertransportierten. Von Schlagloch zu Schlagloch wankten die schweren Container auf den Ladeflächen hin und her, sodass mir Angst und Bange wurde, als wir neben einem solch wankenden Monster im Stau standen. Später sollte ich erfahren, dass es durchaus vorkam, dass ein Container herunterfiel und Menschen dabei zu Tode kamen.

Kurz vor der letzten großen Brücke über den Montserrado-Fluss, in dem die Insel lag, auf der die ersten Siedler aus den USA angekommen waren, und der ein paar hundert Meter weiter im Meer mündete, stauten sich die Autos wieder. Hier standen auf dem Mittelstreifen junge Männer und boten den Autofahrern alles von Radkappen über Zeitungen bis Insektenspray und Hundewelpen zum Kauf an. Viele dieser Waren holten sie sich von libanesischen Großhändlern. Hier sah man deutlich die Spuren der Schlacht um Monrovia: Die Straßenlaternen waren durch Kalaschnikow-Gewehrfeuer dermaßen durchlöchert, dass sie sich nach unten bogen, und die Reklametafeln waren derart von Kugeln durchsiebt, dass kaum noch Blech übrig blieb. Doug erklärte mir, dass die Kriegsparteien nicht zielten, sondern ihre Kalaschnikowsalven einfach Richtung Feind sprühten, ähnlich der Strategie einer Flächenbombardierung. Das erklärte, dass man manchmal ganze Teppiche von Patronenhülsen vorfand. Der Grund dafür sollen Erfahrungen mit alten Gewehren gewesen sein, die auch schon mal nach hinten losgingen. Ich hatte außerdem in alten Büchern von Missionaren und Forschern, die das Land im frühen 20. Jahrhundert bereist hatten, gelesen, dass während der damaligen Kriege zwischen den Ethnien, die mit Pfeil und Bogen ausgetragen wurden, ebenfalls flächendeckend geschossen wurde.

Wie früher auch in anderen Teilen der Welt, Europa eingeschlossen, waren Plünderungen Teil des Kriegsverständnisses. In Liberia wurden die Kämpfern nicht bezahlt, und die Aussicht auf Plünderungen zur persönlichen Bereicherung war eine Hauptmotivation für die Teilnahme am Krieg. Traditionelle Krieger wurden damals ebenfalls von der Bevölkerung verköstigt, und

---

10 Die wunderschönen Stoffe mit den farbenfrohen afrikanischen Mustern, aus denen sich die Afrikanerinnen ihre Kleider schneidern lassen, kamen ursprünglich aus Holland, und die Holländer wiederum hatten sich bei der Produktion von indonesischen Batikwachsmustern aus ihrer indonesischen Kolonie inspirieren lassen. Mittlerweile werde sie auch in Afrika produziert.

jetzt überfielen die Rebellen Dörfer, terrorisierten die Bevölkerung, stahlen Nahrungsmittel und nahmen junge Frauen als Sexsklavinnen und Männer als Arbeitssklaven oder Lastenträger mit. Ihre Kommandanten hatten ihnen versprochen, dass sie alles, was sie »eroberten«, behalten konnten, Fahrzeuge eingeschlossen, obwohl ihnen ihre Vorgesetzten bei der Rückkehr manches Beutegut wieder wegnahmen. Deshalb waren die Schäden, die wir an Gebäuden und Infrastruktur sahen, nicht durch Kriegshandlungen, sondern durch massive Plünderungen entstanden.

Unsere Büros lagen alle an einer Straße in der Innenstadt, einschließlich des UNDP[11], das auch mein Büro beherbergte, des Welternährungsprogramms (WFP), der Weltgesundheitsorganisation (WHO), der UNICEF und anderer. Die Gebäude waren schneeweiß getüncht und von hohen Mauern umgeben. Sie wurden von Sicherheitsleuten geschützt, wie jedes bessere Gebäude und Privathaus in Monrovia auch. Die Innenhöfe waren dicht mit UNO-SUVs vollgeparkt. Da sie den ganzen Tag hinein- und hinausbewegt wurden, hatte man einen Liberianer eingestellt, der den Verkehr vor den Toren regelte. Ein dünner junger Mann in gebügelter und gestärkter weiß-blauer Uniform stand da mitten auf der Straße und führte Formationen vor, die aussahen wie eine Mischung aus Ballett und Yoga. Er trug eine runde Nickelbrille und hatte die Arme und Hände kerzengerade hochgestreckt, womit er dem Durchgangsverkehr Einhalt gebot, und drehte sich dann mit geschmeidigen Bewegungen, die grazil und elegant ineinander übergingen. Dann forderte er uns mit den tänzerischen Drehungen seiner Arme und Hände in schneeweißen Handschuhen und überschwänglichem Lächeln dazu auf, in den Innenhof einzufahren. Mehr hätte man aus diesem Job nicht rausholen können, mehr Hingabe ging nicht. Ich sollte diesen Mann jeden Tag zweimal beobachten könne, und in der gleichen Position an der gleichen Stelle viele Jahre später wiedersehen.

Aus meinem Büro in einem der oberen Stockwerke hatte ich Ausblick auf den palmengesäumten Strand. Meinen Job, den ich schon zwei Jahre lang in Kabul gemacht hatte, kannte ich im Schlaf: Das waren die Planung, die Begleitung des Ablaufs und die Verwaltung des UNV-Programms in Liberia, das hieß, dafür zu sorgen, dass die verschiedenen UNO-Organisationen die Experten, die sie benötigen, für mindestens zwei Jahre durch den UNV-Freiwilligendienst vermittelt bekamen. Das konnten Bildungs- oder Wirtschaftsexperten sein, Logistiker oder humanitäre Helfer. Für die UNO-Organisationen war es eine preiswerte Angelegenheit, für die freiwilligen UNVs war es eine gute Gelegenheit Erfahrungen zu sammeln, und sich unter Beweis zu stellen, um

---

11 United Nations Development Programme, das Entwicklungsprogramm der Vereinten Nationen.

vielleicht dann in den begehrten und hoch dotierten internationalen Beamtendienst einzusteigen. Für viele UNVs aus Entwicklungsländern waren die monatlichen Unterhaltsbeihilfen ein Vermögen, für uns aus dem Westen waren sie mehr als genügend, war man doch dem Konsumzwang nicht so ausgesetzt wie in anderen Ländern. Außerdem machte man die wertvolle Erfahrung, dass man Konsum nicht braucht, um glücklich zu sein. Das persönliche Lern- und Erfahrungspotenzial war enorm. Die Jobs boten ein breites Spektrum an Aufgaben und forderten Flexibilität, um zusätzliche Aufgaben zu übernehmen, denn der Faktor des Unvorhersehbaren war hoch und kreative Problemlösung war gefragt. Es gab Weiterbildungskurse und Seminare aller Art, und das Verantwortungsniveau war beachtlich.

In dieser politischen Lage konnte UNDP keine technischen Entwicklungsprojekte durchführen, sondern unterstützte den Friedensprozess durch logistische Hilfe und Ausstattung der Büros der Übergangsregierung, und errichtete Lager für die vielen tausend Vertriebenen aus dem Hinterland, die kein Dach über dem Kopf hatten. Das Welternährungsprogramm verteilte Nahrungsmittel, hauptsächlich Reis für Bedürftige auf beiden Seiten des Konflikts, in Monrovia sowie in Charles Taylors Gebiet. UNICEF verteilte Medikamente an die Krankenhäuser. Regelmäßig verließen lange Hilfskonvois Monrovia, um die gebeutelte Bevölkerung im Hinterland mit dem Notwendigsten zu versorgen. Diese Hilfslieferungen lösten eine Kontroverse aus, denn die Kämpfer nahmen der Zivilbevölkerung regelmäßig die Reissäcke und andere Hilfsgüter nach der Verteilung ab. Das war eins der vielen Dilemma, denen man sich ausgesetzt sah.

Charles Taylor ließ sich derweil als Präsident anreden und machte Gbarnga zu seiner Hauptstadt, ernannte sein eigenes Kabinett und druckte seine eigene Form von liberianischen Dollars.

Jeder Neuankömmling fragte sich, wie es in diesem wunderschönen rohstoffreichen und fruchtbaren Land, das ehemals so friedlich war, zu einem solch brutalen und zerstörerischen Krieg kommen konnte. Dazu schauen wir uns zunächst Liberias Geschichte an.

4. Paradies und »Failed State«

Die Americo-Liberianer verhielten sich gegenüber den Einheimischen wie Herrenmenschen, und beuteten sie genauso aus, wenn nicht noch schlimmer, wie sie selbst es in Amerika erlebt hatten. Sie fühlten sich kulturell überlegen und glaubten, die einheimischen Liberianer »zivilisieren« zu müssen. Obwohl sie einheimische Kinder adoptierten, blieben sie unter sich und isolierten sich in Küstensiedlungen, wobei sie die einheimische Bevölkerung von jeglicher politischen, wirtschaftlichen und sozialen Teilhabe ausschlossen. Dazu gründeten sie die »True Whig Party«, eine Einheitspartei, obwohl Oppositionsparteien nicht explizit verboten waren. Erst 1904 erhielten die einheimischen Liberianer die Bürgerrechte, durften aber erst ab 1946 wählen, vorausgesetzt, sie zahlten die sogenannte »Hüttensteuer«. Die Americo-Liberianer lernten keine einheimischen Sprachen, sondern sprechen, bis auf ein paar Ausnahmen, bis heute nur Englisch. Sie entwickelten auch kein Interesse an afrikanischer Kultur. Alte Reiseberichte erwähnen, dass sie europäische Lebensmittel in Dosen dem afrikanischen Essen vorzogen.

Die Americo-Liberianer gestalteten sich ihre Welt nach dem Vorbild der USA. Ihre Architektur ist den Plantagenhäusern mit Säulen und Veranden nachempfunden, die man in den amerikanischen Südstaaten findet. Baptisten, Methodisten, Lutheraner, Pfingstler, Evangelisten und Katholiken gründen ihre Kirchen. Das Freimaurertum, das sie aus den schwarzen Logen der USA mitbrachten, wurde für diese Elite ein Zentrum der Macht, das eng mit der Politik verknüpft war. Auf einem Hügel in Monrovia wurde ein imposanter Freimaurertempel aus Marmor errichtet.[12]

Da die Americo-Liberianer alleinigen Zugang zu Liberias reichlich vorhandenen Rohstoffen hatten, lebten sie modern und komfortabel, und wurden bald wohlhabend. Anders als in anderen afrikanischen Ländern, wo Kolonialverwaltungen das Landesinnere erschlossen, gab es in den riesigen Urwäldern Liberias nur ein paar Missionsstationen. Ihr Kalkül war, dass sie ihre dekadente Vorherrschaft nur weiter ausleben konnten, wenn das Land unterentwickelt blieb. Somit waren sie nicht daran interessiert, der Masse der Bevölkerung Bildung zukommen zu lassen, was bis heute Auswirkungen hat.

Sie blieben in Monrovia also unter ihresgleichen und vermieden es auch tunlichst, ins Hinterland zu reisen. Mit steigendem Wohlstand führten sie bald ein üppiges und beschauliches Leben. Ein Dutzend reiche Familien dominier-

---

12 Mehr zum Thema Freimaurer ab Seite 60.

4. Paradies und »Failed State«

ten das Land, und man kannte sich untereinander. Man verkehrte in den gleichen Kirchen, Klubs und Bruderschaften, die das gesellschaftliche Leben bestimmten. Man lies sich von Chauffeuren in schicken Limousinen fahren und gab illustre Gesellschaftsbälle. Männer kleideten sich in Frack mit Schwalbenschwanz und Chapeau-Claque Zylinder, Frauen trugen große Hüte und Korsettkleider, so wie in den USA.

Doch es blieb nicht nur dabei, dass den Einheimischen die Entwicklung vorenthalten wurde. Schon bald beschäftigte sich der Völkerbund in Genf mit einem Vorwurf gegen die Americo-Liberianer, der von den Missionaren im Hinterland erstmals öffentlich gemacht wurde. Die Regierung wurde bezichtigt, Liberianer aus dem Hinterland für Zwangsarbeit unter sklavenähnlichen Bedingungen ins Ausland zu vermieten. Den spanischen Plantagenbesitzern auf der Insel Fernando Po (heute Bioko) vor der westafrikanischen Küste im Golf von Guinea fehlten Arbeiter für ihre Kakaoplantagen. Somit schloss der Gouverneur dort einen Vertrag mit der liberianischen Regierung ab, der vorsah, dass jedes Jahr eine Anzahl Plantagenarbeiter von Liberia auf die Insel geschickt wurden. Was aussah wie Freiwilligkeit, war in Wirklichkeit eine Form der Sklaverei, an welcher der damalige Präsident persönlich sowie andere hohe Staatsbeamte profitabel beteiligt waren. Angeblich wurden acht britische Pfund für jeden vermittelten Arbeiter bezahlt.

Junge Männer aus dem Hinterland wurden von der Frontier Force,[13] der brutalen liberianischen Staatsarmee, entweder zwangsrekrutiert oder sie wurden getäuscht, indem ihnen eine lukrative Arbeit im Ausland versprochen wurde. Auch zwang man verschuldete Familien, ihre Söhne zur Verfügung zu stellen. Wenn die Frontier Force bei auftauchenden Konflikten von der Regierung ins Hinterland geschickt wurde, machte sie möglichst viele Gefangene, die dann ebenso für Zwangsarbeit verwendet wurden. Entweder wurden sie als Arbeitskräfte ins Ausland vermietet oder für Arbeiten im Straßenbau oder auf Plantagen im Inland herangezogen. Viele von denen, die ins Ausland gingen, starben dort oder kurz nach ihrer Rückkehr nach Liberia. Widerstand wurde damit bestraft, dass ganze Dörfer abgebrannt wurden. Trotz internationaler Aufmerksamkeit wurde dieses menschenverachtende Leihsystem erst 1962 aufgegeben. All dies trug zu verschärften Spannungen zwischen Einheimischen und Americo-Liberianern bei, die später eine Rolle im Bürgerkrieg spielen sollten.

Liberia ist ein Land von außergewöhnlich tropischer Schönheit. Ein unberührter Palmenstrand nach dem andern reiht sich auf 680 Kilometern Atlantikküste, daran schließt sich der Regenwald an. Ströme aus dem Landesinneren

---

13 Vorläufer der heutigen Armed Forces of Liberia oder AFL. Die Frontier Force hatte den Ruf, undiszipliniert und brutal zu sein.

4. Paradies und »Failed State«

tragen gewaltige Wassermassen durch das Land, bis sie ins Meer fließen. Obwohl es ein kleines Land ist, hat es den größten Bestand an Regenwald in Westafrika. Mit seinem feuchtwarmem Klima und reichlichen Regenfall ist es landwirtschaftlich sehr fruchtbar. Eisenerz, Gold und Diamanten sind als Bodenschätze reichhaltig vorhanden, Plantagen liefern große Mengen Kautschuk. Forstwirtschaft und Fischerei bieten sich als zusätzliche Wirtschaftszweige an. 2012 entdeckten multinationale Firmen Öl im Küstengebiet des Landes. Bei verantwortlicher Staatsführung könnte das Land der gesamten Bevölkerung einen sehr guten Lebensstandard bieten.

Die Ethnien der Einheimischen sind Kpelle, Bassa, Grebo, Gio, Mano, Kru, Lorma, Kissi, Gola, Krahn, Vai, Gbandi, Mende, Sapo und Mandingo, die jeder ihre eigene Sprache und Kultur haben. Traditionelle Religionen spielen für die Mehrheit der Menschen eine übergeordnete Rolle, oft mischt sich auch Christentum mit spirituellen afrikanischen Glaubensvorstellungen. Das ist wichtig zu wissen, um die Menschen im Land zu verstehen, wird aber in den Konzepten und Programmen der internationalen Hilfe vollkommen ignoriert. Wer länger im Land lebt und sich für die Kultur interessiert, stößt auf parallele Gesellschaftsstrukturen unter der Oberfläche einer modernen demokratischen Gesellschaft, in der Hexerei und Magie, die sich hier im sogenannten Juju darstellt, eine tragende Rolle spielen. Dies gilt hauptsächlich für einheimische Ethnien, die schon als Kinder in Geheimgesellschaften oder Geheimbünde initiiert werden, während Americo-Liberianer den Freimaurerlogen beitreten. Diese Parallelstrukturen sind für die Menschen auch dann verlässlich, wenn der Staat dysfunktional ist oder ganz zusammenbricht, wie es im Bürgerkrieg der Fall war.

Liberia hat eine der höchsten Geburtenraten der Welt und fast die Hälfte der Bevölkerung ist unter 15 Jahren. Mir wurde das ganze Ausmaß des rasanten Bevölkerungswachstums erst bewusst, als ich mir folgende Zahlen ansah: Als ich 1956 geboren wurde, hatte Liberia gerade mal eine Million Einwohner. Als ich 1992 zum ersten Mal ins Land kam, hatte sich die Zahl auf zwei Millionen verdoppelt, und heute (2020) sind es fast fünf Millionen, bei einer Arbeitslosenquote von geschätzten 85 Prozent.

Vor dem ersten Weltkrieg liefen 75 Prozent des liberianischen Handels über Deutschland, und viele deutsche Händler lebten hier. Das änderte sich mit dem Ersten Weltkrieg, als Liberia Deutschland 1917 unter dem Druck der USA den Krieg erklärte. Daraufhin wurden alle Deutschen des Landes verwiesen und ihr Besitz wurde beschlagnahmt. Der Großvater von Ellen Johnson-Sirleaf, die weltbekannte Präsidentin Liberias von 2006 bis 2018, war ein Deutscher, der zu dieser Zeit ebenfalls das Land verlassen musste. Wir werden später von dieser Frau noch mehr hören. Den Handel übernahmen danach die Libanesen, die heute noch die meisten Produktionsfirmen, Fabriken, Geschäfte, Supermärkte und Restaurants besitzen. Libanesen und auch andere Nationalitäten, die seit Generationen in Liberia leben, sind von einem ganz besonderen liberianischen Gesetz, das eigentlich ein Rassistisches ist, betroffen: Dieses Gesetz erlaubt es einzig und allein Menschen »negroider Abstammung«, die Staatsbürgerschaft und Land zu erwerben. Viele Americo-Liberianer leben daher heute noch von der Vermietung an Libanesen und andere Ausländer.

1926 leaste Firestone, der amerikanische Reifenfabrikant, eine Million Acres[14] Land zu einem Spottpreis und pflanzte mit 12 Millionen Bäumen die größte Kautschukplantage der Welt. 25.000 Arbeiter wurden eingestellt. Kautschuk wurde in den USA dringend zur Reifenfertigung für die Automobilindustrie benötigt. Zur gleichen Zeit war der Staat Liberia pleite und erhielt von Firestone ein Darlehen von fünf Millionen Dollar. Es sollte der Anfang der wirtschaftlichen Abhängigkeit von den USA sein. Bis heute gerät diese eindrucksvolle Plantage immer wieder in Kritik wegen der Arbeitsbedingungen und Wohnverhältnisse ihrer liberianischen Arbeiter. Insider berichten, dass die reiche politische Elite, die selbst ihre privaten Kautschukplantagen betrieben, daran interessiert war, dass Firestone die Löhne gering hielt, damit ihre Arbeiter nicht zu Firestone überliefen.

Präsident Tubman, der von 1944 bis 1971 regierte, verwandelte das unterentwickelte Land in den Fünfzigerjahren zu der am zweitschnellsten wachsenden Wirtschaft Afrikas und brachte massive Auslandsinvestitionen ins Land. Das Land galt als beispielhaft friedlich und erfolgreich und als eines der Stabilsten in Afrika. Kritiker nannten es »Wachstum ohne Entwicklung«, weil Liberianer nur einfache Arbeiten für ausländische Investoren ausführten. Wie heute ging es nur um Profit und Wachstum, und nicht wirklich um Entwicklung. Tubman regierte mit harter Hand und agierte brutal gegen seine Gegner. Sein Geheimdienst war gefürchtet. Tief im Urwald, nur per Flugzeug oder dreitägigem Marsch von der nächsten Straße erreichbar, lag Belle Yellah,[15] eines der unmenschlichsten Gefängnisse der Geschichte, das kaum jemand wieder lebend verließ.

Die USA verstanden es geschickt, das Land über finanzielle Abhängigkeiten an sich zu binden. Sie bauten einen Hafen für Containerschiffe und einen internationalen Flughafen mit der längsten Landebahn in Afrika, die sie während es zweiten Weltkrieges zum Auftanken ihrer Bomber nutzten. Der Flughafen war als Notlandeplatz für ihren »Spaceshuttle« gedacht. Die riesige US-Botschaft liegt immer noch am strategisch günstigsten Ort in der Stadt und beherbergt

---

14 Ein Acre entspricht 4046 Quadratmetern.
15 https://www.youtube.com/watch?v=AMbyDmJ52Sc (zuletzt aufgerufen am 03.03.2020).

4. Paradies und »Failed State«

eine CIA-Zentrale. Mithilfe der USA wurde das modernst ausgerüstete John-F.-Kennedy-Krankenhaus gebaut, das 1971 eröffnet wurde und das einem Krankenhaus in den USA in Nichts nachstand. Obwohl unabhängig, schien das Land fast eine Kolonie der USA zu sein.

Für die Americo-Liberianer waren die Sechziger- und Siebzigerjahre eine goldene Zeit. 1961 beehrte die britische Königin Elisabeth das Land mit einem Staatsbesuch. Monrovia entwickelte sich zu Afrikas Partystadt mit dem dekadentesten Nachtleben seiner Zeit. Man tanzte die Nächte auf eleganten Bällen und schicken Partys durch. An der Partymeile in der Innenstadt reihten sich Bars, Nachtklubs und Discos aneinander, in denen Livebands Jazz, amerikanischen Soul, Highlife aus Ghana und Calypso-Musik spielten. Man tanzte Disco, Twist, Foxtrott und Cha-Cha-Cha. Liberianer aus dem Hinterland, die es nach Monrovia zog, brachten ihren eigenen Musikstil mit, welche die pulsierende Musikszene der Stadt weiter bereicherte. Der Champagner floss in Strömen. Berühmte Musiker traten im Ballsaal des legendären 5-Sterne-Hotels Ducor Palace[16] auf einem Hügel hoch über der Stadt auf. In den geräumigen Villen wurden Privatpartys und Konzerte gegeben, zu denen man sich mit den neuesten amerikanischen Straßenkreuzern fahren ließ, Luxusmodelle bevorzugt. Den Urlaub verbrachte man in Europa oder in den USA.

Mehrere Pan Am-Direktflüge pro Woche aus den USA brachten junge Menschen aus der schwarzen Bürgerrechtsbewegung, die in den USA schweren Diskriminierungen ausgesetzt waren und hart um ihre Rechte kämpfen mussten ins Land. In Monrovia fühlten sie sich frei. Frühester Partytourismus kam auch aus afrikanischen Ländern, die zu Hause noch um ihre Unabhängigkeit von ihren Kolonialmächten rangen. Auch sie brachten neue Musikrichtungen mit. Monrovia wurde so zum Treffpunkt für Studenten und Politiker der Unabhängigkeitsbewegungen anderer afrikanischer Staaten, unter ihren Nelson Mandela und Miriam Makeba. Aus den USA kamen Jesse Jackson, James Brown und die berühmte Jazz-Sängerin und Bürgerrechtlerin Nina Simone, die sofort ganz nach Monrovia zog und dort drei Jahre lebte. Sie soll einmal die ganze Nacht nackt in einem Nachtclub auf der Partymeile durchgetanzt haben. Später sagt sie in einem Interview mit der BBC, dass dies die glücklichste Zeit in ihrem Leben gewesen sei – alle in Monrovia waren reich, und die Tochter des Präsidenten überließ ihr ein Haus am Strand. Sie hatte einen Koch, einen Chauffeur und Hausangestellte. Ihre Tochter ging in die amerikanische Schule, und sie selbst war liiert mit dem sehr wohlhabenden 70-jährigen Vater des Außenministers.

---

16 Das Hotel wurde vollständig ausgeplündert und ist immer noch eine Ruine. Es gibt ein Gerücht dass Libyen dort seine Botschaft errichten wollte, was die Amerikaner erboste, weil sie von diesem Hügel eine direkte Sicht auf die Anlage der US-Botschaft gehabt hätten.

Monrovia wurde eine der kosmopolitischsten Städte Afrikas, die auch Libanesen, Armenier und Griechen für vielversprechende Geschäfte anlockte. Arbeitsmigranten aus Nachbarländern strömten ebenfalls ins Land.

Es ist eine Ironie, dass diese bürgerrechtsbewussten Besucher in ihrer Euphorie nicht wahrnahmen, dass die einheimische liberianische Bevölkerung aus diesem Highlife politisch, sozial und ökonomisch ausgeschlossen war. Es brodelte deshalb unter der glänzenden Oberfläche, ja, es entwickelte sich in der bitterarmen einheimischen Bevölkerung ein regelrechter Hass gegen die Americo-Liberianer.

Trotz all des Glanzes führte das Land mittlerweile die Liste der korruptesten Länder der Welt an. Man zahlte für Titel und Jobs. Für sehr viel Geld wurden diplomatische Titel im Ausland verkauft. Botschaftsangestellte verkauften liberianische Diplomatenpässe, die Immunität, Privilegien und Steuerfreiheit versprachen, und die es Kriminellen erlaubten, weltweit zu reisen, ohne dass ihr Gepäck geöffnet wurde. Es gibt sogar Berichte, dass Privatpersonen die Botschaften und Botschafterresidenzen in Europa verkauften, um sich persönlich zu bereichern. Winston Tubman, Politiker und Neffe des Präsidenten Tubman, der 2005 als Präsidentschaftskandidat antrat, versuchte noch 1992 während des Bürgerkrieges die liberianische Botschaft in Paris zu verkaufen. Der Kaufvertrag wurde annulliert, weil er keine Besitzurkunde vorweisen konnte. 2008 wurde bekannt, dass die liberianische Botschaft in Rom illegal Pässe für 2.100 Euro und Geburtsurkunden für 800 Euro verkaufte. Schrottreife Flugzeuge aus aller Welt konnte man in Liberia ohne Sicherheitscheck registrieren lassen.

Als Präsident Tubman 1971 starb, wurde er von seinem Vize-Präsidenten Tolbert abgelöst, der versuchte, sich ganz langsam für etwas mehr politische Emanzipation der einheimischen Bevölkerung einzusetzen. Er erzielte indes keine realen Fortschritte. Korruption und Vetternwirtschaft uferten weiter aus. Eine Redensart in Liberia sagt, das Tubman, wenn er einen Dollar stahl, 90 Cent zurück ans Volk gab – unter Tolbert waren es gerade mal 10 Cent, die zurückgegeben wurden. Tolbert und seine ganze Familie galten als raffgierig, ebenso wie seine Minister. Tolbert bunkerte in den USA mehrere hundert Millionen US-Dollar, während die Masse der Bevölkerung bettelarm war. Niemand schämte sich, offen nach Geld, teuren Autos und anderen Luxusgütern für Regierungsdienste zu fragen. Es wurden sogar Quittungen für Schmiergelder ausgestellt. Die Gelder wurden dann je nach Rang aufgeteilt. Für Geld war und ist alles zu bekommen. Tolbert nannte das damals »Humanitären Kapitalismus«, weil das Geld ja durch das erweiterte Familiensystem wieder in Umlauf käme.

Mittlerweile haben die Eliten gewechselt, aber die Raffgier der Politiken und Staatsbeamten ist geblieben, wie ich selber erleben durfte. Wie mir spä-

4. Paradies und »Failed State«

ter ein Wirtschaftsprüfer erklärte, ist die ganze bürokratische Struktur der Regierung um Korruption und Profit herum aufgebaut. Zum Beispiel muss man um Genehmigungen zu erhalten möglichst viele Regierungsstellen anlaufen, sodass möglichst viele Angestellte Schmiergelder kassieren können. Wenn man Kinder in Liberia fragt, was sie denn mal werden möchten, hört man oft: »Präsident« als Synonym für Macht und Reichtum.

Oft wurden auch Regierungsangestellte einfach gar nicht oder nur teilweise bezahlt. Manchmal mussten sie Monate auf ihr Gehalt warten, weil entweder schlecht gewirtschaftet wurde oder jemand das Geld gestohlen hatte. Das ist auch heute noch der Fall. Und dann gibt es noch die »Geisterangestellten« – das hat nichts mit afrikanischer Magie zu tun, sondern mit fiktiven Angestellten in der öffentlichen Verwaltung, die zwar auf der Gehaltsliste stehen, aber die es in Wirklichkeit als Personen nicht gibt. Für den Staat zu arbeiten nennt man einen guten »chopping spot« zu haben, umgangssprachlich für einen Job, in dem man viele Schmiergelder einsammeln kann. Es wird dann erwartet, dass diese Gelder an Freunde und Verwandte weiterverteilt werden. Wenn man das verweigert, droht der Ausschluss aus der Familie.

Die erste Explosion der Volksseele erfolgte im April 1979, als bekannt wurde, dass die Preise für das geliebte Hauptnahrungsmittel Reis drastisch erhöht werden sollten. Liberianer lieben den importierten Reis aus Amerika, der braune Reis aus dem Land selbst wird abfällig »country rice« – Landreis – genannt, und gilt als minderwertig. Der Durchschnittsliberianer konnte sich einen verteuerten Reis einfach nicht leisten. Tolbert dachte, dass ein kolossaler Anstieg des Preises für Importreis die Liberianer dazu motivieren würde, mehr einheimischen »country rice« anzubauen. Es war aber auch bekannt, das Tolbert durch persönliche Geschäfte von dieser Erhöhung profitieren würde. In Monrovia gingen Tausende auf die Straße und demonstrierten, allerdings waren die einheimischen Farmer, die von einer Verteuerung der Importware profitiert hätten, nicht dabei. Tolbert reagierte mit harter Hand auf die Demonstrationen, die auch Plünderungen nach sich zogen, und ließ Polizei und Armee mit scharfer Munition auf die Menge schießen. Mindestens 40, aber wahrscheinlich mehr Menschen wurden getötet, Hunderte verletzt. Keiner kannte die genaue Anzahl der Toten, die in einem Massengrab verscharrt wurden.

Tolbert sah nun sehr wohl, dass es im Volk gärte und geriet in Panik. Er ließ Oppositionelle – das waren gebildete Einheimische, die politische Reformen und Beteiligung an der Regierung forderten, – verhaften. Er schloss die Universität, die er als Brutstätte des Widerstandes ansah. Er machte einen weiteren Fehler, mit dem der nicht nur das Volk, sondern auch die Armee verärgerte: Er bat den Präsidenten von Guinea um militärische Verstärkung. Es traf die liberianische Armee tief in ihrem Stolz, als kurz darauf Hunderte von Soldaten aus Guinea auf den Straßen Monrovias patrouillierten, und ihre Militärflugzeuge tief über die Köpfe der Menschen hinwegdüsten.

Dann trat Tolbert in das nächste Fettnäpfchen: Er verärgerte die USA, indem er versuchte, sich aus ihrer wirtschaftlichen Abhängigkeit zu lösen. Er knüpfte diplomatische und wirtschaftliche Beziehungen zu Europa, der Sowjetunion, China, Kuba und den Ostblockstaaten, löste die Verbindung mit Israel und sprach sich für die Rechte der Palästinenser aus. Rückblickend glauben viele Liberianer, dass er mit diesen innen- und außenpolitischen Entscheidungen sein Schicksal selbst besiegelte.

5. Der Coup – ein »Game Changer«

Tolbert hatte sich ein gigantisches privates Anwesen in Bentol, seinem Geburtsort etwas außerhalb von Monrovia, bauen lassen. Es beherbergte Häuser für seine ganze Sippe, hatte einen Privatzoo, und sogar einen Privatsee. Der Eingang seiner luxuriösen Villa wurde von großen Steinlöwen bewacht. Ebenfalls hatte er im vierten Stockwerk seines Amtssitzes in der Innenstadt luxuriöse Schlafgemächer, die er nach langen Arbeitstagen mit seiner Familie nutzte.

Genau ein Jahr nach den Demonstrationen, im April 1980, brach eine Gruppe von 13 einheimischen Soldaten in den Amtssitz ein, in der die Familie Tolbert gerade übernachtete. Es brach ein Feuergefecht zwischen Tolberts Wachen und den Soldaten aus. Die Schlafgemächer waren speziell für solche Notfälle mit einem Aufzug ausgerüstet, der mit dem Eingang eines Tunnels unter der Erde verbunden war und zu einem sicheren Ausgang am Strand führte. Am Tag des Coups aber funktionierte er nicht, weil er nicht ordnungsgemäß gewartet worden war. Die Soldaten drangen in die Schlafgemächer ein und erschossen Tolbert, schlitzen ihm den Bauch auf, rissen ihm die Eingeweide heraus und stachen ihm ein Bajonett durch den Kopf.

Einer der beteiligten Soldaten, Samuel K. Doe, ein 29-jähriger Hauptfeldwebel vom Stamme der Krahn und nahezu Analphabet, übernahm die Macht. Das Volk tanzte auf den Straßen, denn zunächst nahm die Mehrheit der Liberianer Does Machtübernahme positiv auf, weil sie die Vorherrschaft der korrupten Elite der Americo-Liberianer beendete. Das erste Mal bot sich für Einheimische die Möglichkeit, an der Regierung teilzunehmen. Als eine Hexenjagd auf die ehemals Privilegierten begann, flohen viele Americo-Liberianer in die USA. Einheimische besetzten die schicken Häuser, die zurückgelassen worden waren. Oft teilten sich mehrere Familien ein Haus. Im Namen der Revolution konfiszierten die neuen Machthaber die Mercedes-Limousinen der Americo-Liberianer. Mit Waffen im Anschlag holten sich die Soldaten von wohlhabenden Geschäftsleuten, was immer sie wollten. 13 Minister wurden verhaftet, in Unterhosen durch die Straßen getrieben, und von einem Känguruh-Gericht zum Tode verurteilt. Sie wurden am Strand an Pfähle gebunden, und vor johlendem Publikum von betrunkenen Soldaten erschossen.

Es gibt Spekulationen, dass die USA am Staatsstreich beteiligt waren, weil Tolbert das Monopol der USA zu untergraben versucht hatte. Tolberts Ehefrau soll sich ebenfalls dementsprechend geäußert haben. Im August 2008 sagte

Does früherer Justizminister Chea Cheapoo[17] vor der Wahrheits- und Versöhnungskommission, der TRC,[18] aus, dass ein weißer CIA-Agent Tolbert getötet habe. Einen Tag später dementierte dies ein anderer Ex-Minister in seiner Aussage. Die genauen Umstände werden wohl nie geklärt werden können.

Chea Cheapoo, der unter Tolbert zusammen mit anderen Oppositionellen im Gefängnis fast verhungert wäre, wurde nach dem Coup aus dem Gefängnis befreit. Er hatte danach hohe öffentliche Ämter inne, die er aber unter kontroversen Umständen verlor. Er rechtfertigt seine politische Rolle später vor dem TRC mit einer emotionalen Rede:

„Die Americo-Liberianer wollten uns heimzahlen, dass wir sie als Sklaven an die Weißen verkauft haben, aber wir waren dafür nicht verantwortlich. Ihr hättet uns willkommen heißen sollen in diesem neuen Leben, und uns erlauben sollen, wie ihr zu sein, dann hättet ihr kein Problem gehabt.

Sie kamen hier hin, um als Amerikaner, als Weiße zu leben, während wir wie Afrikaner lebten. Man lebt dem Klima entsprechend, der Gesellschaft entsprechend, wir lebten natürlicherweise auf diesem Kontinent, wir machten uns keine Gedanken um neue Dinge, wir lebten wie unsere Vorfahren. Ihr könnt das unterentwickelt nennen, ihr könnt es rückständig nennen, wir Afrikaner setzen unseren langen Anfang fort, wir machen keine neuen Sachen, deshalb haben wir keine Wissenschaftler, deswegen erkunden wir den Himmel nicht, deswegen fahren wir nicht zur See, wir fischen hier und nicht jenseits der territorialen Grenze von 200 Meilen, weil wir Afrikaner sind. Weil ihr eine andere Kultur habt als wir, heißt das nicht, dass wir keine Landsleute sind, besonders dann, wenn ihr eine Regierung bildet und wir willens sind, mit euch zu arbeiten. Es gab keinen Grund, uns zu diskriminieren. Es war nicht richtig und ich wusste, dass es nicht so bleiben konnte. Wir waren Opfer eines üblen Systems, wir wurden gefangen gehalten, wir sind fast verhungert, waren in Isolationshaft, nur weil wir ein anderes politisches System wollten. Nachdem sie uns eine Bildung haben zukommen lassen, wollten wir von den Stämmen teilhaben am neuen System, gleichwertig sein, aber sie behandelten uns wie Tiere. Damals sagten einige, dass ein Wandel nur durch Blutvergießen möglich sein würde... Sie nahmen uns unser Land weg und verkauften es an Frankreich[19]... [er fängt an zu weinen].

Ich habe niemanden getötet und ich habe mit dem Coup nichts zu tun".

---

17 Chea Cheapoo, Anwalt, Justizminister unter Doe, und Präsidentschaftskandidat 2011. Die dreistündige Rede vor der TRC ist auf Youtube zu sehen: https://www.youtube.com/watch?v=WBsai5aCR2U (zuletzt aufgerufen am 03.03.2020).

18 Die Gründung der Truth and Reconciliation Commission, kurz TRC, oder Wahrheits- und Versöhnungskommission folgt dem Vorbild Südafrikas und ist Teil des Friedensvertrages von 2003.

19 Er meint wahrscheinlich die benachbarten französischen Kolonien.

5. Der Coup – ein »Game Changer«

Doe wurde Vorsitzender des militärisch orientierten Volksentschädigungsrates,[20] wie sie die Übergangsregierung nannten, und versprach eine Rückkehr zur konstitutionellen Demokratie. Zu der Zeit konnte er kaum lesen und schreiben. Er trug Militäruniform, Cowboyhut und gelbe Sonnenbrille, dazu manchmal ein Maschinengewehr, und verkündete, dass seine Machtergreifung gottgewollt gewesen sei. In einem ersten Interview nach dem Coup wirkte Doe unsicher und antwortete auf die Frage eines Journalisten, welches denn jetzt die dringlichsten Probleme des Landes seien, dass das Land keine Probleme habe. Auf die Frage nach ökonomischen Prioritäten verwies er an den Wirtschaftsminister.

Es war die Zeit des Kalten Krieges. Doe spach sich deutlich antikommunistisch und proamerikanisch aus, wofür er großzügig belohnt wurde, denn die USA machten sofort 500 Millionen US-Dollar für ihn locker. Kein anderes afrikanisches Land erhielt soviel Entwicklungshilfe wie Liberia. Als Bollwerk gegen den Einfluss der Sowjetunion installierten die USA in Monrovia eine Nachrichtenüberwachungsanlage mit einem Antennenpark, mit der sie ganz Afrika abhörten. 1982 wurde Doe von Präsident Reagan im Weißen Haus offiziell empfangen. Während einer Willkommensaudienz im Rosengarten kündigte Reagan ihn an als »Vorsitzender Moe«. Does anschließende Rede legte nahe, dass er noch Mühe mit dem Lesen hatte. Inzwischen ließ Doe einen Anbau an seine Residenz bauen, die als Unterrichtsstätte diente und wo er seinen Abschluss nachholen konnte. Er bekam einen Ehrendoktortitel von der Universität Seoul und nannte sich fortan Dr. Doe, noch bevor er seinen Bachelor-Abschluss von der Universität von Liberia bekam.

Doe ersetzte die Soldaten der Armee und andere Beamten auf einflussreichen Posten mit Leuten aus seinem Stamm, den Krahn, die zusammen ein Vermögen veruntreuten. Dank ihrer Unerfahrenheit und Misswirtschaft waren die Kassen schnell leer. Die Bevölkerung, die auf ein gerechteres Regime hoffte, wurde bitter enttäuscht.

Es sollte aber noch schlimmer kommen. »Neuer Fahrer, selbes Taxi« wurde das Motto einer aufkommenden Opposition unterm Volk. Doe hielt an der Macht fest, ließ Meinungs- und Pressefreiheit einschränken, und Oppositionelle unter fadenscheinigen Gründen ins Gefängnis werfen. Unter ihm erlebten Staatswillkür, Repression, Vetternwirtschaft, Korruption und Inkompetenz neue Rekorde. Als die Exzesse überhandnahmen, übten die USA Druck auf Doe aus, endlich freie Wahlen abzuhalten. 1985 fanden diese Wahlen auch statt, die er dank massiver Wahlfälschung gewann. Die USA drückten beide Augen zu und erkannten Doe offiziell als demokratisch gewählten Präsidenten

---

20 Chairman of the People's Redemption Council.

an, denn einen antikommunistischen Verbündeten zu haben, war ihnen wichtiger als die Zustände in Liberia. Innerhalb des Landes jedoch machte sich immer mehr Unmut in der Bevölkerung breit.

6. Die Rebellion

Unter Doe fing das Land an, vor sich hin zu vegetieren. Den USA wurde Doe immer peinlicher, gleichzeitig neigte sich die Zeit des Kalten Krieges dem Ende zu. Vollkommen bankrott, bat Doe die USA um immer mehr Geld. Statt dem nachzukommen, schickten die USA eine Gruppe von 17 Wirtschaftsprüfern nach Monrovia, um die Bilanzen zu prüfen. Die Wirtschaftsprüfer brachen ihre Zelte nach kurzer Zeit entsetzt ab und flogen vorzeitig nach Hause.

General Thomas Quiwonkpa vom Stamme der Gio, die in Nimba County[21] zu Hause sind, war einer von Does Weggefährten, der auch an dem Coup gegen Tolbert beteiligt gewesen war. Nach dem Coup verhaftete Doe den Kommandanten der nationalen Armee AFL[22] wegen angeblicher Planung eines Gegencoups und macht Thomas Quiwonkpa zum AFL-Kommandanten. Nachdem dieser sich aber mit Doe zerstritten hatte und degradiert worden war, floh er in die USA. Zwei Jahre später, im November 1985, unternahm Quiwonkpa einen Coup gegen Doe, angeblich mit Unterstützung der USA. Er übernahm die Fernseh- und Radiostation und für ein paar Stunden schien es, als sei Doe endgültig gestürzt. Viele Menschen gingen schon auf die Straße um zu feiern und zu tanzen. Sie sollten böse erwachen, denn letztendlich wurde Quiwonkpa umzingelt und gefangengenommen. In einem makaberen kannibalistischen Ritual inmitten der Stadt wurde seine Leiche öffentlich zerschnitten und Teile davon wurden gegessen, dem traditionellen Glauben folgend, dass die Kraft des Toten dadurch in den Verzehrenden übergeht. Sofort machte sich Does Todesschwadron daran, jeden zu töten, der jubilierend und tanzend gesehen wurde. Somit waren all seine Widersacher entweder tot, oder sie saßen unter unmenschlichen Bedingungen im Gefängnis. Seine Erzfeinde, die Americo-Liberianer, waren sowieso meistens schon vorher in die USA geflohen. Eine besondere Art, wie Doe sich seiner Rivalen entledigte, war eine, die unter Diktatoren allgemein sehr beliebt ist: Man täuschte einen versuchten Putsch vor, um dann die »Schuldigen« hinrichten zu lassen.

Jegliche Opposition von den Gio und Mano, die eine große Bevölkerungsgruppe in Nimba County darstellten, wurde brutal unterdrückt. Doe schickte seine AFL, deren Soldaten jetzt wie er vom Stamm der Krahn waren, regelmäßig nach Nimba, um dort Terrorkampagnen durchzuführen, die von dem brutalen Charles Julu, von dem wir später noch hören, angeführt wurden. Men-

---

21 Provinz oder Distrikt, dem amerikanischen Verwaltungssystem folgend.
22 Nationale Armee, die Armed Forces of Liberia (AFL).

schen wurden aus ihren Häusern gezerrt, zusammengeschlagen oder umgebracht, Frauen wurden vergewaltigt. Die bestialischen Kampagnen schürten einen Hass zwischen den Stämmen der Gio und Mano auf der eine, und den Krahn auf der anderen Seite, den es vorher nicht gegeben hatte. Die jungen Männer aus Nimba retteten sich vor diesen Überfällen über die Grenze in die Elfenbeinküste, wo Charles Taylor auf sie wartete, um mit ihnen eine Rebellion zu starten.

Charles Taylor, halb Gola und halb Americo-Liberianer, hat wie viele Liberianer in den USA studiert. Nach seiner Rückkehr aus den USA diente er in Does Regierung, bis er beschuldigt wurde, knapp eine Million US-Dollar unterschlagen zu haben. Er floh in die USA, wurde aber auf Ersuchen Liberias dort verhaftet und in einem Hochsicherheitsgefängnis in Massachusetts inhaftiert, während Liberia einen Auslieferungsantrag stellte. 1985 gelang ihm die Flucht, was ohne Hilfe von außen unwahrscheinlich scheint. Taylor sagte später vor dem UNO-Tribunal aus, dass die US-Regierung den Ausbruch organisiert hat, und dass die CIA den Putschversuch von Thomas Quiwonkpa ebenfalls unterstütze und die Waffen dafür geliefert hatten. Es ist durchaus bemerkenswert, dass der Coupversuch nur ein paar Tage vor Taylors Ausbruch stattgefunden hatte.

Taylor wurde von den Präsidenten Blaise Compaoré in Burkina Faso und Houphouët-Boigny in der Elfenbeinküste unterstützt. In Burkina Faso sammelte er eine Gruppe von circa 100 potenziellen liberianischen Rebellen um sich und schickte sie nach Libyen zur militärischen Ausbildung. Somit gründete er die NPFL[23] mit dem Ziel, Doe und seine korrupte Regierung zu stürzen.

Weihnachten 1989 fiel Taylor mit seinen nur ungefähr 100 Kämpfern von der Elfenbeinküste aus in Nimba ein. Die NPFL hatte massive Unterstützung in der Diaspora, vor allem die der wohlhabenden Liberianer in den USA, die vor dem Doe-Regime fliehen mussten, und die ihn gerne loswerden wollten.

Taylor wusste den Hass der Gio- und Mano-Stämme in Nimba zu nutzen, die unter Does AFL so viel erlitten hatten. So gelang es ihm, sie massenweise als Kämpfer für seine Rebellion zu rekrutieren. Und so vergrößerte sich seine Truppe stetig, während sie sich vorwärts Richtung Monrovia bewegte. Die meisten waren jetzt, versteht sich, ohne jegliche militärische Ausbildung.

Was zunächst aussah wie eine Rebellion für die gerechte Sache, entwickelte sich zum Rachefeldzug gegen die Krahn und ihre Verbündeten, die Mandingos. Menschenverachtende Gräueltaten, bei denen Tausende Menschen den Tod fanden, waren an der Tagesordnung. Dörfer wurden überfallen, ganze Familien lebend verbrannt, Kinder vergewaltigt und geköpft. Die Einwohner

---

23 National Patriotic Front of Liberia.

6. Die Rebellion

ganzer Dörfer flohen in Panik, viele wurden zu Flüchtlingen in Guinea und der Elfenbeinküste.

Unter den Kämpfern waren viele noch Kinder, einige erst zehn Jahre alt. Die Kindersoldaten wurden entweder in Dörfern zwangsrekrutiert, oder schlossen sich Taylor freiwillig an, um die Morde an ihren Eltern oder Geschwistern zu rächen, oder einfach weil sie es glamourös fanden, denn die Waffe verlieh Ansehen und Macht. Sie fanden sich in der »SBU« oder »Small Boys Unit«[24] zusammen, wo sie zu mörderischem Tötungsmaschinen erzogen wurden. Sie nannten Charles Taylor »Papi«. Die Kinder waren besonders loyal und führten Befehle aus, ohne sie zu hinterfragen. Manche mussten, um ihre Loyalität zu beweisen, sogar ihre eigenen Eltern exekutieren. Entmenschlicht, vollgepumpt mit Drogen oder Alkohol, verloren die Kämpfer jegliche Hemmungen vor den grausamsten Formen des Tötens, Folterns und Vergewaltigens.

Für die Schlachten wurden sie durch »Zauberwasser« kugelsicher gemacht, das ein »Zoe«[25] zubereitete und vor der Schlacht zum Einreiben verteilte. Die Kämpfer glaubten, dass Patronen sie dann nicht treffen konnten oder an ihnen abprallen würden.

Die skurrilen Grausamkeiten kann man auch nur durch den traditionellen Zusammenhang verstehen. Das Essen von menschlichem Fleisch und Organen wurde während des Bürgerkrieges von allen Kriegsparteien regelmäßig praktiziert.[26] In Anlehnung an traditionelle Riten glaubte man, dass die Macht und Kraft des Opfers durch sein Fleisch auf den Konsumenten übergehen würde. Wenn man das Herz (das sie »engine« = Maschine nennen) eines Feindes »geerntet« hatte, wurde es in kleine Stücke geschnitten und von den Kämpfern roh gegessen. Alle Kämpfer im liberianischen Bürgerkrieg glaubten, dass spirituelle Kräfte und Rituale entscheidend für den Erfolg waren.

Später, 1994, beim ersten – und gescheiterten – UNO-Entwaffnungsversuch, hatten fast alle Kämpfer die Frage, ob sie während des Krieges Menschenfleisch gegessen hatten, mit »ja« beantwortet. Es war bekannt, dass außer dem rituellem Verzehr auch manchmal ganze Leichenteile gekocht und gegessen wurden, wenn kein anderes Fleisch zur Verfügung stand. In den Dörfern, die sie überfielen, zwangen sie die Bevölkerung, jemanden zu töten und Teile des

---

24 Abteilung für kleine Jungen.
25 Traditioneller Heiler, Magier und Hexenmeister der Geheimgesellschaften.
26 Dies wird zum Teil anschaulich in einem der von *VICE* produzierten Youtube-Video-Serie -*The Cannibal Warlords of Liberia* dargestellt, in der der Kämpfer ein menschliches Herz in die Kamera halt und erklärt, dass dies das Herz eines liberianischen Generals sei und er es essen werde; https://www.youtube.com/watch?v=OMwI5unlK9M (zuletzt aufgerufen am 03.03.2020). Ich empfehle zur Vertiefung auch das Buch *The Mask of Anarchy* von Stephen Ellis, das auf die religiösen Dimensionen der Grausamkeiten des Bürgerkrieges eingeht.

Opfers zu kochen. Dies waren manchmal die eigenen Verwandten, der Ehepartner oder die eigenen Kinder.

Die TRC dokumentierte diese Gräueltaten im Detail. Der Vorsitzende des TRC, Jerome Verbier, sprach sehr offen über diese Dinge, die von vielen Liberianern als »tabu« betrachtet und unter den Teppich gekehrt wurden. Sie sahen es als Waschen von schmutziger Wäsche in der Öffentlichkeit und Diffamierung ihres Landes. Gleichzeitig traf es ins Herz der traditionellen Kulturgesellschaft und löste einen gesellschaftlichen Zwiespalt aus.

Westliche Zeitungsleser waren schockiert über die Bilder und Geschichten, die die Journalisten aus Liberia mitbrachten. Das waren nicht die üblichen Rebellen, wie wir sie kennen, und es war auch keine Kriegsführung die den Namen verdient, dies war ein Inferno mit kannibalistischen Riten, 12-jährigen Generälen in Frauenkleidern und aufgeputschten Killern im Blutrausch. Vollgepumpt mit Amphetaminen, zogen sie ihre AK-47-Kalaschnikow oder Panzerfaust schwingend in den Kampf, der eher durch Überfälle auf Dörfer und Zivilisten gekennzeichnet war, als durch Konfrontation mit dem Feind.

Standardkleidung der Kämpfer waren zerrissene T-Shirts und Hosen mit Flipflops an den Füssen. Besonders in den ersten Kriegsjahren schmückten sie sich mit allem, was sie bei ihren Plünderungen fanden – angeblich, um ihren Feinden Angst und Schrecken einzujagen. Aber auch an den zahlreichen Straßensperren oder Checkpoints konnte man einen grotesken Mummenschanz beobachten. Einige trugen lange weiße Hochzeitskleider, hatten sich die Nägel lackiert und die Lippen geschminkt. Beliebte Maskeraden waren auch Frauenkleider und Perücken, Küchenschürzen, BHs, Korsetts oder Schlafanzüge mit Schweißerbrillen. Andere wiederum hatten ihr Gesicht mit »Kriegsfarbe« beschmiert, oder sich eine Donald-Duck-Gummimaske über den Kopf gezogen. Genauso exotisch waren die Kopfbedeckungen: Zylinder, Melonen, Fellmützen, Cowboyhüte und sogar Duschhauben trugen sie auf dem Kopf. Manche hängten sich überdimensionale Kruzifixe oder Rosenkränze um den Hals; ein Journalist berichtete sogar über einen Rebellen, der mit einer Toilettenbrille um den Hals in die Schlacht zog. Besonders grauenvoll mutete es an, wenn sie einen Totenkopf oder einen Oberschenkelknochen mit sich herumtrugen, oder sich Amulette aus menschlichen Knochen um den Hals banden.

Ebenso grotesk wie ihre Aufmachung waren die Kriegsnamen der Kämpfer wie: General Eat Your Heart Out, General Deadbody Trouble, General Fuck-Me-Quick, General Bin Laden, General Rambo, General Satan, General Dust to Dust, General Sticky Panties, General Dead Body Bone, General Pupu[27] Scatter, General Quick to Fire, General Dirty Prick, General 24 Hours, General

---

27 Umgangswort für Fäkalien.

6. Die Rebellion

Fuck My Dog, General Mosquito, General Montgomery, General Dirty Water, Bullet Bounce, Quick to Kill, Town Devil, Ugly Boy, Never-to-die, Cow Pupu, Civilian Killer, Cow face, Nasty Plastic, No Bible, Sugar Baby, Human Rights, Superkiller, Sweet Kandy, Fuck Cat, Pepper and Salt, Rotten Orange, Handbag, Mother Blessing, Kill The Bitch, Baby Killer, High Priest, Bad Bad Things, Death Row, Rush Hour, Undress Women, und General Butt Naked, der mit seiner Truppe nur nackt zu kämpfen pflegte und über den ich ab Seite 129 ausführlich berichte.

Im Juni 1990 stand Taylors NPFL vor den Toren Monrovias und belagerte die Stadt, aber schaffte es nicht, sie vollständig einzunehmen. Does Armee, die AFL, und Taylors NPFL lieferten sich Schlachten, bei denen massenweise Zivilisten umkamen. Ganze Stadtviertel waren auf der Flucht. Es gab massive Plünderungen von Lagerhäusern, Geschäften und Privathäusern. Taylors Rebellen bekamen keinen Lohn, sondern wurden angespornt, Monrovia einzunehmen, wo sie sich »bedienen« konnten.

Aufgrund der Belagerung erreichte Monrovia kein Nachschub an Lebensmitteln und Hunger machte sich breit. Alle Hunde und Katzen in Monrovia wurden geschlachtet und gegessen, Palmen gefällt, um an den essbaren Palmkohl in der Krone zu kommen.

Seit den ersten Kämpfen in Nimba waren viele Gio und Mano zu Fuß nach Monrovia geflohen, und Hunderte von ihnen hatten in der Lutherischen Kirche im Stadtteil Sinkor Zuflucht gefunden. Am 29. Juli 1990 fielen 200 AFL-Soldaten unter dem Kommando des berüchtigten Charles Julu in die Kirche ein und massakrierten 600 Männer, Frauen und Kinder mit Macheten und Gewehren. Weitere 150 wurden teils schwer verletzt, einige Kinder überlebten in den Leichenbergen. Präsident Doe soll sich angeblich das Massaker selbst angesehen haben.

7. Der Feldmarschall

General Prince Johnson, ein Gio, der von der AFL zu Taylor gewechselt war, spaltete sich nach einem internen Machtkampf von diesem ab und gründete die INPFL.[28] Seitenwechsel und neue Allianzen waren nicht ungewöhnlich in diesem Bürgerkrieg. Die Wiege des Konflikts lag zwar in der ehemaligen Hegemonie der Americo-Liberianer, aber jetzt gab es zusätzlich noch ethnische Animositäten, speziell zwischen Mano-Gio auf der einen, und Krahn-Mandingo auf der anderen Seite. Es ging aber nicht um Ideologien, sondern um Macht, Geld, Plünderung des Landes und seiner Rohstoffe. Niemand hatte irgendein politisches Konzept, oder gab auch nur vor, eins zu haben.

Als früherer Offizier in Does Armee und Aide-de-camp[29] von Thomas Quiwonkpa hatte Prince Johnson eine militärische Ausbildung in den USA und in Liberia genossen. Er erreichte die Innenstadt von Monrovia noch vor Charles Taylor und schaffte es, große Teile von ihr einzunehmen, einschließlich Bushrod Island, wo der Hafen und die Lagerhäuser waren, die er ausräumte. Er errichtete seine Basis in Caldwell, ein paar Kilometer vor Monrovia, nicht allzu weit von Riverview. Er trug eine amerikanische Militäruniform und ernannte sich selbst zum Feldmarschall. Wie die meisten Menschen in Westafrika war er sehr religiös, und in seinen Räumen hingen große kitschige Jesusbilder. Er liebte es, Gitarre zu spielen und dazu religiöse Lieder zu singen.

Wenn Prince Johnson durch Monrovia fuhr, dann immer in einer langen Fahrzeugkolonne. Das war nicht nur zu seiner persönlichen Sicherheit, sondern man erkennt den Status der Person in Afrika an der Länge seiner Fahrzeugkolonne, die üblicherweise rücksichtslos und mit wahnwitziger Geschwindigkeit vorbeirauscht. Prince Johnson trank so viel Budweiser-Bier, dass er sich manchmal unterwegs noch erleichtern musste. Dann kam der ganze Konvoi zum stehen, und seine Bewunderer sammelten sich um ihn, denn er war beliebt, weil er hart gegen Plünderer vorging. Somit konnte man den Feldmarschall sich an einer Hausmauer erleichtern sehen, während er mit der freien Hand der ihm zujubelnden Menschenmenge winkte.

Johnson hatte nur wenige Männer, aber dafür hatten sie alle eine militärische Ausbildung. Sie standen auch im Ruf, die Diszipliniertesten zu sein, wenn man denn von Disziplin in diesem Umfeld sprechen kann. Prince Johnson erschoss jeden seiner eigenen Soldaten persönlich und auf der Stelle brutal

---
28 Independent National Patriotic Front of Liberia.
29 Militärischer Titel für so etwas wie einen persönlichen Assistenten.

per Kopfschuss beim kleinsten Ungehorsam, oder wenn sie an Plünderungen oder Vergewaltigungen teilnahmen. Er hatte Zugang zum Hafen mit seinen Reisvorräten und anderen Lebensmitteln, die er an die hungernde Bevölkerung verteilen ließ. Er bezeichnete sich als »humanitär«. Gleichzeitig wurde er als cholerischer und unberechenbarer Killer gefürchtet, der täglich Menschen umbrachte. Er ließ Zivilisten willkürlich verhafteten, misshandeln und hinrichten. Er konnte jemandem bei der kleinsten Unstimmigkeit unerwartet in den Kopf schießen. Unter Diplomaten war bekannt, dass wenn man ihn treffen wollte, man es möglichst morgens tun sollte, denn er trank so viel Bier, dass er am Nachmittag mental nicht mehr richtig zu erreichen war. Einer Anekdote zufolge rief er einmal nach einem seiner Soldaten, worauf ein Anderer ihn erinnerte, dass er ihn doch schon am Vortag erschossen hatte.

Während Monrovia den Sommer 1990 über weiter von Prince Johnson und Charles Taylor belagert wurde, bunkerte Doe sich ein wie in einer Festung. Seine Familie hatte er schon außer Landes bringen lassen. Eine militärische Lösung war nicht in Sicht, weder Prince Johnson noch Charles Taylor schafften es, ganz Monrovia unter ihre Kontrolle zu bringen, obwohl sie es immer wieder versuchten. Die Bevölkerung wurde weiter terrorisiert, das Plündern, Morden und Vergewaltigen ging weiter. Alle drei Parteien, die AFL, NPFL und INPFL, begingen Massaker. Als amerikanische Kriegsschiffe am Horizont auftauchten, hofften die verzweifelten Menschen vergeblich auf eine amerikanische Intervention. Die Schiffe waren nur gekommen, um amerikanische Staatsangehörige und andere Ausländer zu evakuieren. Die USA baten Doe Exil in den USA an und waren bereit, ihn per Helikopter herauszuholen. Doe lehnte dies ab, wahrscheinlich auf Druck seines ganzen Hofstaats, der dann den Rebellen ausgeliefert gewesen wäre. Vielleicht vertraue er auch seinem Hexenmeister, der später General Butt Naked werden sollte und von dem wir noch hören werden. Die Lage war festgefahren.

Im August 1990 beschloss die Wirtschaftsgemeinschaft der Westafrikanischen Staaten, ECOWAS,[30] die schon mehrfach versucht hatte zwischen den Parteien vermitteln, die gemeinsame militärische Interventionstruppe ECOMOG unter nigerianischer Flagge nach Liberia zu schicken. Ziel war es, einen Waffenstillstand herbeizuführen, der eine Übergangsregierung ermöglichte. ECOMOG sollte ebenfalls eine sichere Evakuierung aller Ausländer gewährleisten. Die USA und auch die UNO begrüßten diese neue Initiative, die versprach, dass Kriege eventuell durch regionale statt globaler Intervention beendet werden könnten.

---

30 Economic Community of West African States.

Während die Bevölkerung immer noch auf eine amerikanische Intervention hoffte, evakuierten die Amerikaner Hunderte ausländische Staatsangehörige. Sie wurden zunächst auf die Kriegsschiffe gebracht und dann weiter nach Sierra Leone, von wo aus sie in ihre Heimat weiterflogen. Die Lage in der Stadt war weiterhin verzweifelt, niemand wagte sich auf die Straße. Häuser waren ausgebrannt, Lagerhäuser geplündert, und überall lagen verwesende Leichen herum, als die ersten 1.000 ECOMOG-Truppen aus Nigeria, Ghana, Gambia, Guinea und Sierra Leone im August 1990 im Hafen von Monrovia landeten, wo sie auch ihr Hauptquartier einrichteten.

Niemand kann genau sagen, warum Präsident Doe am 9. September 1990 zum ersten Mal seit den Angriffen seinen Amtssitz verließ und ins ECOMOG-Hauptquartier in den Hafen fuhr. Es war eine Falle, die ihn das Leben kosten sollte.

Es gibt nur Vermutungen darüber, wer Doe in den Hafen gelockt haben könnte. Wollte er sich mit dem US-Botschafter treffen, um seinen Abgang zu besprechen? War er von ECOMOG in die Falle gelockt worden? Beide Parteien hatten ein Interesse daran, die verfahrene Situation zu deblockieren. Ein ehemaliger Berater von Doe deutete später eine Verschwörung zwischen den USA und ECOMOG an, die amerikanische Botschaft aber dementierte dies. Eine andere Version besagt, dass Doe sich bei dem ECOMOG-Kommandanten beschweren wollte, weil der seit seiner Ankunft noch nicht beim Präsidenten vorgesprochen hatte. Diese Version ist jedoch wenig glaubwürdig, denn in diesem Fall hätte ECOMOG Sicherheitsmaßnahmen getroffen. ECOMOGs offizielle Version besagt, dass der Besuch nicht angekündigt war, was in diplomatischen Kreisen und ganz besonders in Afrika sehr ungewöhnlich gewesen wäre, wo auf Protokoll und Formalität sehr viel Wert gelegt wird.

Doe kam mit seiner langen Fahrzeugkolonne und eigenen Sicherheitsleuten im Hafen an. ECOMOG bestand am Eingang auf eine Entwaffnung seiner ganzen Entourage. Kurz darauf erschien Prince Johnson mit seinen Truppen, die aber ihre Waffen behalten dürfen. Sofort griffen sie Does Männer an. Doe selbst, der schon im Büro des ECOMOG-Hauptquartiers saß und sich unter einem Tisch versteckte und dann zu fliehen versuchte, wurde ins Bein geschossen, vor den Augen des ECOMOG-Kommandanten von Prince Johnsons Männern überwältigt und nach Caldwell, Prince Johnsons Basis, gebracht. Die angesehene BBC-Korrespondentin in Liberia, Elizabeth Blunt, die zufällig in einem der ECOMOG-Räume im Hafen anwesend war und den Vorgang mit anhörte, sich selbst aber versteckt hielt, zählte später über 60 Tote aus Does Entourage am Ort des Geschehens.

7. Der Feldmarschall

Was auf Prince Johnsons Basis geschah, kann man sich in einem Video[31] anschauen. Doe liegt mit blutender Wunde am Bein in Unterhosen auf dem Boden vor Prince Johnson, der an seinem Schreibtisch sitzt und Budweiser-Bier trinkt. Immer wieder versucht er, über Walkie Talkie den amerikanischen Botschafter zu erreichen. Eine Frau fächert ihm Luft zu und wischt ihm den Schweiß ab. Wie üblich hängt hinter ihm ein großes Jesusbild an der Wand. Er fragt Doe nach seinem Geld, nach seinem Bankkonto. Doe ist auf spezielle Art gefesselt, die in Liberia üblich und sehr schmerzhaft ist, wobei die Oberarme hinter dem Rücken zusammengebunden worden sind. Doe bittet, ihm die Fesseln am Oberarm abzunehmen und nur die Füße gebunden zu lassen, aber Prince Johnson lehnt dies ab, da er Angst hat, dass Doe dank seiner starken Jujukräfte[32] flieht. Später sagte General Kofi, ein ehemaliger Bodyguard von Prince Johnson, vor der TRC aus, dass sie einen Jujugegenstand[33] im Anus des Präsidenten gefunden hätten. Er behauptete ebenfalls, dass, als Prince Johnson im Hafen ankam, der ghanaische ECOMOG Kommandant ihm ein Zeichen gegeben häte, und auf die Tür zeigte, hinter der Doe sich aufhielt. Doe versuchte, Prince Johnson zu beschwichtigen, aber Johnson ließ ihm die Ohren abschneiden. Die ganze Szene wurde von einem ausländischen Journalisten gefilmt, und das Video zirkulierte in Monrovia und begeisterte die Bevölkerung. Prince Johnson zeigte es stolz seinen Besuchern und Journalisten. Auf seiner Facebook-Seite konnte man ebenfalls einen Ausschnitt aus dem Video finden.

Am nächsten Tag wurde Does nackter Leichnam vor der Klinik in Bushrod Island zur Schau gestellt, um die Bevölkerung zu überzeugen, dass Doe trotz seines starken Jujus wirklich tot sei. Eine Version der Erzählung seines Sterbens besagt, dass Prince Johnson anordnete, Doe in einem Badezimmer einzusperren. Daraufhin hätte Doe sich immer wieder gegen das Badezimmerfenster geworfen und sich so eine Gehirnblutung zugezogen, an der er dann starb.

Nach Does Tod erklärte sich Prince Johnson zunächst zum Präsidenten. In seiner Wahrnehmung entsprach es ganz der Logik, dass derjenige, der Doe zur Strecke bringt, auch Präsident werden würde, genau wie Doe und seine Leute Präsident Tolbert umgebracht hatten und dadurch an die Macht gekommen waren. ECOMOG aber ließ das nicht zu.

Einen Monat später machte Johnson einen Fehler, den die USA ihm nicht verzeihen: Er erschoss eine amerikanische Staatsbürgerin: Linda Jury, eine der

---

31 »The Execution of former Liberian President Samuel K Doe« auf Youtube: https://www.youtube.com/watch?v=yaLSzjfyUiA&list=PLDEDD7CE96DD58747&index=5&t=0s&has_verified=1 (zuletzt aufgerufen am 06.02.2020).
32 *Juju* ist der Ausdruck für Zauber, Magie, übernatürliche Kräfte.
33 https://www.youtube.com/watch?v=ra7YcrXMinc (zuletzt aufgerufen am 06.02.2020).

Hare-Krishna-Anhänger, die erst 1990 in Monrovia ankamen, entschied sich, das Land trotz des Bürgerkrieges nicht zu verlassen. Linda stand zwangsweise mit Prince Johnson in Verbindung, dessen Genehmigung sie brauchte, um in dem von ihm kontrollierten Stadtviertel Lebensmittel zu verteilen. Sie hatte diese Erlaubnis auch bekommen. Als sie sah, dass täglich viele Menschen geköpft und erschossen wurden, schickt sie Prince Johnson naiverweise einen Brief, worin sie ihn bat, dem Töten ein Ende zu bereiten.

Aber Prince Johnson duldete keine Kritik. Als wütende Antwort auf den Brief holt Prince Johnson am frühen Morgen des 3. Oktober 1990 sieben Hare-Krishna-Anhänger, fünf Männer und zwei Frauen, mit vorgehaltener Waffe aus dem Hare-Krishna-Tempel. Sie wurden im Jeep an einen Strand am Saint Paul River gefahren, wo ihnen gesagt wurde, dass nur die Männer erschossen werden sollen. Linda Jury, vielleicht im Glauben, dass sie als Frau nicht erschossen werden würde, soll versucht haben, Prince Johnson mit bloßen Händen daran zu hindern, die erste Hinrichtung zu vollziehen. Sie soll geschrien haben: »Wie kannst du es wagen, einen Anhänger von Krishna zu töten? Erschieß' lieber mich!« Daraufhin wurde sie als Erste erschossen.

Obwohl die USA damals wahrscheinlich aus politischen Gründen nicht reagierten, sollen amerikanische Ermittler im Jahr 2017 in Monrovia Zeugenaussagen in dem Fall aufgenommen haben. Es gab außerdem eine Menge von inkriminierendem Beweismaterial, mit dem Prince Johnson kriegsgerichtlich zur Rechenschaft gezogen hätte werden können, und das Ausland übte Druck auf die Regierung in Monrovia aus, endlich den Empfehlungen der TRC nachzukommen und die Kriegsverbrecher vor Gericht zu stellen. Falls das künftig nicht passiert, wäre es durchaus möglich, dass Prince Johnson in den USA der Prozess gemacht wird. In der Zwischenzeit ist Prince Johnson gewählter Abgeordneter in Monrovia und präsentiert sich bei jeder Wahl als Präsidentschaftskandidat.

8. Das Schachspiel beginnt

ECOMOG hatte durch seine Präsenz in Monrovia eine Übernahme der Stadt und somit ein noch schlimmeres Blutbad verhindert, in dem mit Sicherheit die zivile Krahn-Bevölkerung und ihre Alliierten, die Mandingos, massakriert worden wären. Im November 1990 organisierte ECOWAS die ersten Friedensgespräche in Bamako, Mali, woraufhin Professor Amos Sawyer, ein unabhängiger Politiker und Akademiker, als Präsident der Übergangsregierung vereidigt wird. Einen Monat später wurde ein Friedensvertrag in Banjul, Gambia, von Does Anhängern, den Krahn, Charles Taylor und der Übergangsregierung unterzeichnet, den Taylor aber ein paar Wochen später aufkündigte. Danach wurde im Februar 1991 ein neuer Friedensvertrag in Lomé, Togo, unterschrieben, der aber auch nicht umgesetzt wurde.

Taylor kontrollierte jetzt über 90 Prozent des Landes, er hatte »seine« Hauptstadt in Gbarnga eingerichtet. Er war ein Mann mit Bildung und Charisma und ein überzeugender Redner, der sich als Kämpfer für die gerechte Sache präsentierte. Er verstand es, sich perfekt zu inszenieren, und Menschen zu manipulieren. Er liebte Verschwörungen und Intrigen. Er trug mal Militäruniform, mal Designeranzug und fuhr die teuersten Autos. Er ließ sich einen persönlichen Thron anfertigen und hat über 30 Kinder von verschiedenen Frauen. Er hatte Geld, konnte Menschen kaufen, es gibt Gerüchte, dass sogar ECOMOG-Personal auf seiner Gehaltsliste stand. Potenzielle Rivalen verschwanden auf mysteriöse Weise oder man fand später ihre Leichen. Er verstands es, Jimmy Carter, den Ex-Präsidenten der USA, um den Finger zu wickeln, der sich persönlich um eine Lösung des Konflikts bemüht hatte. Carter soll gesagt haben, dass Taylor auch eine gute Seite habe. Ebenso hatte Jesse Jackson, der berühmte amerikanische Bürgerrechtler und Politiker, ein Herz für Charles Taylor. Der bekannte US-Fernsehprediger Pat Robertson war mit ihm nicht nur eng befreundet, sondern erhielt von Taylor sogar die Konzession für eine Goldmine. Er machte Geschäfte mit einer bekannten französischen Firma, der er das mit umweltzerstörenden Methoden und illegal geschlagene Holz aus dem Regenwald verkaufte.

Taylor verdiente Millionen, indem er die Rohstoffe des Landes plünderte. Eine der wichtigsten Einnahmequellen waren die sogenannten Blutdiamanten. In Libyen hatte er viele zukünftige Revolutionäre kennengelernt, die ebenfalls unter Gaddafi militärisch ausgebildet worden waren, unter anderem Foday

Sankoh, den späteren Rebellenführer der RUF[34] im benachbarten Sierra Leone, das Land mit dem reichsten Diamantenvorkommen der Welt. Es ist einer der wenigen Orte, wo die Diamanten praktisch von jedermann unkompliziert mit Spaten aus dem Boden gegraben werden können. Die RUF zwang Männer, Frauen und Kinder, die Diamanten für sie unter menschenunwürdigsten Bedingungen zu schürfen. Taylor versorgte die RUF mit Waffen und Munition, und wurde dafür von ihnen mit Diamanten bezahlt. Der RUF werden ebenfalls schwerste Menschenrechtsverletzungen nachgesagt, einschließlich Massenamputationen von Händen und Armen an Zivilisten.

Taylor hätte sich durch die Unterzeichnung von Friedensverträgen niemals in eine Situation hineinmanövriert, die ihn auf seinem Weg zur Macht benachteiligt hätte. Er sprach ECOMOG jede Neutralität ab und erlaubte ihnen nicht, sich – wie im Friedensvertrag vorgesehen – auf seinem Gebiet zu stationieren. Besonders die Nigerianer hielt er ihm gegenüber für besonders feindlich gesonnen. Die ersten nigerianischen Soldaten, die versuchten, sich in seinem Gebiet zu stationieren, wurden ermordet, und den Überlebenden wurden Waffen und Kleidung weggenommen. Sie kamen barfuß in Monrovia an, nur mit einem Handtuch um die Hüften. Die Situation schien wieder völlig blockiert.

Auf Taylors Verlangen wurden nigerianische Truppen, die den größten Teil von ECOMOG ausmachten, reduziert und durch ein senegalesisches Kontingent ersetzt. Der Einsatz der Senegalesen war aber von kurzer Dauer, da sie nach einem Zwischenfall ihre 500 Soldaten wieder abzogen, weil Taylors eute sechs senegalesische Soldaten getötet hatten, nachdem sie deren Jeep umringt und verlangt hatten, dass Fahrzeug und Waffen an sie übergeben werden sollten.

Mit dem Tod Does hatten die Krahn all ihre Privilegien verloren, und deshalb verkomplizierten sie die schon reichlich verzwickte Situation, indem sie zusammen mit den Mandingos im Juni 1991 eine neue Kriegspartei gründeten, die ULIMO[35], um gegen Charles Taylor zu kämpfen. Sie wurde angeführt von Alhaji Kromah, Does früherem Informationsminister, ein Muslim vom Stamme der Mandingo. ECOMOG unterstützte ULIMO heimlich mit Waffen, Uniformen und auch nachrichtendienstlich, um Taylor zu schwächen. Aus den gleichen Gründen unterstützten sie die AFL, die sie eigentlich hätten entwaffnen sollen, und verloren damit vollends ihre Unabhängigkeit. Sie waren von da an jetzt eine Friedenstruppe, die zwei Kriegsparteien unterstützte, die beide massive Menschenrechtsverletzungen begingen. Dem Westen und der UNO

---
34 Revolutionary United Front (RUF) oder Revolutionäre Vereinigte Front ist eine Guerilla, die 1991 in Sierra Leone gegründet wurde und , die einen langen Bürgerkrieg auslöste.
35 United Liberation Movement for Democracy.

8. Das Schachspiel beginnt

wurde die Situation peinlich, und die Hoffnung schwand dahin, dass in Zukunft regionale Friedensinitiativen die großen und teuren UNO- Friedensmissionen ersetzen könnten. Aber im Moment brauchte man ECOMOG, um Monrovia und den Friedensprozess zu schützen. ECOMOG hielt seine Schattenaktivitäten geheim, sie waren an der Oberfläche nicht sichtbar, und die Menschen in Monrovia waren für ihre Präsenz unendlich dankbar.

Im Oktober 1991 wurde ein Waffenstillstand und ein Friedensabkommen[36] mit allen Parteien in der Elfenbeinküste unterzeichnet. Es sah die Entwaffnung aller Parteien vor, und die Rückkehr zur Demokratie durch freie Wahlen. Charles Taylor nutzte diesen Waffenstillstand, um seine Truppen zu reorganisieren und aufzurüsten. Er schaffte es auch, den Ex-Präsidenten der USA, Jimmy Carter, zu überlisten, indem er ihn davon überzeugte, dass ECOMOG seine schweren Waffen als Zeichen des guten Willens aus Liberia zurückziehen sollte. Auf Druck von Carter kam ECOMOG dem nach.

So war nun der Stand der Dinge bei meiner Ankunft im September 1992.

---

36 Das Yamoussoukro-IV-Friedensabkommen.

9. Operation Octopus

Während ich in den ersten Tagen mit Doug von Riverview zum Büro in die Stadt und zurück fuhr, fiel mir auf, dass Doug sich morgens früh die Einsatzfähigkeit der ECOMOG-Soldaten an den Checkpoints genau ansah, und anfing, laut zu denken: »Der schläft noch, der auch, und der hängt mehr recht als schlecht über'm Sandsack, ich weiß nicht, ob diese Jungs bei einem Angriff die Stadt halten könnten.« Doug hatte militärische Erfahrung und wusste, wovon er sprach. Außerdem hatte er ein inoffizielles Funkgerät, mit dem er heimlich den ECOMOG-Funkverkehr abhörte. Er schmunzelte immer, wenn es zu Missverständnissen kam, weil die anglophonen und frankophonen ECOMOG-Kontingente sich gegenseitig nicht verstehen konnten.

Ein paar Tage später, am 15. Oktober 1992, wachten wir in Riverview alle vor dem Morgengrauen von dumpfen Detonationen auf. Charles Taylors NPFL-Truppen griffen Monrovia an, seine »Operation Octopus« war gestartet. Granatwerfer und Sperrfeuer waren in der Ferne zu hören, und am Horizont zuckte es immer wieder feuerrot auf. Taylor schickte seine Kindersoldaten auf Kanus durch die Sümpfe vor Monrovia, die schwer zu verteidigen waren. Hier prallten ECOMOGs konventionelle Kriegsführung und Taylors Guerillataktik aufeinander. Taylor griff immer aus dem Hinterhalt an. ECOMOG war ihnen schutzlos ausgeliefert, wenn sie in ihren Panzerwagen auf den Straßen außerhalb der Hauptstadt unterwegs waren, wo die meterhohe dichte Vegetation an beiden Seiten der Straße eine hervorragende Kulisse für einen Hinterhalt war. Für die ECOMOG-Soldaten war es furchteinflößend, dass der Feind immer unsichtbar war. Sie sprachen mit mir über ihr Dilemma, wenn sie plötzlich diesen grotesk verkleideten Kindersoldaten gegenüberstanden. Die Tatsache, dass es Kinder waren, ließ sie automatisch zögern, abzudrücken, was ihren eigenen Tod bedeuten konnte.

Der UNICEF-Repräsentant, der sich mit Prince Johnson »angefreundet« hatte, entschied in Anbetracht der Lage, die über 200 Waisen von Prince Johnsons Militärbasis in Caldwell zu evakuieren und in ein Waisenhaus in der Stadt in Sicherheit zu bringen. Prince Johnson hatte Angst, von ECOMOG aus der Luft bombardiert zu werden, und hatte sich deshalb Waisenkinder in seine Basis holen lassen, die er als Schutzschild benutzte. Wir konnten die ganze Rettungsaktion über unsere Handfunkgeräte verfolgen. Tatsächlich wurde kurze Zeit später die Basis in Caldwell von NPFL-Kämpfern überrannt. Prince Johnson wurde von ECOMOG gerettet und ins Exil nach Nigeria ausgeflogen, wo er bis 2005 bleiben und sich bis zu seiner Rückkehr als christlicher Prediger betätigen sollte.

9. Operation Octopus

Da es keine Garantie gab, dass ECOMOG dem Angriff standhalten würde, plante die UNO, uns zur Sicherheit nach Abidjan in die Elfenbeinküste zu evakuieren. In Riverview waren Vorbereitungen im Gang, uns alle gemeinsam in einer Kolonne von UNO-Fahrzeugen zum Flughafen zu fahren, wo eine gecharterte Maschine auf uns wartete, die uns nach Abidjan bringen sollte. Die SUVs mit ihren liberianischen Fahrern formierten sich zu einer langen Schlange und wir stiegen jeder mit unserem Koffer ein. Unsere obersten Chefs und der Sicherheitsbeauftragte wollten zurückbleiben. Sie gaben den Fahrern letzte Anweisungen, und schärften ihnen ein, nicht anzuhalten, falls geschossen werden sollte.

Wir wurden nach Abidjan geflogen, wo wir in einem beliebten Geschäftshotel im Plateau- Viertel in der Innenstadt einquartiert wurden. Während wir überlegten, wie wir von Abidjan aus weiter nützlich sein konnten, bekam ich eine Nachricht vom UNDP-Büro in Abidjan. Ich sollte in ihren Funkraum kommen, der oberste Chef der UNO in Monrovia wollte mich sprechen. Zunächst traf ich den UNDP-Repräsentanten in Abidjan, der bereit war, uns Evakuierten ein Büro zur Verfügung zu stellen. Aus Monrovia bekam ich die Anweisung, jetzt Hilfslieferungen von der Elfenbeinküste aus direkt über die Grenze ins liberianische Hinterland zu schicken, da dies von Monrovia aus wegen der Kriegsfront nicht mehr möglich war. Ich persönlich sollte die Koordination dieser Aufgabe übernehmen und weiterhin Kontaktperson für UNO-Kollegen sein, die auf der Achse Monrovia – Abidjan unterwegs waren.

Zur gleichen Zeit zogen Taylors Truppen plündernd, mordend und vergewaltigend durch die Vororte von Monrovia, und rückten fast bis in die Innenstadt vor. Zivilisten, von denen sie annahmen, dass sie regierungstreu waren, wurden sofort hingerichtet. Alles schien zunächst darauf hinzudeuten, dass es Taylor gelingen sollte, die Stadt einzunehmen.

Über mehrere Wochen herrschten Panik und Chaos in Monrovia: 20.000 Menschen aus den Vororten wurden aus ihren Häusern vertrieben und suchten Schutz in der Innenstadt. Tausende wurden umgebracht, Frauen wurden vergewaltigt. Auf den Straßen, die mit leeren Patronenhülsen übersät waren, verrotten Leichen, die von Hunden angefressen wurden. Die Krankenhäuser quollen von Verletzten über. Menschen kauerten verängstigt in ihren Häusern, immer voller Angst, dass Rebellen jederzeit ihr Haus stürmen könnten.

ECOMOG war von dem Angriff überrumpelt worden, und es dauerte ein paar Wochen, bis sie sich gefangen hatten. Sie stockten ihre Truppen auf 12.000 Mann auf, brachten Panzer ins Land, setzten Kanonenboote der nigerianischen Marine vor der Küste und Alpha Jets aus der Luft ein, und schafften es somit, die NPFL langsam zurückdrängen.

Es waren weniger die Straßenschlachten, sondern eher die Plünderungsorgien, welche die Stadt vollends zerstörten, und von denen sie sich nicht mehr

9. Operation Octopus

erholen sollte. Alles, was nicht niet- und nagelfest war, wurde mitgenommen. Alle Kriegsparteien und auch Zivilisten waren an den Plünderungen beteiligt, nicht nur die NPFL. Häuser, Lagerräume und öffentliche Gebäude, alles wurde leergeräumt, sogar die Fließen wurden von den Wänden geschlagen und mitgenommen. Die AFL ließ ganze Stadtviertel unter dem Vorwand räumen, dass die NFPL im Anmarsch sei, und plünderte dann in aller Ruhe die Häuser aus. Überall in der Stadt wurden gestohlene Kleintransporter mit Beutegut vollgeladen. Sogar ECOMOG nahm massiv an den Plünderungen teil. Ihre Beute wurde auf ein Schiff gebracht, das nach Nigeria ablegte. In den Straßen sah man ECOMOG-Soldaten, die Fernseher und Kühlschränke auf dem Rücken trugen. »Every Car Or Moving Object Gone«[37] wurde ECOMOGs neuer Spitzname.

Ein Vorfall erregte sehr viel Aufmerksamkeit, besonders die der Amerikaner und des Vatikans, als fünf amerikanische Ordensschwestern in einem Vorort von Monrovia von NPFL-Kämpfern umgebracht wurden. Zwei der Ordensschwestern und ein ECOMOG-Soldat, der sie begleitet hatte, starben, als ihr Fahrzeug auf einer Straße aus dem Hinterhalt beschossen wurde. Ihre Leichen wurden teils verbrannt und tagelang liegengelassen. Die anderen drei Nonnen, die im Kloster geblieben waren, hatten geplant, sich nach Monrovia durchzuschlagen, um sich in Sicherheit zu bringen. Aber dafür war es zu spät gewesen, denn die Rebellen kontrollierten bereits die Gegend um ihr Kloster. Drei Tage nachdem die ersten beiden Nonnen erschossen worden waren, klopften Rebellen mit AK-47-Gewehren an das Tor des Klosters und verlangten Geld und Fahrzeuge. Alle drei Nonnen wurden erschossen und ihre Leichen grauenvoll mit Macheten verstümmelt. Die Amerikanerinnen waren in ihren fünfziger und sechziger Jahren, und kümmerten sich als Lehrerinnen und Krankenschwestern um Waisenkinder. Ein ehemaliger General der NPFL, genannt »Vision 38«, sagte vor der TRC aus, dass ein gewissser General Moskito angeordnet hätte, die Nonnen zu überfallen und zu vergewaltigen. General Moskito stritt jede Verantwortung ab, aber er gab zu, dass es Männer unter seinem Kommando gewesen sein könnten. Die Angaben darüber, was genau passiert war, blieben widersprüchlich. Das FBI ermittelte, doch bisher wurde niemand zur Rechenschaft gezogen.

Im November 1992 beschloss der Weltsicherheitsrat eine Einfuhrsperre für Waffen und militärisches Gerät nach Liberia, und der UNO Generalsekretär ernannte einen Sondergesandten für Liberia, Trevor Gordon-Somers, der vor Ort einen Waffenstillstand herbeiführen und weitere Friedensverhandlungen leiten sollte.

---

37 Jedes Fahrzeug oder bewegliches Objekt [ist] weg.

9. Operation Octopus

Da die Kämpfe in Monrovia weitergingen, blieben wir in Abidjan, wo ich der Frau vorgestellt wurde, von der der Vorsitzende der TRC sagen wird, dass sie die Hauptgeldbeschafferin für den Krieg gewesen sei, dass sie sich an der Rekrutierung von Kindersoldaten beteiligt hatte, dass sie eine Kriegsverbrecherin sei. Sie heißt Ellen Johnson-Sirleaf und war, wie man mir später sagte, in Abidjan in Wartestellung, um bei einem Sieg der NPFL die Regierung in Monrovia zu übernehmen – mit Charles Taylor als Verteidigungsminister. Wie in der Branche üblich, scheitert die Allianz zwischen Ellen Johnson-Sirleaf und Charles Taylor, als beide die Präsidentschaft anstreben. Wir werden den Werdegang dieser beiden machthungrigen Menschen verfolgen, die beide mit völlig verschiedenen Mitteln ihr Ziel erreichen werden und später Präsidentin bzw. Präsident des Landes werden sollten. Ihre Schicksale indes sollten in radikal entgegengesetzte Bahnen verlaufen. Wir werden ebenfalls sehen, dass die internationale Gemeinschaft trotz der moralischen Verwandtschaft der beiden den einen als Kriegsverbrecher bestrafen würde, während die andere mit dem Friedensnobelpreis ausgezeichnet werden sollte.

Doch von alledem wusste ich gar nichts, als der UNDP-Chef in Abidjan mir die Lady als Direktorin für Afrika im UNDP-Hauptquartier in New York vorstellte. Im Nachhinein wundert es mich nicht, sie zu der Zeit und an dem Ort angetroffen zu haben, an dem sich die Basis der elitären und politischen NPFL befand, die vom Präsidenten der Elfenbeinküste unterstützt wurde.[38]

Ich plauderte eine Weile mit Ellen Johnson-Sirleaf von Kollegin zu Kollegin, und ich erzählte ihr, dass ich humanitäre Hilfslieferungen wie Reis, Medikamente und Treibstoff für das Krankenhaus im Landesinnern koordinierte.

Im Nachhinein macht mich dieses Gespräch nachdenklich, denn ich frage mich, woher die Männer, die ein paar Tage später im Restaurant Kontakt zu mir suchten, meinen Namen und meine Funktion kannten. Ich saß abends mit Kollegen in einem Restaurant in Cocody, einem der besseren Viertel, als eine Gruppe sehr gut gekleideter Männer augenscheinlich Kontakt zu mir suchten. Ich fand das sehr merkwürdig und reagierte nicht. Da ich eigentlich keine abweisender Mensch bin, ließ ich mich doch nach dem Essen auf einen Drink mit ihnen ein. Es waren Liberianer, NFPL-Schickeria, Taylors Männer! Sie warteten hier auf den militärischen Sieg durch die »Operation Octopus«, um dann schnell vor Ort zu sein, wenn die Regierungsposten verteilt würden. Wie die meisten Liberianer, waren es charmante, sympathische Männer,

---

38 Der Präsident der Elfenbeinküste, Félix Houphouët-Boigny, unterstützte die NPFL, auch weil seine Adoptivtochter die Ehefrau von einem Sohn Präsident Tolberts gewesen war. Nach dem Coup hatte Houphouët-Boigny Doe beschworen, seinen Schwiegersohn zu verschonen. Doe aber ließ ihn hinrichten. Entlang der Elfenbeinküste lieferte Taylor die Tropenhölzer, die er illegal im Regenwald abholzen ließ, nach Frankreich.

und sie passten so gar nicht zu dem Bild, dass ich von der NPFL hatte. Sie kamen ziemlich schnell zur Sache: Sie wollten Waffen unter unseren Reislieferungen ins liberianische Hinterland verstecken. Das Waffenembargo, das der Weltsicherheitsrat gerade beschlossen hatte, und auf das ECOMOG ein wachsames Auge warf, bereitete der NPFL ernsthafte Probleme. Die nigerianische Luftwaffe bombardierte gnadenlos alle Konvois, die vom Ausland in das Gebiet von Taylor fuhren. Damit unsere Hilfskonvois nicht das gleiche Schicksal erlitten, informierten wir ECOMOG genauestens über Zeit und Art der Hilfslieferungen. Ich konnte es kaum glauben, das sie ernsthaft annehmen konnten, dass ich auf ihr Angebot eingehen würde. Ich traf diese NPFL-Schickeria mehrmals, oder besser gesagt, sie trafen mich. Ich kann nicht sagen, dass diese Leute unsympathisch waren, im Gegenteil, das waren ganz normale junge Intellektuelle. Ob sie daran dachten, dass gleichzeitig Kindersoldaten in der Schlacht um Monrovia geopfert wurden und zahllose Zivilisten getötet und vergewaltigt wurden, während sie im schicken Abidjan abwarteten, um bei einem Sieg einen schönen Posten in der Regierung zu ergattern?

Noch etwas war passiert, das uns Sorgen bereitete: Die NPFL hatte das UNO-Büro in Gbarnga, Taylors »Hauptstadt«, besetzt, bevor die Kollegen in die Elfenbeinküste evakuiert werden konnten. Sie waren jetzt praktisch Geiseln. Jede Bewegung, sogar der Gang zur Toilette, wurde beobachtet. Dem Funkverkehr wurde besondere Aufmerksamkeit gewidmet. Die NPFL-Kämpfer sahen sich überall von Spionen umgeben, sogar unter UNO- Mitarbeitern. Selbstverständliche Dinge wie der Besitz einer Landkarte oder von Schuhwerk, das an Soldatenstiefel erinnerte, konnte Unannehmlichkeiten bereiten. Walkie Talkies und Funkgeräte, mit denen jedes Büro und jedes UNO-Fahrzeug ausgerüstet war, und ohne die wir nicht arbeiten konnten, waren spionageverdächtig. Den Kollegen waren einmal sämtliche Kabel und Funkmikrofone an einem Checkpoint herausgerissen worden, weil sie verdächtigt wurden, der nigerianischen Luftwaffe Anweisungen zum Abwerfen von Bomben auf NFPL-Ziele zu geben. Deshalb saßen sie jetzt in Gbarnga direkt im Funkraum. Liz, eine Irin, die für UNICEF arbeitet, und die später eine gute Freundin werden sollte, sagte bei jedem Funkkontakt als erstes durch, dass »ihre Freunde« auch da wären. Somit wusste ich Bescheid. Da die Kommunikation mit Monrovia, dem Standort des Feindes, verdächtig war, war beschlossen worden, dass der Kontakt über Abidjan laufen sollte.

Ich richtete mich im Funkraum von UNDP in Abidjan ein, um regelmäßig mit Liz und ihren Kollegen Kontakt zu halten. Sie erzählte mir später, dass sie Angst und Panik hatte, wenn sie darüber nachdachte, was ihr als Frau passieren konnte. Deshalb achtete sie darauf, dass sie Tag und Nacht engen Kontakt zu ihren männlichen Kollegen hielt. Die ersten Tage waren besonders kritisch und

9. Operation Octopus

ich schlief im Büro auf dem Boden im Schlafsack neben dem Funkgerät. Der UNDP-Repräsentant verzog sein Gesicht, als er mich mit Schlafsack, Matte und Kissen antraf. Als hochrangiger Diplomat ohne Erfahrung in Krisengebieten schien seine Gastfreundschaft nun verwirkt. Ich mischte ihm sein ruhiges Büro auf, und er beschwerte sich über mich bei seinem Kollegen in Monrovia, jedoch ohne Erfolg. Liz und ihre Kollegen durften kurz danach über Land nach Abidjan ausreisen.

Die Situation im Büro in Abidjan war angespannt. Im Funkraum sah es mittlerweile aus wie auf dem Campingplatz. Ich empfing die merkwürdigsten Besucher, unter ihnen eine amerikanische Wissenschaftlerin, Betsy Brotman, die sich in unsere Hilfskonvois einreihen wollte, weil sie ein Versuchslabor mit Schimpansen im Inneren Liberias leitete und die Tiere am Verhungern waren. Das tat mir so leid, aber ich konnte sie nur an die Regierung verweisen, die das genehmigen musste. Was niemand ahnte, war, dass ein paar Wochen später ihr Ehemann Brian Garnham, ein Brite, der ebenfalls am Forschungsinstitut[39] arbeitete, von der AFL in seinem Haus überfallen und ermordet wurde. Sie plünderten Haus und Labor, trugen alles davon, was sie mitnehmen konnten.

Mittlerweile entwickelten sich die bösen Blicke der Sekretärinnen zu reiner Sabotage, zum Beispiel wenn ich es eilig hatte und mir niemand verraten wollte, wo das Papier zum Nachfüllen des Druckers gelagert wurde. Es kam zum Showdown, als ich eines Tages einen besonderen Funkspruch aus Monrovia erhielt. Trever Gordon-Somers, der Sondergesandte des UNO-Generalsekretärs für Liberia, der gerade ernannt worden war, um die Friedensverhandlungen zu leiten, befand sich in einem Jet auf dem Weg nach Abidjan, wo er in einer Stunde landen würde. Der Jet aber hatte keine Landeerlaubnis. Diese sollte ich doch dringendst über das Büro des Präsidenten der Elfenbeinküste erwirken. Ich ging schnurstracks zum Büro des Repräsentanten. Seine Vorzimmerdame versuchte mich aufzuhalten: »Der Repräsentant ist in einer wichtigen Besprechung mit hochrangigen Beamten aus dem Büro des Präsidenten.« »Die genau brauche ich«, antwortete ich und stürmte an ihr vorbei in das Büro. Da stand ich in Jeans mit Panik im Gesicht vor dieser präsidialen Männerrunde. Der Gesichtsausdruck des Repräsentanten schwankte zwischen Ungläubigkeit und purem Entsetzen. »Meine Herren, es tut mir sehr leid, sie zu stören, aber da ich Sie gerade hier antreffe: Wir brauchen eine sofortige Sondergenehmigung vom Büro des Präsidenten für die Landung des Jets des UNO-Sondergesandten für Liberia, der in weniger als einer Stunde landen wird!« Von da an war mein Verhältnis zum Repräsentanten gut.

---

[39] Eine Tochtergesellschaft des New York Blood Centre.

Wir sollten zwei Monate in Abidjan im Hotel verbringen. Tagsüber arbeitete ich im UNDP-Büro und versuchte, so viel humanitäre Hilfe wie möglich für das Landesinnere von Liberia zu organisieren. Nach der Arbeit genossen wir die fantastische Stadt Abidjan, in der man sich in Frankreich glauben konnte. Zehntausende Franzosen lebten hier in ihrer ehemaligen Kolonie, hatten hier ihre Geschäfte, ihre Supermärkte und Restaurant, und arbeiteten sogar in der Regierung. Ich war manchmal erstaunt, wenn ich in einem Ministerium eine Erlaubnis für einen Hilfstransport beantragte und dabei vor einem Franzosen saß. Die Straßen im Plateau-Viertel hatten französisches Flair, auf den Terrassen der Cafés wurden Café-au-Lait und Croissants serviert. Die Stadt rühmte sich sogar einer Eislaufhalle. Abends aßen wir in den fantastischen Restaurants, die Küche aus aller Welt boten, oder wir zogen durch das lebhafte afrikanische Viertel Treichville mit seinen Discos und Livebands.

Die Kollegen, die nicht in die Notfallhilfe involviert waren, fuhren nach Yamoussoukro, um die größte Kirche der Welt zu besichtigen. Präsident Houphouët-Boigny, ein Busenfreund Frankreichs, der die Elfenbeinküste von 1960 bis zu seinem Tod 1993 regierte, war in Yamoussoukro geboren und machte den Ort deshalb 1983 zur Hauptstadt, obwohl Abidjan administratives und wirtschaftliches Zentrum blieb. Unter den Neubauten, die Houphouët-Boigny vorantrieb, war auch eine dem Petersdom nachempfundene Basilika, die noch größer war als das Original in Rom. Der Präsident hatte den Bau aus seinem Privatvermögen bezahlt. Trotz Kritik an diesem Monster, gebaut in einem Land, in dem Menschen in extremer Armut lebten und Katholiken eine Minderheit waren, weihte Papst Johannes Paul II. den Dom ein.

An den Wochenenden fuhren wir an den Strand von Grand Bassam, wo die Franzosen 1893 zunächst die Hauptstadt angelegt hatten. Beleibte Afrikanerinnen grillten hier Fische so groß wie Ferkel zu kleinen Preisen direkt am Strand. Niemals hätten wir uns damals vorstellen können, dass die Elfenbeinküste, dieses augenscheinlich stabile und entwickelte Land, ebenfalls im Jahre 2002 in einem Bürgerkrieg versinken sollte.

In Liberia hatte es derweil ECOMOG nach zwei Monaten endlich geschafft, die NPFL auf ihre vorherige Position zurückzudrängen, und wir bekamen grünes Licht, nach Monrovia zurückzufliegen.

10. Rückkehr nach Liberia

Der *Lonely Planet*[40] bezeichnete Monrovia einmal als hässlichste Hauptstadt Afrikas, was man durchaus nachvollziehen kann, wirkt sie doch auf den Neuling, als ob sie gerade ausgebombt worden wäre, was ich zunächst allein auf den Bürgerkrieg zurückführte. Dann las ich aber eine Beschreibung Monrovias, die der deutsche Geograf Münnich um 1937 geschrieben hatte:

> *»Von der Seeseite wirkt diese Stadt verheißungsvoll. Freundlich grüßen die weißen, halb im Grün versteckten Häuser vom Vorgebirge herüber. Fast wird man an den Hamburger Vorort Blankenese erinnert. In der Nähe bietet sich aber ein ganz anderes Bild. War hier ein Erdbeben am Werke? Hat diese Stadt vor kurzem Bombenangriffe erlebt? Überall sieht man zwischen den Häusern halb verfallene Gebäude, kahl hervorragende Grundmauern, und hier und da zeigen halb zugewachsene Betonsockel den Platz für ein Haus an ...«*

Man kann sich nur vorstellen, wie diese Stadt nach einer gründlichen Plünderung und einem Zustrom von Zehntausenden von Geflüchteten aus dem Landesinneren aussah. Wohin man auch sah, überall gab es Zeichen der Zerstörung und Verfall. Am Straßenrand lagen verrostete Autos und sogar Busse, oder besser gesagt, was davon übrig geblieben war. Aus so mancher Ruine wuchsen junge Bäume zwischen Schutt. In dem feuchtwarmen Landesklima holte die Natur sich ihren Raum schnell zurück.

Die Stadt platzte aus allen Nähten. Die Menschen bauten sich provisorische Unterkünfte oder richteten sich mit ein paar Plastikplanen ein, wo noch ein paar Pfeiler mit Dach standen. Kleinere Seitenstraßen waren mit lapidaren Bretterbuden zugebaut worden. Die ganze Stadt schien eine einzige Behelfsmaßnahme zu sein. Die Menschen lebten im Provisorium, nicht wissend, was der folgende Tag bringen würde.

Trotz allem pulsierte die Stadt vor Leben, und die Menschen glichen die graue Farbe des Zerfalls mit ihrer Vorliebe für alles Bunte aus. Sogar die Sonnenschirme, mit denen sie sich und ihre Verkaufswaren vor der sengenden Sonne schützten, waren kunterbunt. Es schien, als sei die ganze Bevölkerung unterwegs, es war laut, und alles war in Bewegung. Die täglichen Herausforderungen der vielen Menschen, die am Existenzminimum lebten, forderten allgegenwärtige Kreativität, Improvisation und gegenseitige Hilfe, die zwar nichts Nachhaltiges schufen, aber das tägliche Überleben sicherten.

---

40 Ein bekannter Reiseführer.

Trotz widriger Lebensumstände schafften es die Liberianer, immer Spaß und Vergnügen in ihre Alltagssituation einzubauen. Überall wurde gelacht und bei jeder Gelegenheit getanzt. Es wurde auch geschimpft und lautstark gestritten. Das Rückgrat der Gesellschaft waren die starken und stämmigen Frauen, die immer beschäftigt waren mit Kindern, Kochen oder Verkauf auf dem Markt, und die dazwischen immer Zeit hatten für ein Schwätzchen, ein Späßchen oder ein Lied.[41] Es schien, als verliehen sie jedem Wort durch Körpersprache, Gesang und Tanz Ausdruck, Bewegung und Worte verschmolzen miteinander.

Da es kaum Jobs gab, verkaufte jeder irgendetwas, um zu überleben. Plätze und Bürgersteige wurden zu Märkten, Schubkarren zu Verkaufsständen. Mobile Verkäufer säumten die Straße zur größten Brücke, und versuchten, den Autofahrern im Stau Werkzeug, Socken, einen kleinen Welpen oder ein gekochtes Ei anzudrehen. Ein junger Mann führte eine fette tote Ratte an einem Band vor sich her, ein Werbeträger für das Rattengift, das er verkaufte. Andere drapierten Handtücher in bunten Farben zu einem hohen Turm, den sie wie eine Fahnenstange vor sich hertrugen. Frauen balancierten Plastikbehälter mit selbstgebackenen süßen Krapfen, Palmöl, Gemüse, oder Snacks, die sie um Kauf anboten. Männer schoben Schubkarren mit billigem Plastikzeug, Dosen, Zahnpasta, Gemüse oder dubiosen Hautcremes aus China. Kleidung war entweder billige Ramschware aus Fernost oder Second-Hand-Kleidung aus Europa. Eine saubere und gebügelte Jeans kostete zwei bis drei US-Dollar.

Das Leben fand unter freiem Himmel statt, ob das nun Kochen, Waschen, Verkaufen, Reparieren, Spielen, Tanzen, oder Biertrinken war. Auf freien Grünflächen lag gewaschene Wäsche dicht gedrängt zum Trocknen aus. Frauen seiften ihre Kleinkinder in großen Plastikschüsseln ein. Vor ihren Häusern bügelten junge Männer ihre Kleidung mit heißen Kohlebügeleisen; daneben kochten Frauen in riesigen Aluminiumtöpfen, die über den Feuern dampften. Einen Topf für den Reis, den anderen für eine Fisch- und Fleischsoße in rotem Palmöl, alles, was man für den Tag hatte zusammentragen können.

Die Bars im Freien bestanden oft nur aus ein paar Brettern, die als Bänke dienten, mit einem Holzverschlag, der einen nie endenden Vorrat an eisgekühltem liberianischem Club-Bier beherbergte, das in großen Dreivierteliterflaschen verkauft wurde.

Die afrikanische Kleidung wurde maßgeschneidert. Die professionellen Näher, meistens Männer, saßen unter lautem Rattern der fußpedalbetriebenen Nähmaschinen in schäbigen heißen Räumen, dicht an dicht gedrängt. Man konnte den afrikanischen Printstoff oder bunt gebatikten Stoff überall kaufen

---

41 Liberian women singing while they work – liberianische Frauen singen beim arbeiten: https://www.youtube.com/watch?v=SL2GfaMBIQk (zuletzt aufgerufen am 23.03.2020).

10. Rückkehr nach Liberia

und dann damit sofort zu einem Näher gehen. Sie hatten Spezialmaschinen, mit denen man vorne auf der Brust oder um den oberen und unteren Saum Stickereien anbringen konnte. Der Fantasie und den Farbkombinationen waren keine Grenzen gesetzt. Besonders beliebt bei uns Ausländern waren die Batiktischdecken in leuchtenden Farben mit ihren passenden Servietten.

Neben teureren Restaurants im westlichen Stil gab es Straßenrestaurants, sogenannte »cookshops«, wo schmackhafte Mahlzeiten für einen halben US-Dollar angeboten wurden. Es gab auffällig viele Schönheitssalons nach einheimischem Gusto, und ebenso viele Geldwechselstuben. Während der liberianische Dollar offizielle Währung war, wurde auch mit US-Dollar bezahlt. In den Mauernischen arbeiteten Friseure und Barbiere. Schreiner stellten alle Möbel selbst her, angefangen von wuchtigen Polstergarnituren bis zu bemerkenswerten, überreich verzierten Prunkthronen für die Geheimgesellschaften, von denen ich später mehr erzählen werde.

Die Privilegierteren, und von denen gab es viele, hatten ihre Häuser mit eigenen Wassertanks oder Brunnen, aus denen das Wasser mit Generator gepumpt wurde. Gegen Geld war jeglicher Komfort zu haben. Der Hauptteil der Bevölkerung jedoch, auch in Monrovia, lebte seit Beginn des Krieges ohne Strom und Wasser. In der Innenstadt waren die Abwasserrohre der Sanitäranlagen in den mehrstöckigen Häusern seit Jahren verstopft, und so urinierten die Bewohner in Eimer und verrichteten die Notdurft in Plastiktüten. Nachts, wenn es niemand sah, leerte man den Eimer mit Schwung Richtung Straße, und die Plastikbeutel mit Fäkalien wurden ebenfalls in hohem Bogen vom Balkon aus entsorgt. Wenn man den Nachbarn nicht mochte, konnte man auch dessen Hinterhof besudeln. Auf jeden Fall war man gut beraten, abends dort nicht zu Fuß herumzulaufen.

Die UNO-Büros, Riverview und andere wichtige Einrichtungen waren von ECOMOG-Soldaten vor den Plünderungen geschützt worden. Die Hotels und Etablissements von europäischem Standard wie einige Supermärkte hatten ebenfalls den Plünderungen vorgebeugt – sie hatten sich bewaffnete Milizen gemietet, die ihr Eigentum schützten, die sie teuer bezahlen mussten. Die libanesischen Geschäftsleute, deren Lager und Geschäfte geplündert worden waren, nahmen es gelassen hin. Innerhalb kurzer Zeit hatten sie alles wieder aufgebaut. Sie waren gut organisiert, hielten zusammen und halfen einander gegenseitig.

Das Leben in Riverview war eine andere Welt, weit entfernt vom Lärm und Chaos der Stadt. Ich teilte mir jetzt einen Bungalow mit Liz, die nach ihrer Geiselnahme in Monrovia arbeitete. Ab und an fanden andere weibliche Kolleginnen, die auf kürzeren Missionen waren, bei uns im Haus Unterschlupf. Es war eben das »Mädchenhaus«. Liz' Kreativität war auch außerhalb ihrer Arbeit nicht zu bremsen. Sie zeichnete Comics, die die oft absurden Alltagssituationen dokumentierten, die mit der Organisation von Hilfslieferungen und den dazugehörigen Verhandlungen mit den Warlords einhergingen. Abends war unser Mädchenhaus voll mit den meist jüngeren Leuten aus dem Compound. Liz spielte Gitarre und sang dazu irische Revolutionslieder, oder sie überredete alle zum irischen Volkstanz, was aber niemanden so richtig begeistern konnte.

Natürlich gab es einige männliche Kollegen, wenn auch in der Minderheit, die ihre Freizeit anders verbrachten. Zwei davon wohnten mir ihren einheimischen Sekretärinnen zusammen, inklusive Rundumversorgung. Andere hatten regelmäßig Mätressen zu Gast. Aufgrund des Bürgerkrieges war Liberia als ein Dienstort klassifiziert, an dem die Familie nicht vor Ort wohnen durfte, denn unter den Umständen musste die UNO jederzeit auf eine Evakuierung per Flugzeug vorbereitet sein, und die Sitzplätze waren genau auf die Zahl der Mitarbeiter abgestimmt. Familien blieben entweder in sicheren Nachbarländern, im jeweiligen Heimatland, oder am Ort des Hauptquartiers der Organisation. Wir hatten ebenfalls auch nur eine kleine Krankenstation im Büro, denn im Notfall wurde man in die Elfenbeinküste evakuiert, wo angemessene medizinische Versorgung gegeben war.

Einer der zwei Kollegen, die mit ihrer Sekretärin zusammenwohnten, war der oberste Chef einer UNO-Sonderorganisation, und ein ganz besonders netter Mensch. Jovial und immer gut gelaunt, war er jeden Tag angezogen, als ginge er auf einen Ball. Seine Anzüge waren aus feinstem Zwirn, dazu trug er breite farbenfrohe Krawatten mit passendem Einstecktuch, während die meisten anderen männlichen Kollegen die bequemere Tropenversion des Anzuges trugen. Außer seinem weißen Dienst-SUV fuhr er noch seinen privaten grünen Mercedes. Er lud zu üppigen Partys in seinem Haus in Riverview ein, wo wir zu Livebands bis in den Morgen tanzten. Ein paar Monate später hatte sein Highlife ein unschönes Ende, als die Rechnungsprüfer gravierende Unregelmäßigkeiten bei den Abrechnungen feststellten, die zum offiziellen Umrechnungskurs von 1:1 berechnet waren. In der Realität war der US-Dollar aber 40 liberianische Dollar wert und alle Geschäfte im Land wurden dementsprechend getätigt. Folglich wurde er fristlos entlassen, aber da hatte er seiner Sekretärin schon ein Haus in den USA gekauft und sich sein Konto gut gefüllt.

In Riverview gehörten die Köche zur Familie. Sie waren wertvolle Informanten nicht nur für das, was sich in den Häusern der Kollegen in Riverview abspielte, sondern auch für die liberianische Kultur und Gesellschaft. Wie auch die Fahrer, waren sie einflussreiche politische Berater der obersten Chefs, für die sie die Stimme des Volkes waren. Der UNO-Sondergesandte zum Beispiel konsultierte seinen Koch regelmäßig in politischen Fragen. Es bestand immer

10. Rückkehr nach Liberia

ein besonderes Vertrauensverhältnis zum Koch, wusch der doch die Unterwäsche und kannte das intimste Privatleben seines Brötchengebers. Ein Koch oder Fahrer konnte sehr viel Macht haben, denn sie hatten das »Ohr« wichtiger Entscheidungsträger. Das galt genauso für die Politik wie für persönliche Intrigen.[42] Die Köche waren nicht davon abzubringen, uns Frauen »Missi«, als eine Koseform von »Miss« zu nennen. Normalerweise wurde man in Liberia mit »Mama« angesprochen. »Miss« war noch ein bisschen respektvoller. Die Fahrer im Büro nannten uns »Bosslady«, männliche Vorgesetzte hießen »Bossman«.

Wir hatten einen alten Koch, der eigentlich Konditor war, aber Liz hatte Mitleid mit jedem, der einen Job suchte und stellte ihn ein. Die anderen Köche kamen morgens, als wir schon unterwegs ins Büro waren, zu uns ins Haus und brachten ihm das Kochen bei, sodass abends etwas Anständiges auf dem Tisch stand. Wir tolerierten auch, dass die Köche nebenbei Geschäfte mit Eis machten, was sich bei der Hitze und dem Mangel an Strom in der Stadt lukrativ verkaufen ließ. Jedes Haus hatte eine große Gefriertruhe und Strom aus eigenem Generator, und so froren sie täglich Wasser in kleinen Plastikbeuteln und belieferten die Händler, die Softdrinks und Wasser auf der Straße verkauften. Einmal erwischten wir den alten Koch, als er sich mit nacktem Oberkörper auf dem Teppich im Wohnzimmer räkelte und sich einen Film im DVD-Format auf Liz' Laptop anschaute. Ein andermal war er gerade dabei, das Wachs, das Liz zur Haarentfernung benutzte und im Kühlschrank aufbewahrte, als Kochfett zu verwenden. Und wir mochten es auch nicht, dass er sich mit der Holzgabel den Kopf kratzte und dann damit wieder das Essen rührte.

Deshalb dachten wir, es sei eine gute Idee, auch noch den jungen Koch Flomo einzustellen, der gerade seinen Job in einem anderen Haus aufgrund einer Staubsaugergeschichte verloren hatte. Flomo hatte für Doug gearbeitet, der aber inzwischen das Land verlassen hatte. Somit stellte ihn eine Kollegin, die oft offizielle Gäste zu bewirten hatte, als Zweitkoch an, denn sonst wäre er arbeitslos gewesen. Die Kollegin bat ihn dann, ihr den Staubsauger zurückzubringen, den sie Doug geliehen hatte. Flomo war aber schneller gewesen und hatte den Staubsauger schon verkauft. Er erklärte ihr aber, dass er ihn zur Reparatur gebracht hätte, jedoch den Laden nicht mehr wiederfände. Damit hatte er seine Probezeit verwirkt. Als er dann bei uns vorbeikam und sein

---

42 Ryszard Kapuściński, der berühmte polnische Afrika-Autor, beschrieb in seinem wunderbaren Buch *The Emperor – Downfall of an Autocrat* - in der deutschen Fassung: *König der Könige – eine Parabel der Macht –*, dass der Einfluss der Personen am Hofe des äthiopischen Kaisers Haile Selassie danach bewertet wurde, wie lange derjenige täglich das »Ohr« des Kaisers hatte. Der Autor hatte dementsprechend Interviews mit den ehemaligen Dienern und anderem Hofpersonal des Kaisers durchgeführt..

Leid klagte, stellten wir ihn sofort ein, damit er unserem alten Koch noch ein bisschen was beibringen konnte. Das war aber falsch kalkuliert, denn in Afrika gibt es eine Hierarchie zwischen alt und jung, wo ältere Menschen hochgeachtet werden und die Befehle geben, während die Jüngeren gehorchen müssen. So wurde Flomo von dem alten Koch zum Putzen, Müll wegbringen und zu anderen niederen Arbeiten verdonnert.

Ich mochte auch das liberianische Englisch, dass die Americo-Liberianer aus den Südstaaten der USA mitgebracht hatten und das jetzt in Liberia in abgewandelter Form gesprochen wird. Es gab sogar die Nachrichten in liberianischem Englisch, das hieß dann »News in Simple English«, als »Nachrichten in einfachem Englisch«. Es war wunderschön melodisch und oft wurde spielerisch ein langgezogenes »O« im hohen Tonfall ans Satzende anhängt, wohingegen der Konsonant am Ende eines Wortes nicht gesprochen wurde. Anstatt »Guten Morgen« zu sagen, fragte man »How de bodyooh?«[43] Einmal kam der alte Koch, der gerade nach Hause gehen sollte, vom Empfangshäuschen am Eingang zurück und fragte nach einem »Ge-pa-fo-fi-hä«. Ich fand heraus, dass er am Eingang eine Mitnahmeerlaubnis brauchte für den großen Fischkopf, den er mitgenommen hatte. »Ge-pa-fo-fi-hä« hieß also »Gate-Pass-for-Fish-Head«.

Wenn nicht gerade Regenzeit war, wurden die Wochenenden tagsüber am Strand oder Pool verbracht. Das Restaurant am Pool führte eine Chinesin, die köstliches chinesisches Fingerfood und liberianisches Bier servierte, und Sonntag nachmittags konnte man dort eine illustre Gesellschaft antreffen. Da kamen die Botschaftsangehörigen, einschließlich des netten CIA-Manns, mit dem ich mich so gut verstand, weil wir die Situation im Land sehr ähnlich einschätzten. Schon damals lernte ich, meinem Bauchgefühl zu vertrauen. Manchmal wurden auch am Pool informelle Friedensverhandlungen geführt, und ich erinnere mich, dass es mir ein bisschen peinlich war, Taylors erstem Stellvertreter John T. Richardson im Bikini vorgestellt zu werden.

Gott sei Dank wohnten wir nicht in der Stadt, wo die meisten Strände zwar wunderschön waren, aber wo eben auch die Notdurft verrichtet wurde, entweder im Sand selbst oder in den verrosteten Wellblechlatrinen, die wie auf Stelzen über das seichte Wasser gebaut worden waren. Etwas außerhalb der Stadt, zu beiden Seiten, gab es wunderschöne saubere Strände, zum Teil mit einfachen einheimischen Restaurants, oder ganz Natur pur, und es gab den Caesar's Beach mit Lagune, den wir dann schon mal Sonntagnachmittags mit dem sympathischen amerikanischen Botschafter und seiner Frau besuchten, weil man in der Lagune schwimmen konnte. Die Strömungen in Liberia sind

---
43 »Wie geht es dem Körper?«

10. Rückkehr nach Liberia

gefährlich und jedes Jahr ertrinken Ausländer, weil sie die gefährlichen »Rip Tide«, den Brandungsrückstrom, unterschätzten, die einen direkt ins Meer ziehen konnten.

Es gab noch einen anderen schönen langen Strand, wo man abends nach der Arbeit unter runden Palmendachhütten für wenig Geld gut essen konnte. Man gewöhnt sich schnell an das Leben in den Tropen, das wohlig warme Klima, die netten Leute, die relaxte Atmosphäre, wo man einfach in T-Shirt, Shorts und Flip-Flops abends mit seinem Hund zum Strand fuhr, und den Sonnenuntergang über dem Meer bei einem Bier genoss. Das Leben war unkompliziert.

Ein paar Mal nahm ich den Repräsentanten der Weltgesundheitsorganisation zum Strand mit, weil er nie raus kam. Das war ein würdiger älterer Herr, der einen hohen traditionellen Status in seinem Land Ghana genoss, angeblich höher als ein Chief. Aus diesem Grund, so erklärte er mir, sei er zu hochrangig, um in der Öffentlichkeit beim Essen gesehen zu werden. Es machte ihm trotzdem Spaß am Strand, und er lachte, und nahm es mit Humor, dass er zusammen mit meinem Hund im Auto fahren musste, was bei seinem Status und in seiner Kultur eigentlich ein Ding der Unmöglichkeit war.

Später nach dem Krieg gab es an einigen Stränden in der Stadt noch ein anderes Problem. Gräber ausheben war im Sand ziemlich einfach, und so hatte man viele Leichen am Strand in Massengräbern verscharrt, die später durch Küstenerosion herausgespült wurden. Wo wir lebten, waren die Strände aber nicht betroffen.

Samstagabends traf man sich zuerst zu einem Drink an der Bar in Riverview, dann fuhr man gemeinsam zum »Bacardi«, einer Großraumdisco im nahegelegenen Hotel Africa, die mit dem schicksten Club in den USA mithalten konnte. Das mehrstöckige Hotel Africa, das den Nachtclub beherbergte, war 1979 für das Gipfeltreffen der Afrikanischen Union von Präsident Doe gebaut worden. Es lag außerhalb von Monrovia direkt am Strand, und war eines der zwei 5-Sterne-Hotels des Landes gewesen, die beide so gründlich geplündert wurden, dass praktisch nur noch ein Betonhülle zurückblieb, in der die Vegetation schon wieder spross. Das Hauptgebäude war eine Ruine, durch deren Etagen man von einem Ende ans andere schauen konnte. Die Bungalows, die das Hauptgebäude umgaben, waren von ECOMOG-Offizieren bewohnt. Das ehemalige Luxushotel hatte vor dem Krieg auch einen Reitstall, aber die Pferde waren mit Macheten zerhackt und ihr Fleisch war verkauft worden.

Der Nachtclub »Bacardi« war intakt, und der Treffpunkt für Monrovianer am Wochenende. Jeder, der es sich leisten konnte, fand sich dort am Wochenende zum Tanzen ein. Die Luxusdisco stand auch in ihrer Ausstattung einem modernen Club in nichts nach. Es gab einen DJ und allerlei Animation und

Wettbewerbe, Cocktails aus aller Welt und schicke Sitzmöbel. Wenn wir morgens um vier nach Hause fuhren, war der Club noch voller Liberianer, die man definitiv als eine Nation leidenschaftlicher Partygänger bezeichnen kann.[44] Ich habe immer wieder auch in anderen Ländern gestaunt, dass das Erste, was nach einem Krieg wieder funktioniert, die Brauereien und die Nachtclubs sind.

---

44 Liberianer sind leidenschaftliche Fußballfans, und ihr gegenwärtiger Präsident (2019) ist der Ex-Weltstar-Fußballer George Weah. Eine liberianische Zeitung berichtete, dass, als Liberias Lone-Star-Nationalmannschaft um die Teilnahme an der Weltmeisterschaft in Südkorea 2002 ein Heimspiel mit dem Nachbarn Ghana spielen sollte, die meisten Spieler die Nacht davor im »Bacardi«-Nachtclub bis in die Morgenstunden gefeiert, getrunken und getanzt hatten. Folglich kam während des Spiels am 1. Juli 2001 Müdigkeit auf, sie verloren gegen Ghana und vergeudeten damit ihre Chance, erstmalig an einer Weltmeisterschaft teilzunehmen.

11. Pfaffen, Freimaurer, Hexenmeister, Geheimbünde und Ritualmorde

Frömmigkeit einmal anders

Afrika ist der religiöseste Kontinent der Welt. Westafrika setzt noch eins drauf, und Liberia ist definitiv an der Spitze. Ungefähr 40 Prozent der Liberianer sind Christen, 40 Prozent gehören traditionellen Religionen an, und etwa 20 Prozent oder weniger gehören dem Islam an.[45] Die Statistiken gehen zu diesem Thema weit auseinander, denn ganz genau lässt sich das nicht sagen,[46] da die Glaubenswelt der Christen und sogar die der Muslims sich mit traditionellem Glauben an eine allmächtige Geisterwelt und okkulte Kräfte mischen, die ihr Weltbild bestimmen und das tägliche Leben beeinflussen.

Die Kirchendichte in Monrovia ist auffällig. Sichtbar sind die vielen großen Kirchen, aber es gibt unzählige kleine Kirchen in den ärmeren und dicht bewohnten Slums. Oft dient eine aus Wellblech zusammengehämmerte Unterkunft oder ein Raum in einem geplünderten Gebäude als Kirche. Außer einer kleinen Minderheit von Katholiken sind fast alle Christen Protestanten, unter ihnen Methodisten, Lutheraner, Baptisten, Presbyterianer, Pfingstler, Episkopale und Mormonen. Die Liste der Glaubensrichtungen und Kirchen klingt fast so abenteuerlich wie die Kriegsnamen der Ex-Rebellen. Da sind die »Fire in Prayer Global Ministry, Highway Christian Assembly, Seventh Day Adventist Church, Winner's Chapel, Bahai International, Restoration Baptist Church, Deeper Life Bible Central Church, Faith of Healing, Temple of Jesus Christ, Triumphant Living, Miracle Assembly Church, Trumpet of Praise Tabernacle, Preach the World, Achiever's Arena, Shepherd House Global Ministries und unzählige andere.

Egal, aus welcher Schicht, jeder ist einer Kirchengemeinde zugehörig, die gleichzeitig wichtiger sozialer Mittelpunkt ist. Man schließt sich zusammen im Gospelchor, in Gebets- und Bibelgemeinschaften, man isst gemeinsam nach einem mehrstündigen Gottesdienst, oder hilft beim Organisieren von Events. Es gibt Kirchen, die hauptsächlich von Americo-Liberianern besucht werden, wo die Gottesdienste denen in den amerikanischen Südstaaten ähneln, mit Gos-

---

45 Quelle: CIA World Factsheet – die Prozentzahl der Christen wird oft als höher angeben, das liegt daran, dass der Glaube der meisten Christen mit traditionellen Religionen vermischt ist und es deshalb schwer ist, exakte Angaben zu machen. Ebenso wird der Prozentsatz der Muslime oft höher angegeben.
46 Es gibt Statistiken, die rechnen 80 Prozent zum Christentum.

pelchören in farbigen Roben. Männer tragen ihren feinsten Anzug samt Krawatte und Stecktuch, Frauen hüllen sich in ihre beste Sonntagsgarderobe, mit breitkrempigen Hüten, die mit weißen Spitzenschleifen geschmückt sind. Die kleinen Mädchen tragen rosa Rüschenkleidchen mit passenden Schleifen im Haar, weiße Söckchen und Lackschuhe. Andere Kirchen sind eher volksnah und traditionell, wo Frauen moderne eng anliegende Outfits tragen oder farbenfrohe afrikanische Gewänder mit imposantem Kopfputz mit gleichem Muster. Ein Chor und eine Kapelle mit Schlagzeug und Trommeln sind auf jeden Fall immer mit dabei. Der Pastor ist gleichzeitig Moderator, Entertainer und oft auch Sänger, der tanzt, schreit, singt, und die Gemeinde durch ein Programm führt, das zwischen leidenschaftlicher Predigt, euphorischem Tanz und religiösen Bekenntnissen der Gemeindemitglieder wechselt.[47]

In den Fußballstadien werden mehr sogenannte »Glaubenskreuzzüge« ausgetragen als Fußballspiele. Die meist aus den USA oder Nigeria kommenden Evangelisten kündigen auf großen Bannern über den Hauptstraßen oder kitschigen Mauerplakaten an, dass sie Seelen gewinnen, die Hölle entvölkern und Wunder bewirken wollen. Die schwarzen und auch weißen Pastoren und Wunderheiler halten tagelange Gottesdienste in den Stadien ab, wo sie Besessene von Geistern und Dämonen erlösen, die sich rhythmisch zuckend auf dem Stadionrasen wälzen. Sie befreien die Menschen von Flüchen und Hexenverwünschungen, in dem sie abwechselnd den Heiligen Geist anrufen und Beschwörungsformeln mit merkwürdigen Lauten ausstoßen. Assistenzpastoren führen Menschen vor, die blind waren und plötzlich sehen können, Gehbehinderte halten ihre Krücken hoch, die sie nicht mehr brauchen. Es wird lautstark verkündet, dass jetzt alle Krankheiten geheilt sind. Sie versichern dass alle, die HIV positiv waren, von nun an geheilt seien.[48]

Im Büro wurde jeden Morgen ein Stapel verschiedener lokaler Tageszeitungen durchgereicht. Die Pressefreiheit im Land war einigermaßen akzeptabel, obwohl bekannt war, dass Journalisten gekauft werden konnten. Es fanden sich dort immer wieder kuriose Artikel, welche die Glaubenswelt der Liberianer widerspiegelten. Da wurde berichtet, dass jemand einen Fisch auf dem Markt gekauft hatte, der dann zu sprechen angefangen habe. Oder der Sarg von einem jungen Mann, der gestorben war, habe eine eigene Kraft entwickelt und die tanzenden Sargträger direkt zu seinem Mörder geführt. Die Zeitungen warnten auch vor einer Gruppe Geister, die von Zeit zu Zeit in der Stadt herumflogen und Menschen angriffen. Ein paar Tage später wurde eine einheimische Kollegin,

---

[47] Gottesdienst in einer Kirche auf dem Lande: https://www.youtube.com/watch?v= aVlLFVH4nnE (lzuletzt aufgerufen am 08.01.2020)
[48] Liberia Crusade Day 2 Morning Session – With Apostle Johnson Suleman: https://www.youtube.com/watch?v=5Nzd2Ejcupo (zuletzt aufgerufen am 08.01.2020)

deren Vorgesetzte ich war, von dieser Gruppe Geister angegriffen. Sie erzählte mir später, als es ihr wieder gut ging, dass die Geister ihr direkt an die Schläfe geflogen waren und sie daraufhin in Ohnmacht gefallen sei. Sie habe vier Wochen bei einem Zoe im Busch zugebracht und in fremden Sprachen geredet. Sie bekam Probleme mit unserer Verwaltung, da sie keine Krankenescheinigung vorlegen konnte, bekam diese aber später von einem ayurvedischen Verein in Monrovia.

Eines Morgens sah ich auf der Vorderseite eines Tagesblattes ein großes Foto von zwei toten Fischen in einer Schüssel. Die Titelgeschichte war ein Bericht über eine Frau, die in einer Kirche zwei Fische geboren hatte. Aber das sei ja kein Wunder, denn vor Kurzem hätte in derselben Kirche jemand nach zwanzigmonatiger Schwangerschaft eine Schildkröte geboren! So etwas haute mich immer wieder um, obwohl ich einiges gewohnt war. In dem weitläufigen Vorraum vor meinem Büro arbeiteten ein halbes Dutzend liberianische Kollegen, und so hielt ich die Zeitung vor ihnen hoch und fragte, wie es denn sein könne, dass ein Journalist so etwas schrieb. Die Antwort kam sofort: »Doris, wir sind hier in Afrika, hier passiert so was!«

Wie überall in Liberia konnte auch in den Kirchen Unvorhersehbares passieren. Es gab sogar bewaffnete Überfälle, bei denen junge Männer mit Macheten den Gottesdienst unterbrachen, den Menschen die Handys wegnahmen und Frauen die Kleider raubten, während der Pastor sich im hinteren Kirchenraum versteckte. Ein UNO-Bericht[49] schildert einen Fall, in dem der »Landteufel« in einer Baptistenkirche eindringt und die Betenden in die Flucht treibt.

Ein Freund von mir, der niemals vorher in Afrika gewesen war, besuchte mich zum Jahresende in Liberia. Liberianer verbringen die Silvesternacht bei bombiger Partystimmung und mitreißender Livemusik in der Kirche. Und so beschlossen wir, uns das anzuschauen, und erschienen abends um 19 Uhr in einer der großen Pentekoste-Kirchen im Stadtteil Sinkor.

Beim Eintritt in die Kirche verschlug es uns die Sprache: Hunderte von Menschen sangen und tanzten zwischen den Kirchenbänken zu ohrenbetäubender rhythmischer Livemusik. Wir wurden sofort von einer der Ordnerinnen an einen der wenigen freien Plätze an einer Bank im hinteren Teil der Kirche geführt. Es war heiß und stickig, und die Kirche war brechend voll. Auf der gegenüberliegenden Seite war ein geräumiger freier Platz, wo die Eltern ihre müden Kinder zum Schlafen hinlegten. Die Stimmung war mitreißend und ausgelassen wie beim Karneval. Der melodische Refrain des Liedes steigerte sich mit jeder Wie-

---

49 Der »Poro« oder Landteufel ist ein Buschgeist, der mit einer Maske und Bastbekleidung in den Dörfern als Tänzer auftritt. Der Name »Teufel« stammt von christlichen Missionaren, die ihn als heidnisch ansahen. In Wirklichkeit ist der »Teufel« ein Geist, der große Macht hat und diese für Belohnungen oder Bestrafungen anwenden kann.

derholung, wurde lauter, schneller, die Menschen sangen und tanzten immer ekstatischer, und die Trommeln wurden immer schneller. Alles war außer Rand und Band, und man fühlte sich frei, sich so zu bewegen, wie man wollte. Wir tanzten natürlich mit, denn wir wollten als einzige Weiße nicht durch stocksteifes Herumstehen auffallen. Die Liveband und der Chor waren großartig, und der Pastor rockte wild vor dem Altar. In den Bänken vor uns reckten einige Frauen ihren rechten Arm nach oben, ballten ihre Faust, und schrien ein martialisches »Halleluja«. Alle tanzten, die Menge wogte hin und her, sprang hoch, stampfte auf, klatschte den Rhythmus mit den Händen. Frauen wirbelten dabei mit weißen Taschentüchern herum. Auf dem breiten Gang in der Mitte der Kirche bildete sich eine Polonaise von tanzenden Gläubigen. Ein paar Männer lagen in Trance auf dem Boden im Gang, die Arme weit von sich gestreckt, der Blick entrückt. Einige rollten sich auf dem Boden hin und her, als seien sie besessen. Andere knieten auf dem Boden, rissen die Arme hoch, sprachen Gebete in Richtung Altar. Die Frau vor mir hielt eine kleines Kind auf dem Arm, das sie im Rhythmus hin- und herschüttelte. Dann hielt sie es mit dem Bauch nach unten und schlug den Takt auf seinem Rücken, während sie es hin- und herwog. Dann legte sie es zu den anderen Kindern, die unter der Kirchenbank schliefen.

Plötzlich hörte die Musik abrupt auf und der Pastor übernahm. Er wollte von einem Wunder berichten, das er gerade erlebt hatte. Auf seinem Rückflug von Nigeria gab es ein Gewitter. Das Flugzeug wurde gerüttelt und geschüttelt, und durch sein Fenster sah er Blitze zucken. Plötzlich sank die Maschine und schien abzustürzen. Der Pastor flehte Jesus um Hilfe an, woraufhin der persönlich an seinem Fenster erschien, und wie von Geisterhand wurde das Flugzeug gehoben und setzte seinen Flug fort. Die Menge johlte vor Begeisterung, stampfte mit den Beinen, die Trommler wirbelten einen Tusch, als waren wieder aus dem Häuschen.

Die nächsten Stunden führte der Pastor wie ein Zeremonienmeister durch ein abwechslungsreiches Programm, in dem Musik und Tanz sich mit den wortstarken Reden des Pastors abwechselte. Der ernannte sich zum »General Gottes«, schrie dann aus vollem Leib abwechselnd »Hosianna« und »Halleluja«, was von der Menge begeistert wiederholt wurde.

Dann wurde die Kollekte angekündigt. Helfer stellten mehrere hohe weiße Holzkisten mit breitem Schlitz auf. Eindringlich ermahnte uns der Pastor, dass er nur grüne Scheine sehen möchte, das hieß, US-Dollar! Ich suchte in meinem Portemonnaie und drehte für uns zwei Bündel Scheine – in der Mitte die liberianischen und außen herum einen grünen US-Dollar. Das System des Pastors erlaubte auch keine Schummeleien, denn eine Bankreihe nach der anderen tanzte sich nach vorn, und wir waren mittendrin. Vor einer der weißen Kisten angekommen, steckte ich mein Bündel Scheine vor den prüfenden Augen des Helfers durch den Schlitz. Als ich mich nach rechts wandte, um der Schlange weiter zu folgen, die sich von der Seite her wieder an den Platz begab, erschrak ich furchtbar, als ein Kirchendiener genau vor mir hochsprang und mich mit »Halleluja« laut anschrie. Wir verließen die Kirche nach Mitternacht, während die Menge noch bis in die Morgenstunden feierte. Auf dem Nachhauseweg schauten wir dann noch bei einem beliebten Nachtclub rein, aber nach dem schönen Erlebnis in der Kirche erschienen uns der Club, dessen Gäste, und sogar die Musik fade und seelenlos. Prostituierte, die wie Revuegirls aussahen, stellten wohlhabenden Libanesen nach. In der VIP-Abteilung, wo wir saßen, wurde kein Bier, sondern nur Drinks serviert. Wir wollten nur noch nach Hause.

Dann gab es noch die »Lobpreisungsnächte«, die in allen Kirchen, ja manchmal sogar im Freien stattfanden, und die ganze Nacht dauern konnten. Das hörte sich ie ein Popkonzert an, bei dem alle mitsangen, unterbrochen von lautem Geschrei während der Dämonenaustreibungen. Das junge irische Ehepaar, das für eine christliche NGO arbeitete und mein Haus nach meiner Abreise übernahm, war überglücklich, endlich in einen internationalen Compound weitab von irgendeiner Kirche zu ziehen. Bis dahin hatten sie in einer Gegend mit mehreren Kirchen gewohnt, die abwechselnd Nacht für Nacht die Nachbarschaft mit ihren Teufelsaustreibungen wach hielten. Die beiden Iren hatten schon länger keine Nacht durchgeschlafen, denn früh morgens, wenn endlich Ruhe eintrat, dröhnte der Lautsprecher der benachbarten Moschee, der die Gläubigen zum Gebet rief.

Während ich den glücklichen Iren mein Haus übergab, verabschiedete ich mich von Cecilia, die meinen kleinen Haushalt in Schuss hielt, putzte und Wäsche wusch. Sie war eine dynamische junge Frau, die zwei kleine Kinder allein großzog. Wie das in Afrika so üblich ist, gibt man den Hausangestellten, wenn man fortgeht, eine größere Summe. Ihr Service war in der Miete enthalten gewesen, und so hatte ich ihr immer wieder gutes Geld zugesteckt, unter anderem für die Schulgebühren ihrer Kinder, was für sie oberste Priorität hatte. Sie wollte an dem Tag früher gehen, weil sie in ihrer Kirche, der »Winners Chapel«, ehrenamtlich half, alles für die bevorstehende Lobpreisungsnacht herzurichten. Als ich dann nachfragte, erfuhr ich zu meinem Entsetzen, dass sie den Großteil des Geldes, das ich ihr gegeben hatte, an diese Kirche gespendet hatte. Weitere haarsträubende Einzelheiten ergaben, dass die Kirche keine ganz armen Menschen aufnahm, denn wenn man Gott wohlgefällig ist, wird man mit Wohlstand belohnt. Auf die Frage, was die Kirche denn mit den Spenden mache, antwortete sie, dass Gott dem Pastor persönlich erschienen sei und von ihm wollte, dass er der erste Pastor in Liberia ist, der seinen eigenen Privatjet fliegt.[50]

---

50 Das Oberhaupt der »Winners Chapel« in Nigeria flog angeblich einen Privatjet, so wie ein halbes Duzend Priester in Nigeria.

Eine Unterhaltung über Religion bleibt mir in Erinnerung. Meine christlichen Gesprächspartner waren der Überzeugung, dass man entweder ein guter Christ oder ein Übeltäter war (wobei ich sagen muss, dass ich in meinem Beruf verdächtig oft einer Kombination von beidem begegnet bin). Sie fanden es höchst interessant, dass es in Europa Menschen gab, die nicht religiös waren, und trotzdem nach ethischen Werten handelten.

Die Freimaurer Liberias

Außer dem Präsidentensitz gibt es noch ein imposantes Gebäude in Monrovia, wo die wichtigsten Entscheidungen des Landes getroffen werden: der marmorne Freimaurertempel, der hoch auf einem Hügel der Stadt steht, als das wohl prominenteste Symbol der americo-liberianischen Macht.

Zwei ECOMOG-Offiziere begleiteten mich und ermöglichten mir so den Zutritt zu diesem unheimlich anmutenden Gebäude. Von außen sah der Tempel aus wie ein beschädigtes Replikat des Weißen Hauses in Washington. Hier war nicht nur gründlich geplündert worden, sondern hier hatten auch Straßenschlachten stattgefunden. Trotzdem sah man ihm seine alte Glorie an. Mit seinen Säulen, Gravuren und einer riesigen Kugel auf dem Dach, strotzte das Gebäude vor geheimnisvollem Symbolismus. Drinnen war es gruselig: Es sah aus wie eine Filmkulisse für *A Clockwork Orange*[51] oder auch wie in einem verlassenen Draculaschloss. Der Fußboden bestand aus einem schwarzweißen Schachbrettboden, der in der Freimaurerei Gut und Böse darstellen soll. Eine freistehende, geschwungene Treppe führte in die oberen Stockwerke. Das Geländer war geplündert worden. Gemurmel drang durch große schmutzige Lappen, die den hinteren Teil des Erdgeschosses verdeckten, wo sich Flüchtlinge provisorisch eingerichtet hatten. Wir folgten der Treppe bis nach ganz oben, von wo aus wir unten in einem dunklen Untergeschoss Marmorblöcke ausmachen konnten. Im obersten Geschoss war die ganze Decke als blauer Himmel bemalt worden, auf dem goldene Sterne und andere Symbole glänzten. An einer Seite war die Wand mit Kacheln gepflastert, die Namen und Titel der Großmeister der Loge und anderer hochrangiger Mitglieder trugen. Wo man auch hinschaute, war Symbolik, für uns Nichteingeweihte unverständlich.

Dieses unwirkliche Szenario war Teil der americo-liberianischen Kultur, denn unter den Siedlern waren Mitglieder der amerikanischen schwarzen Logen, die 1867 die erste liberianische Logen gegründet hatten. Die hochrangigen Funktionsträger im Staat kannten sich alle untereinander und wa-

---

51 Bekannter dystopischer Kinofilm von Stanley Kubrick (1974).

11. Pfaffen, Freimaurer, Hexenmeister, Geheimbünde und Ritualmorde

ren in den Logen verbrüdert, in denen man zu gegenseitiger Hilfe verpflichtet war, und wo Loyalität zur Loge Vorrang vor Verpflichtungen gegenüber dem Staat hatte. Wie mächtig die Loge war, und wahrscheinlich noch ist, zeigt, dass Präsident Doe nach seinem Staatsstreich als erstes die Freimaurerei nicht nur verbot, sondern auch die führenden Mitglieder der Loge ermorden ließ. Später hob er das Verbot auf, weil er selber Freimaurer wurde.

Als ich 1992 in Liberia ankam, merkte ich, dass jeder, der Rang und Namen hatte, Logenmitglied war. Es schien, als hielte die Freimaurerei immer noch, und ganz besonders in Krisenzeiten, das Machtgefüge von ein paar americo-liberianischen Familien zusammen, die immer noch High Society der liberianischen Gesellschaft waren, wenn auch der Boden etwas wackeliger geworden war. Ein Kollege im Büro, ein sympathischer Intellektueller und glühender Anhänger von Charles Taylor, lud mich ein, der Frauenloge in Monrovia beizutreten. Entsetzt stellte ich mir die Konsequenzen davon vor, wenn für einen internationalen UNO-Mitarbeiter die Loyalität zur Loge Vorrang vor den Prinzipien der UNO hätte.

Manchmal sah ich eine Freimaurerprozession mitten durch Monrovia marschieren. Musikkapelle voran, Freimaurer im Gleichschritt hinterher, in feierlicher Uniform, mit Zylinder oder Melonenhüten, Fracks, ihren berühmten Schürzen, weißen Handschuhen und übergroßen Manschetten mit Freimaurersymbolen. Einige trugen lange goldene Stäbe, die an der Spitze mit dem typischen Zirkel und Winkelmaß geschmückt waren.

Wenn man abends am Freimaurertempel vorbeifuhr, sah man dort Licht durch Schlitze in dicken Vorhängen schimmern. Sie trafen sich wieder dort und hatten die langen Fenster provisorisch mit Decken verhangen. Die teuersten Autos parkten davor – Mercedes, SUVs, Hummer. 2005 schafften die Freimauer es, alle Flüchtlinge im Tempel zu evakuieren, und 2018 wurde er dann vollkommen renoviert. Heute soll die Großloge 1.700 Mitglieder haben, aufgeteilt in 19 Unterlogen.

Einen zweiten Freimaurertempel sollte ich per Zufall bei einer sonntäglichen Bootstour auf dem Saint Paul River entdecken. Nicht weit von Monrovia, in einem kaum besiedelten Gebiet, ragte ganz unerwartet der mehrstöckige und ebenfalls geplünderte Tempel aus dem grünen Busch am Ufer heraus, von dem eine merkwürdig schwere Energie ausging. Ein einheimischer Kollege vertraute mir später an, dass sie diese Gegend aus Angst, Opfer eines Ritualmordes zu werden, immer konsequent gemieden hätten.

Der Tempel stand inmitten ein paar versteckter Häuser, die zu der 1846 gegründeten americo-liberianischen Siedlung Clay-Ashland gehörten. Clay war der Name des ehemaligen Besitzers der Siedler, und Ashland war der Name seines Anwesens in Kentucky. Benoni Urey[52] soll Großmeister dieser Loge sein. Urey war auch Präsidentschaftskandidat bei den Wahlen 2017, obwohl die TRC empfahl, ihn wegen Wirtschaftsverbrechen vor Gericht zu stellen und ihn die nächsten 30 Jahre kein öffentliches Amt ausüben zu lassen. Die UNO setze ihn aufgrund seiner angeblichen Waffengeschäfte und seiner engen Verbindung mit Charles Taylor auf die Liste der Liberianer, die sie mit Reiseverbot belegte, das später aufgehoben wurde.

2015 sprach sich Urey während einer öffentlichen Rede dafür aus, dass der Freimaurerorden in der liberianischen Politik wieder an Bedeutung gewinnen sollte. Er meinte, der nächste Präsident solle aus ihren Reihen kommen. Urey sagte weiter, dass die Geheimloge fünf der früheren Präsidenten hervorgebracht hatte, die schon Großmeister gewesen waren, bevor sie Präsident wurden.

In Harper, einer ehemaligen, aber jetzt zerstörten Siedlung der Americo-Liberianen im Süden an der Grenze zur Elfenbeinküste im County Maryland, sah ich ebenfalls unerwartet auf der Straße vom Flughafen zur Stadt einen weiteren geplünderten Freimaurertempel. Er stand frei auf dem Feld und sah aus, als käme er aus einer anderen Welt. Eigentlich hätte es mich nicht wundern sollen, hier aus heiterem Himmel vor der Stadt einen mehrstöckigen Freimaurertempel zu entdecken, denn es war Präsident Tubmans Geburtsstadt, die sich damals eines komfortablen Wohlstands erfreute. Der Ort war Dank seiner schönen Lage an langen unberührten Traumstränden mit Lagunen ein Ausflugsziel der Americo-Liberianer aus Monrovia gewesen, die es vorzogen, dorthin per Flugzeug zu reisen, anstatt eine Straße zu bauen, die auch der Bevölkerung zugute gekommen wäre. Jetzt waren die großzügigen Häuser in Stil der amerikanischen Südstaaten von Flüchtlingen besetzt und in einem verwahrlosten Zustand.

Dem Freimaurertempel sah man ebenfalls seinen ehemaligen Glanz an: Wertvolle Baumaterialien wie Marmor waren hier großzügig verwendet worden. An der Außenwand war das riesige Mosaik eines Mannes mit einer Freimaurerschürze über einem schwarzweißen Schachbrettboden zu sehen. An der Vorderseite war ein Hof mit majestätisch hohen römischen Säulen, über denen groß geschrieben stand »Morning Star Lodge No. 6«. Gegen ein Trinkgeld ließ uns der Wächter hinein. Es war eine Ruine mit modernden Wänden. Ein Teil war mit einem Gitter abgesperrt, durch das man auf eine Art Altar schauen konnte. Vom vierten Stock aus hatte man einen wunderbaren Blick über die Stadt mit ihren jetzt rostigen Dächern, den palmengesäumten Stränden und Lagunen, die jedem Urlaubskatalog alle Ehre gemacht hätten.

---

52 Siehe auch Seite 197.

11. Pfaffen, Freimaurer, Hexenmeister, Geheimbünde und Ritualmorde

Einige Liberianer brachten die Freimaurerei mit Ritualmorden in Verbindung, und dieser Tempel in Harper war für sie ein Symbol für die Fusion von americo-liberianischer Freimaurerei und Ritualen der traditionellen Geheimbünde der indigenen Bevölkerung, die ihre okkulten Dienste den Americo-Liberianern anboten. Die Kulte beider dieser Bevölkerungsgruppen, obwohl sozial getrennt, waren durch die Kommerzialisierung der traditionellen Rituale zusammengeflossen.

Ich erfuhr, dass die Bevölkerung sich von der Präsenz dieses Tempels terrorisiert gefühlt hatte, weil er das »Gboyo-Zentrum« gewesen sein soll, was mir später offiziell von dem Polizeikontingent der UNO-Mission bestätigt wurde, die speziell Beamte für Ritualverbrechen abgestellt hatte.»Gboyo« ist das Wort für traditionelle rituelle Tötungen, für die Maryland besonders bekannt ist. Die Bewohner Harpers erzählen, dass die Umgebung des Tempels eine »No-Go-Zone« gewesen war. Niemand hatte sich getraut, die Straße vor dem Tempel nach Anbruch der Dunkelheit zu passieren. Sie waren froh, dass der Tempel von den Rebellen verwüstet worden war. Menschen in Maryland lebten in ständiger Angst, Opfer eines Ritualmordes zu werden. Zwischen 1965 und 1977 wurden offiziell über 100 Ritualmorde in und um Harper öffentlich bekannt, die Dunkelziffer liegt noch sehr viel höher.

Wie wir im nachfolgenden Kapitel sehen, werden Rituale, die Menschenopfer und das Verspeisen von menschlichen Organen und anderen Körperteilen einschließen, hauptsächlich zur Machtgewinnung und Machterhaltung, oder Erwerb eines Amtes ausgeführt. Während dies in allen Teilen Liberias auch heute noch praktiziert wird, war es in Maryland ein fester Teil der traditionellen Lebensweise, die auch von höheren Amtsträgern praktiziert wurde. Harper und Umgebung waren dafür bekannt, die mächtigsten Hexenmeister der ganzen Region hervorzubringen. Von der Bevölkerung werden Ritualmorde hauptsächlich als ein von den Eliten ausgeführter Akt an sozial Schwächeren wahrgenommen.

Ritualmorde, Geheimbünde und Hexerei

Ritualmorde oder Menschenopfer sind Teil der traditionellen Glaubenswelt und eng mit den Geheimgesellschaften Poro und Sande verbunden. Das Verzehren von menschlichem Fleisch und Organen hatte ursprünglich in Verbindung mit den Riten der Geheimgesellschaften tiefe religiöse Bedeutung. Europäer bezeichneten es damals fälschlicherweise als Kannibalismus. In Wahrheit geht es darum, mit der Geisterwelt zu kommunizieren, von der man glaubt, dass alle Macht von ihr ausgeht.

Menschenopfer sind ein Teil der Menschheitsgeschichte und es gab sie an allen Orten der Welt, auch in Europa. Vor 150 Jahren noch wurden in Europa menschliche Organe und sogar menschliches Blut verkauft, von denen man glaubte, sie hätten einen heilenden Effekt. Und in Lagos, Nigeria, wo auch Körperteile für rituelle Zwecke benutzt werden, soll es ebenfalls einen Schwarzmarkt für Leichenteile geben. Leichen können aus Kliniken, Leichenschauhäusern oder sogar Gräbern verschwinden.

In Liberia hat vielleicht die Tatsache, dass das Hinterland lange isoliert war, dazu beigetragen, dass der traditionelle Glaube noch besonders tief verwurzelt ist, zumal der Staat dysfunktional ist und den Menschen keine echte Alternative bietet.

Das besondere an Liberia ist, dass sich die christlichen Americo-Liberianer, die keine diesbezügliche Vorgeschichte haben, ebenfalls dieses Rituals zwecks Machterwerbs bedienen. Was früher ein exklusives und relativ seltenes religiöses Ritual war, wurde kommerzialisiert für den persönlichen Machtvorteil, vor allem von Politikern und anderen Amtsträgern. Jeder in Liberia weiß, dass die Anzahl der Gboyofälle vor den Präsidentschaftswahlen ansteigt. Macht und Einfluss in der Politik sind immer noch eng mit diesen Ritualen verknüpft, weshalb es der Regierung so schwer fällt, das Verbot dieser Praktiken zu kontrollieren. Noch vor den Wahlen 2005 warnte der damalige Übergangspräsident[53] öffentlich, dass jeder Kandidat für die Präsidentschaft oder jegliches andere öffentlich Amt hingerichtet wird, wenn dieser eines Ritualmordes für schuldig befunden wird.

Menschliche Körperteile werden für ihre angebliche Fähigkeit geschätzt, der Person, die sie unter der richtigen Anleitung eines Zoes isst, bestimmte Kräfte zu verleihen. Dabei wird ein Teil des Blutes und des Fettes des Opfers einem Geist zugeführt. Sobald dieser Geist befriedigt ist, werden bestimmte Körperteile, je nach Art des Anliegens, gegessen. Traditionell wurde dies in der Gemeinschaft praktiziert, und die Verteilung der Körperteile wurde durch den Rang der Mitglieder bestimmt, das hieß, der mit dem höchsten Rang erhielt die auserleseneren Teile. Mit der Kommerzialisierung findet der Ritus jetzt außerhalb der Dorfgemeinschaften und durch Individuen statt, die sich persönlich bereichern wollen und politische Macht verfolgen.

Praktisch sieht das so aus, dass wenn ein besonderer okkulter Dienst benötigt wird, man sich mit einem Zoe in Verbindung setzt. Je nach Art des Dienstes, wird dieser festsetzen, was er benötigt, um die Riten zu vollziehen. Das können bei einfachen Gesuchen ganz harmlose Dinge sein. Es kann auch nur

---

53 29. Juni 2005, Gyude Bryant, Übergangspräsident vor der Wahl von Ellen Johnson Sirleaf 2006.

Geld sein. Bei hochrangigen Angelegenheiten aber ist es nicht ungewöhnlich, dass nach ein paar Litern Menschenblut, Herzen, Geschlechtsteilen, bestimmten Hautstücken oder anderen Körperteilen verlangt wird. Der Auftraggeber hat die Möglichkeit, diese Ingredienzen selbst zu besorgen, oder er kann einen Mittelsmann, der dies gewerbsmäßig macht, oder den Zoe selbst damit beauftragen.

Diese Kommerzialisierung begann zuerst auf dem Land, und machte sich dann auch in der Hauptstadt breit. Bald gab es berufsmäßige Lieferanten für Körperteile. Während des Krieges wurde ein Mann mit einem ganzen Eimer Menschenherzen erwischt. Die Art, wie diese Herzen beschafft werden, »Ernte« genannt, ist besonders grausam, da der Brustkorb des lebenden Menschen mit einem Messer geöffnet und das noch zuckende Herz herausgeholt wird.

Obwohl auf Ritualmord die Todesstrafe steht, wird er selten strafrechtlich verfolgt, denn er wird unter höchster Geheimhaltung praktiziert, und die Auftraggeber sind mächtige Männer aus Politik und Gesellschaft, und die Zoes sind angesehene Mitglieder der Geheimgesellschaften. Die Opfer sind die eher sozial Schwächeren der Gesellschaft, besonders Frauen und Kinder. Der Polizei wird oft der Zugang zum Geschehen verweigert, und Zeugenaussagen gibt es schon deshalb nicht, weil sie als kultureller Geheimnisverrat gewertet würden, was schwere Strafen nach sich ziehen kann. Es gibt jedoch ein paar Ausnahmen, bei denen die Täter zur Rechenschaft gezogen wurden. In den Siebzigerjahren verschwanden in und um Harper, Maryland, innerhalb von ein paar Monaten 14 Menschen. Dann wurde der verstümmelte Körper eines Fischers gefunden, dem Augen, Ohren, Nase, Zunge und Penis fehlten. Zwölf Männer wurden verhaftet, die meisten davon hochrangige Staatsbeamte. Sieben von ihnen wurden zum Tode verurteilt und öffentlich aufgehängt.

Ein Jahr später fand man literweise abgezapftes menschliches Blut beim Verteidigungsminister, der dafür verurteilt wurde, einen Polizisten für rituelle Zwecke getötet zu haben. Ein früherer Superintendent[54] von Maryland, der als Abgeordneter kandidiert, und dem auch andere Tötungen während des Krieges nachgesagt wurden, wurde 2009 angeklagt, eine schwangere Frau für rituelle Zwecke getötet zu haben.

Ritualmorde sind bis heute ein gesellschaftliches Problem in Liberia. In den Medien wird nur davon berichtet, wenn die Fälle besonders spektakulär sind, oder wenn sie lautstarke Proteste der Bevölkerung nach sich ziehen. Als ich bei der UNO-Friedensmission UNMIL arbeitete, hatte ich Einsicht in die Kriminalitätsstatistik, die regelmäßig solche Fälle verzeichnete. Meist wurden

---

54 In Liberia nennt man die obersten Verwalter der Counties oder Provinzen »Superintendent«.

die Opfer, denen gewisse Organe oder Körperteile fehlen, morgens früh an der Straße gefunden.

Für UNMIL war es nicht nur ein rechtsstaatliches, sondern auch ein Sicherheitsproblem, denn oft brauchte es nur den Tod eines jüngeren Menschen, um einen Verdacht auf Ritualmord auszulösen, der Demonstrationen und Aufstände der Bevölkerung nach sich zog. Anfang 2005, zum Beispiel, brach in Harper Panik wegen der steigenden Anzahl der Ritualmorde aus. Ein Mob begann, Geschäfte und Privathäuser zu plündern, griff dann das Polizeirevier an, und befreite mehrere Inhaftierte. Zwei der Inhaftierten, die unter Verdacht standen, die Ritualmorde begangen zu haben, wurden zusammengeschlagen. UNMIL-Peacekeeper formten danach eine Bereitschaft, die schnell eingreifen konnte, wenn die Situation nochmals aus dem Ruder zu laufen drohte.

Ähnliche Situationen gab es auch in anderen Teilen des Landes. Ich wurde öfters von Einzelnen in der Bevölkerung angesprochen, die dazu anhielten, dass UNMIL endlich etwas gegen diese »Heartmen«[55] unternehmen sollte. Es war ein Teil der Abhängigkeitsmentalität, die die Lösungen immer im Ausland oder bei Ausländern suchten. Während des Krieges wurde ein Kollege im Hinterland am Kragen gegriffen und angebrüllt, dass er endlich für Frieden im Land sorgen sollte.

Die Praktik der Ritualmorde geht bis heute weiter. Ein bekannter Fall trug sich 2019 in Sinoe County zu, wo sechs Frauen verhaftet und des Ritualmordes angeklagt wurden. Eine von ihnen soll ihren eigenen Sohn geopfert haben. Die Frauen flohen zunächst in den Busch, wurden aber von Männern aus der Gemeinde verfolgt und von ihnen vergewaltigt, wobei eine von ihnen starb.

Mein Koch Flomo, den ich immer in kulturellen Fragen konsultierte, erzählte mir von einer Geschichte in seiner Nachbarschaft, wo der Zoe den Auftraggeber um einen Eimer Blut bat, um seine Krankheit heilen zu können. Als dieser ihm einen Kanister mit Menschenblut brachte, erklärte der Zoe, dass er kein Menschenblut, sondern Tierblut gemeint hatte! Das Thema *Juju* war ständiger Anlass zu Diskussionen mit Flomo. Wenn er krank war, bestand er vehement darauf, dass sein Nachbar ihm das »angezaubert« habe, und wenn es nur eine kleine Augenentzündung war.

Traditioneller Glaube an Magie und Geister, *Juju* genannt, ist in Liberia allgegenwärtig, und zieht sich durch alle Bildungsschichten. Durch *Juju* ist es möglich, seine Lebensumstände durch okkulte Kräfte zum eigenen Vorteil und zum Nachteil anderer zu beeinflussen. Wenn man dort lebt, wird man immer wieder damit konfrontiert. Für mich ist diese Welt der Geister, die ihren

---

55 Kommerzielle Mörder, die Herzen zu rituellen Zwecken verkaufen.

eigenen Gesetzen folgt, neben Korruption, der zweithäufigste Grund, warum Entwicklungsprojekte, die alle dem westlichen Gesellschaftsmodell folgen, scheitern. Wenn man nur ein wenig an dem System kratzt, das der Westen in die Welt exportiert, wird diese Parallelgesellschaft allgegenwärtig.

In der traditionellen Religion ist die Geisterwelt weder gut noch böse. Wenn die Geister besänftigt werden, hat das positive Auswirkungen wie Wohlstand und Statusaufwertung für den Einzelnen oder die Gemeinschaft. Welche Maßnahmen dies erfordert, bestimmen die Zoes, die mit der Geisterwelt kommunizieren. Die geforderten Handlungen bilden die Grundlagen der sozialen Ordnung, der unabdingbar Gehorsam zu leisten ist.

Also ist es nicht mangelnde Hygiene, die zum Durchfall eines Kindes führt, sondern eine böse Verwünschung des Nachbarn. Es ist der Fluch eines Feindes, der einen Verkehrsunfall verursacht, und nicht dessen Fahrweise. Wenn eine Schlange auf dem Weg liegt, wurde sie von jemandem, der einem nichts Gutes wünscht, dort hingezaubert.

Juju ist allmächtig. Jemand der sehr erfolgreich ist, wie zum Beispiel ein Politiker oder ein Warlord, ist im Volksglauben immer im Besitz eines mächtigen Jujus, was zu respektieren ist. Das ist unter anderem einer der Gründe für die unkritische und unterwürfige Haltung den Warlords und Politikern gegenüber. Viele sehen es als einen Vorteil an, wenn ihr Abgeordneter oder ihr Präsident über große Macht verfügt. Das kam unter anderem Charles Taylor zugute, als er 1997 zum Präsidenten gewählt wurde.

Wie weit unsere Kultur und die der Liberianer beim Thema Macht auseinanderklafften, erfuhren wir in den Flüchtlingslagern, wo die Menschen sich wünschten, dass wir sehr elegante Kleidung trugen, am liebsten Anzug mit Krawatte und Einstecktuch, während wir möglichst egalitär wirken wollen. Sie meinten, das würde uns mehr Macht verleihen, die ihnen wiederum zugutekommen könnte. Der Fahrer eines Kollegen hatte sich sogar einen Nadelstreifenanzug nähen lassen und trug Krawatte und Einstecktuch dazu, weil er jetzt einen »Weißen« fuhr, wie er stolz verkündete. Das war schon allein deswegen witzig, weil sein Chef – oder »Bossman«, wie man in Liberia sagt, – immer in Jeans und T-Shirt herumlief.

Es war für mich äußerst verwunderlich, dass trotz der Präsenz der Ritualmorde und des Leids, das diese in der Bevölkerung hervorriefen, kaum jemand in der internationalen Gemeinschaft davon Notiz nahm. Vielen passte es nicht ins Weltbild, denn sie sahen die Menschen in Entwicklungsländern immer nur als Opfer, denen mit Geld geholfen werden musste. Hochrangige Entscheidungstreffer leben oft so abgeschottet, dass sie damit überhaupt nicht konfrontiert werden. Viele sind dem Thema gegenüber auch hilflos, weil es schwierig ist, schon allein mit der Regierung und traditionellen Chiefs darüber zu reden. Denn genau wie in der westlichen Welt wird der Verlust der Kultur als Bedrohung angesehen. Im Falle Liberias kann man es sogar besonders verstehen, da für viele die Kultur der einzig sichere Anker in einem dysfunktionalen Staat ist.

Die Geheimbünde in Liberia sind seit Jahrhunderten Hüter und Garant für den Fortbestand der liberianischen Kultur. Die Mitglieder verschreiben dem Bund ihr Leben, unabhängig davon, ob die Person sich später dem christlichen oder islamischen Glauben zuwendet. Somit haben die Geheimbünde einen enormen Einfluss auf die liberianische Gesellschaft. Poro sind die Bünde für Männer und Sande sind die Bünde für Frauen in den nördlichen, westlichen und zentralen Gebieten Liberias. Die Krahn und andere Gruppen haben ihre eigenen Geheimgesellschaften. Diese Bünde sind in Untergruppen unterteilt, denen je ein Zoe vorsteht.

Der Druck, Mitglied einer Geheimgesellschaft zu werden, ist groß. Menschen, die die Mitgliedschaft verweigern, werden oft nicht als vollwertige Bürger ihres Dorfes, ihrer Sippe oder sogar ihres Stammes anerkannt. Sie sind sowieso nicht für die Ehe geeignet, weil sie nicht beschnitten sind. Deshalb sind die meisten Eltern darauf bedacht, ihre Kinder für Wochen oder Monate in die »Buschschule« zu schicken, wo sie in die Geheimgesellschaften initiiert werden. In früheren Zeiten dauerte die Buschschule sogar ein ganzes Jahr.

Dazu holt der Zoe als Buschgeist verkleidet die jungen Menschen ab und führt sie in einen abgeschiedenen Teil im Busch, zu dem niemand Zugang hat. In der Zeit haben die Jugendlichen keinen Kontakt mit ihren Eltern, und die Eltern bekommen auch keinerlei Informationen über ihre Kinder. Der Zugang zur Buschschule ist durch einen quergelegten Ast oder Palmwedel gekennzeichne, und darf auf keinen Fall von Unbefugten übertreten werden. Bei Zuwiderhandlungen droht die Todesstrafe. Der genaue Inhalt der Unterweisungen in der Buschschule ist streng geheim und niemand darf darüber reden. Es wird sogar gelehrt, wie man Geheimnisse bewahrt, und Geheimhaltung wird in der liberianischen Kultur hoch angesehen. Es ist wohl allgemein bekannt, dass in den Buschschulen kulturelle Werte, traditionelle Fähigkeiten, Stammescodes und geheime Rituale weitergegeben werden. Die Schüler lernen traditionelle Lieder, Tänze und Trommeln, zur Vorbereitung auf das Erwachsensein. Sie lernen, die Alten zu ehren und gemeinschaftliche Arbeiten zu verrichten. Vor allem gibt es eine spirituelle und okkulte Dimension der Schule, denn hier wird *Juju* gelehrt.

Mädchen im weiblichen Sande-Geheimbund werden in der Buschschule beschnitten. Über die Hälfte alle liberianischen Frauen sind beschnitten und viele leiden außerordentlich unter den Folgen. In der Buschschule lernen sie auch, sich ihrem zukünftigen Ehemann unterzuordnen.

Nach Abschluss der Buschschule werden die mit weißer Kreide bemalten Kinder vom Zoe in ihr Dorf begleitet, wo sie von den Eltern erwartet werden, und wo zu ihren Ehren ein großes Fest bereitet wird. Viele der Mädchen werden dann sehr früh verheiratet.

Je nach Dauer der Buschschule, Zahlung an die Lehrer, Familienstatus und Spezialisierung, ist der Unterrichtsstoff unterschiedlich. Jemand, der sich der Pflanzenheilkunde widmen möchte, hat ein anderes Programm als der, der Farmer oder Zoe werden will.

Eine umstrittene und von der UNO beklagte Praxis ist die Zwangsrekrutierung in die Buschschule. Sie zeigt das Dilemma zwischen Respekt vor anderen Kulturen einerseits und Menschenrechten andererseits auf: Weil nicht alle Eltern den Preis für die Buschschule aufbringen können, der übrigens auch durch Kolanüsse, Reis oder Hühner bezahlt werden kann, kommt der maskierte Zoe und kidnappt alle Kinder, die außerhalb der Obhut ihrer Eltern aufgefunden werden, und integriert sie in die Buschschule. Ärmere Familien setzen deshalb zu der angesagten Zeit ihre Kinder außerhalb ihrer Behausung aus, was zur Folge hat, dass auch unbeabsichtigt vorbeilaufende Kinder zwangsrekrutiert werden.

Wenn man sich länger in Liberia aufhält, kann man manchmal gleichmäßige durch Narben entstandene Muster auf der Haut mancher Menschen sehen, zum Beispiel, wenn das Marktmädchen sich nach Waren ausstreckt und Narbenmuster auf einem Stück freien Rückens sichtbar werden, die es aus der Buschschule mitbringt. Niemand redet darüber und man sollte auch nicht weiter danach fragen. Nach einigen Interpretationen sollen dies »Zahnspuren« sein, die beweisen, dass sie vom Geist »gegessen« worden sind.

In einigen Gegenden gibt es auch illegale Geheimgesellschaften, die Menschenopfer darbringen, so wie der berühmt berüchtigte Krokodilgeheimbund oder Leopardengeheimbund, dessen Todesopfer aussehen, als wären sie von einem Leoparden getötet worden.[56] In beiden Gesellschaften opfern die Zoes ihrem Fetischgott - das kann eine Holzmaske oder ein anderer Gegenstand sein – einen Menschen und gewinnen im Gegenzug Macht, zum Beispiel die Fähigkeit, sich in einen Leoparden oder in ein Krokodil zu verwandeln. Die Regierung hat diese Geheimbünde schon 1949 verboten, aber sie existieren illegal weiter. Wie schon erwähnt, sind sie auch nicht die einzigen Geheimbünde, die Menschenopfer darbringen.

Da alles, was in diesen Geheimbünden geschieht, streng geheim ist, und Zuwiderhandlungen drastische Strafen nach sichziehen, zögern Regierungsbeamte, sich in diese Angelegenheiten einzumischen. Entweder sind sie selbst Mitglieder

---

56 Der deutsche Arzt Werner Jung berichtet darüber detailliert in seinem Buch *Bolahun – Als Arzt unter schwarzen Medizinmännern* – erschienen 1953.

der Geheimbünde, oder sie haben Angst vor Repressalien. Die Zoes haben sehr weitreichende Macht. Offiziell sind sie durch den Nationalrat der Ältesten und Stammesoberhäupter, dessen Oberhaupt ein Poro Zoe ist, in der liberianischen Regierung vertreten.

Charles Taylor behauptet später vor dem UNO-Tribunal, dass er ein »Dapanah« sei, das ist der oberste Chef des Porobundes auf nationaler Ebene in Liberia, und zwar unwiederbringlich bis zu seinem Tod.

Meine liberianischen Kollegen erklärten mir, dass wenn man jemandem begegnet, man nie wisse, ob er oder sie eine Rolle in einem Geheimbund spiele und wenn ja, welche. Es ist durchaus möglich, dass jemand, der das Büro putzt, tatsächlich eine sehr hohe Stellung in einem Geheimbund hat. Ich fand die Vorstellung faszinierend, dass man sich in einer Situation, in der der Staat nicht funktionsfähig ist, auf diese Parallelstruktur verlassen kann. Kein Wunder, dass diese Geheimbünde immer noch so wichtig sind, da sie den Menschen eine stabile Sozialstruktur bieten.

In Liberia wird man früher oder später mit dem tanzenden Buschteufel konfrontiert. Das ist kein Teufel, sondern der Begriff wurde von den damaligen Missionaren geprägt, die diese tanzenden Buschgeister als unchristliches Teufelswerk betrachteten. Man ist sich heutzutage gar nicht mehr bewusst, welche Rolle die christlichen Missionare bei der Zerstörung der einheimischen Kulturen spielten, wenn zum Beispiel traditionelle Tänze und Kleidung verboten wurden. Es steht aber außer Frage, dass sie in Liberia mit Tanzverbot todsicher kein Glück gehabt hätten.

Der Buschteufel[57] ist komplett maskiert und trägt einen langen dichten Behang aus Bastfransen. Er wird von einem Betreuer begleitet, der auf ihn aufpasst, und den Bastbehang immer wieder in Ordnung bringt. Die Buschteufel und Tänze sind je nach Ethnie verschieden, und manche Buschteufel tanzen auch auf Stelzen. Diese Buschgeister mit ihren magischen Kräften werden erst durch die Masken sichtbar, und somit ist es möglich, mit ihnen zu kommunizieren. Der Buschgeist muss »gefüttert« werden, was normalerweise durch Tieropfer geschieht. Er hat die Fähigkeit, seinen Träger in ein anderes Wesen zu verwandeln. Mächtige Zoes können sich in alle möglichen Formen verwandeln, zum Beispiel in Vögel oder Hühner, um sich einen Vorteil zu schaffen. Dahinter steckt ein sehr komplexes Glaubenssystem. Für die Mitglieder der Geheimbünde ist es wichtig, die Riten und Gebote strikt zu befolgen. Viele Liberianer sind deshalb der Meinung, dass Liberias Chaos und Zerstörung durch das Nichtbeachten der alten Traditionen verursacht wurden.

---

57 Zwei Youtube-Videos von verschiedenen Buschteufeln: https://www.youtube.com/watch?v=tRliFQau_OU (zuletzt aufgerufen am 12.01.2020).

Es ist tröstlich zu wissen, dass Masken, die auf dem Souvenirmarkt verkauft werden, ihre magischen Kräfte automatisch verlieren. Um ganz sicher zu gehen, habe ich mich jedenfalls aller Masken, die ich je besaß, entledigt.

Bemerkenswert ist, dass die Verwandlung von Menschen, besonders die in Tiere, mir immer wieder in allen Leben- und Arbeitssituationen begegnete. Bei einer der wöchentlichen Besprechungen des UNMIL-Sonderbeauftragten mit UNMIL-Militär, UNMIL-Polizei und UNMIL-Abteilungsleitern wurde ein Fall diskutiert, in dem die liberianische Polizei einen Mann wegen Erregung öffentlichen Ärgernisses inhaftiert hatte, weil er sich angeblich regelmäßig in einen Pavian verwandelte. Die internationale Polizei war ziemlich ratlos.

Ein einkommenschaffendes Projekt, bei dem die Bewohner eines Dorfes im Norden von Liberia eine größere Anzahl Hühner erhielten, scheiterte an dem Gerücht, dass Menschen aus dem Nachbardorf sich in Hühner verwandelt hatten, um das ganze Dorf durch die Augen der Hühner auszuspionieren. Somit wurden alle Hühner im Dorf innerhalb eines Tages getötet. Wen sollte es noch wundern, dass sogar die Eier in den Supermärkten aus Indien und Thailand importiert wurden, ein Umstand, der mich jedes Mal in Staunen versetzte.

Während meiner Arbeit der Friedenssicherung und Integration der Ex-Kämpfer, forderte ich einmal routinemäßig einen Bericht über einen bestimmten Ex-Kommandanten von einem einheimischen Kollegen an. Der Kollege lieferte den Bericht, in dem er behauptete, dass dieser Ex-Kommandant sehr mächtig sei und sich, wenn er wollte, in einen Baum verwandeln konnte.

Die Feuerprobe

Die Feuerprobe oder Sassywood ist eine Methode der traditionellen Gerichtsbarkeit, Schuld oder Unschuld von jemandem, der eines Verbrechens verdächtigt wird, zu ermitteln. Dabei wird eine Machete oder ein Eisen ins Feuer gelegt, bis sie beziehungsweise es glühend rot ist, und dann direkt an das Bein des Verdächtigen gehalten. Angeblich brennt die Machete nur dann eine Wunde ins Bein, wenn der Beteiligte schuldig ist, während Unschuldige nichts spüren. Mein Koch Flomo erzählte mir von seiner persönlichen Sassywood-Erfahrung, als er einer unter mehreren des Diebstahls Verdächtigten war. Man hat ihm eine glühende Machete an sein Bein gehalten, und er schwor, keinen Schmerz gespürt zu haben und keine Verletzung davongetragen zu haben. Die glühende Machete hätte sich angeblich wie ein Eisbeutel angefühlt.

Es gibt noch andere Varianten dieses Systems, zum Beispiel wenn ein Stock aus einer Kiepe vom Rücken des Zeremonienmeisters springt, und automatisch den verprügelt, der schuldig ist, oder aber alle Verdächtigen gezwungen werden, Gift zu trinken. Die UNMIL-Menschenrechtsabteilung dokumentierte noch andere Methoden. Zum Beispiel wurde ein Verdächtiger mit den Armen oder Beinen für längere Zeit an einen Baum gehängt, oder er musste einen schweren Stein halten, oder einen Kiesel aus heißem Öl herausholen. Anderen wurden scharfe Chilischoten in Wunden gerieben oder in Körperöffnungen wie die Vagina gestopft. Für schuldig Befundene werden normalerweise getötet.

Interessanterweise gab es genau dieselbe Gerichtsbarkeit bei den Germanen und Angelsachsen, und auch im Mittelalter mussten die Angeklagten über glühende Eisen gehen oder ihre Hand ins Feuer halten. Wenn sie unverletzt blieben oder ihre Verletzung schnell heilte, galten sie als unschuldig. In Europa wurde die Feuerprobe im 13. Jahrhundert abgeschafft.

Es sind hauptsächlich Stammeschefs, Hexenmeister oder Zoes, die Sassywood durchführen, oder Staatsbeamte einer speziellen Abteilung für Kultur im Innenministerium. Normalerweise verweist das Innenministerium Gesuche um Sassywood an den Nationalrat der Chiefs und Ältesten.[58] In jedem Falle müssen die Opfer ihrem Peiniger für das Ritual oft beträchtliche Summen bezahlen, eine Tatsache, die ein Verbot der Praktik erschwert.

Was sagt die UNO zum Thema?

Die internationale Gemeinschaft konzipiert ihre Strategien und Programme nach internationalen Normen, die in der Anwendung vor Ort oft wenig Flexibilität bieten und spezifische kulturelle Gegebenheiten nicht ansprechen. Wenn sich kein Erfolg einstellt, sagen sie »Africa wins again«.[59] Provokant ausgedrückt könnte man sogar von einer Art Kolonialisierung sprechen, bei der dem Land politische, wirtschaftliche und soziale Systeme ohne Rücksicht auf die einheimische Kultur aufgezwungen werden. Selbst wenn man Systeme nach den Richtlinien der Menschenrechte wertet, gelingt solch ein Import nicht, wenn man keine Kenntnis von einheimischen Glaubensvorstellungen hat. Das ist dann so, als ob der Westen mit einem Doktorkoffer voller Medizin anreist, ohne zu wissen, was die einheimischen Krankheiten sind, und ohne zu wissen, was die Menschen seit Urzeiten als Medizin verwenden.

Selbstverständlich haben alle internationalen Organisationen einheimische Angestellte, aber die sind dem internationalem Personal untergeordnet. Die Einheimischen wissen genau, was von ihnen verlangt wird, damit ihr Vertrag

---

58 National Council of Chiefs and Elders of Liberia – hier ein Youtube- Video einer Pressekonferenz des Rates in liberianischem Englisch: https://www.facebook.com/Kmtvlib/videos/219304799007755/ (zuletzt aufgerufen am 08.01.2020).
59 »Afrika gewinnt wieder«.

verlängert wird. Sie handeln nach dem Motto »bloß keine Probleme aufzeigen, für die man keine Richtlinien und Lösungen parat hat«. Seit es immer weniger Vertragssicherheit auch bei internationalen Mitarbeitern gibt, gilt dies auch für sie.

Eine wohltuende Ausnahme, das auszusprechen, was für viele tabu ist, ist ein 30 Seiten langer Bericht über Menschenrechte in Bezug auf traditionelle Praktiken,[60] der im Dezember 2015 von UNMIL zusammen mit dem UNO-Büro für Menschenrechte[61] herausgegeben wurde. Konkret benannt werden weibliche Genitalverstümmelung, erzwungene Mitgliedschaft in Geheimgesellschaften, Feuerproben, Hexerei-Anschuldigungen[62] und Ritualmorde. Obwohl die Gesetzgebung die meisten dieser Praktiken verbietet, wird niemand für Zuwiderhandlungen zur Rechenschaft gezogen, weil es ihren kulturellen und traditionellen Werten entspricht, weil es de facto staatliche Systeme ersetzt, die nur bedingt funktionieren, und weil Staatsbeamte selbst als Poromitglieder in diese Praktiken verwickelt sind. Der Bericht verlangt, dass die liberianische Regierung alle Maßnahmen ergreift, um diese Praktiken zu verhindern, den Opfern zu helfen, und die Verantwortlichen zu sensibilisieren. UNMIL kann dieses mit ruhigem Gewissen verlangen, nachdem Milliarden US-Dollar sowie tausende Friedenstruppen und tausende zivile Mitarbeiter in den Wiederaufbau funktionierender staatlicher Institutionen investiert wurden.

Wie komplex die Durchsetzung einer rechtsstaatlichen Gerichtsbarkeit selbst bei gutem Willen der Polizeibehörde ist, beschreibt dieses Beispiel aus dem erwähnten Bericht:

Im Oktober 2014 wurde ein Poroteufel[63] in Nimba County beschuldigt, für den Tod eines 57-jährigen Mannes verantwortlich zu sein, der zu Tode gefoltert wurde, weil er sich geweigert hatte, am traditionellen Justizsystem Sassywood teilzunehmen. Alle Mitwirkenden wurden verhaftet und gestanden, an seiner Folterung mit Todesfolge teilgenommen zu haben, aber sie betonten, dass sie dies unter Zwang getan hätten, denn ein Poromitglied darf eine Anordnung des Poroteufels weder verweigern, noch darf es die gesellschaftliche Hierarchie in Frage stellen. Somit wurden sie freigelassen. Die Polizei und Justiz weigerten sich, den Poroteufel festzunehmen und anzuklagen. Ein Polizeibeamter gab vor den UNMIL-Kollegen zu, dass er sich aus Angst vor physischen und spirituellen Repressalien scheute, in den Fall einzugreifen. Auf das Argument des Bezirksstaatsanwalts wusste UNMIL auch nichts zu entgegnen, denn der

---

60 An Assessment of Human Rights Issues Emanating from Traditional Practices.
61 UN Human Rights.
62 Hexerei wird definiert als »Fähigkeit, jemandem durch mystische Macht Schaden zuzufügen«.
63 Buschgeist, siehe Fußnote 44.

erklärte, dass der Poroteufel kein Mensch, sondern ein Geist sei, und man ihn deshalb nicht verhaften könne.

Der UNMIL-Bericht beklagt auch die verheerenden Konsequenzen für die Menschen, die der Hexerei angeklagt werden, wovon gerade Frauen und Kinder schon ab vier Jahren betroffen sind, die das »Sassywood« oder Reinigungs- oder Exorzismusrituale über sich ergehen lassen müssen. Präsidentin Sirleaf hat die Feuerprobe zwar 2007 offiziell abgeschafft, aber sie findet weiter statt, weil die staatliche Justiz als korrupt und ungeeignet empfunden wird. Traditionelle Stammesführer plädieren deshalb für die offizielle Wiedereinführung der Feuerprobe.

Der UNMIL-Bericht erwähnt einen Fall, in dem ein Zoe 14 Kinder auf Hexerei überprüfte, indem er einen Angelhaken in ihrem Gaumen verankerte und eine glühende Machete an ihr Bein hielt. Sie wurden allesamt für schuldig befunden und man schor ihnen den Kopf. Auf Grund des sozialen Stigmas, das die Prozedur hervorrief, wollten sie nicht mehr zur Schule gehen, und einige ihrer Eltern wollten die Kinder gar nicht mehr wiederhaben. Viele für schuldig Befundene werden aus der Gesellschaft ausgestoßen oder sogar getötet. Es wurde auch von einem Fall berichtet, in dem zwei ältere Frauen bei einem solchen Ritual vergewaltigt wurden.

UNMIL hat Fälle dokumentiert, in denen Regierungsbeamte solche Rituale ausführen, oder den Opfern, von denen sie in Kenntnis gesetzt wurden, Hilfe verweigern. In einem Fall wurden drei Frauen der Hexerei angeklagt, die daraufhin zwei Monate lang Zwangsarbeit auf der Privatfarm des zuständigen Regierungsbeamten leisten mussten. Weiterhin gab es Fälle, in denen Frauen mit Gruppenvergewaltigung bestraft wurden, weil sie Poro-Regeln nicht beachtet hatten.

Ich erinnere mich an ein anderes Dilemma, als UNMIL ein Sassywood-Opfer aus dem Hinterland rettete, dessen Körper in Glasscherben gewälzt worden war. Die Kollegen hatten ihn mit dem Helikopter nach Monrovia geflogen, wo er ärztlich versorgt wurde. Aber was sollten wir mit ihm machen? Wenn wir ihn zurückgebracht hätten, wäre er wieder dem Sassywood ausgeliefert gewesen, aber dort war sein Stamm, seine Familie, dagegen kannte er niemanden in der Hauptstadt und konnte dort nicht überleben. Solche Fälle sind ein sehr typisches Dilemma für Menschenrechtler, die an der Basis arbeiten. Bei UNMIL waren das engagierte internationale Menschenrechtler, vor allem auch Afrikaner aus anderen Ländern, die oft in den entlegensten Gegenden arbeiteten. Um der Bevölkerung das Selbstvertrauen nicht zu nehmen, urteilten sie die traditionellen Methoden nicht rigoros ab, sondern erklärten ihnen, dass es Alternativen gibt, die vorzuziehen sind.

12. Diamantenhändler, Goldsucher und andere Abenteurer

Monrovia war voll von ausländischen Glücksrittern aller Art, die legale und illegale Geschäfte tätigten. In Liberia konnte man viel Geld verdienen, ohne den Arm des Gesetzes fürchten zu müssen. Diamantenhändler, Goldschürfer, Waffenhändler und allerlei zwielichtige Gestalten tummelten sich hier. Die meisten Geschäftsleute aber, vor allem die Libanesen, waren seriös und arbeiteten hart. Dann gab es einige Europäer, die vor dem Krieg lukrative Jobs bei den großen ausländischen Minengesellschaften gehabt hatten, die sich zu Beginn des Krieges aber entschieden hatten, unter allen Umständen in Liberia zu bleiben. Mittlerweile waren sie so »verbuscht«,[64] dass sie sich nur schwer wieder in eine strukturierte Gesellschaft einordnen ließen. Ich kann es durchaus nachvollziehen, dass ihnen das Leben in Liberia angenehmer war als der Alltagszwang in einem grauen Europa, der darin bestand, dort über Jahre einem vergleichsweise langweiligen Job nachzugehen, dem Konsum zu frönen und vor dem Fernseher zu sitzen.

Wir trafen einige von ihnen bei lokalen Beerpoints, den primitiven Freiluftbars, die wir viel cooler fanden als die schicken Bars, die denen in New York in nichts nachstanden, die es auch gab. Den Ausdruck »Beerpoint« hatten die Kollegen erfunden, und sie hatten die Beerpoints in der Nähe unserer Büros nummeriert. Über unsere Walkie Talkies, die jeder aus Sicherheitsgründen mit sich führen musste und abhören konnte, nannte man sie »B«. Wenn jemand »BP3 um 5:30« sendete, wussten alle Eingeweihten, dass man sich nach der Arbeit am Beerpoint Nummer 3 traf.

Bei den Beerpoints sahen Liberianerinnen ohne Einkommen, professionelle oder weniger professionelle, ihre Chance, einen Ausländer zu ergattern. Das zu erreichen war für viele Frauen ohne Ausbildung und Hoffnung auf einen Job das ganz große Los. Manchmal gaben mich männliche Kollegen als ihre Partnerin aus, um Belästigungen oder sogar stürmischen Übergriffen vorzubeugen. Wenn sich jemand einen vermeintlich »reichen« Ausländer geschnappt hatte, wurde der gegen alle Konkurrenz bis aufs Blut verteidigt.

Zurück zu den Glücksrittern. Da waren die Holländer, die jeden Abend am Beerpoint Nummer 4 an der Straße nach Riverview zu finden waren. Sie waren während der Belagerung Monrovias 1990 geblieben und hatten sich angeblich

---

64 »Verbuscht« nannten wir weiße Männer, die bereits so lange in Afrika lebten oder besser überlebten, dass man mit ihnen keine intelligente Interaktion mehr haben konnte. Viel Alkohol und Frauengeschichten spielten dabei meistens eine Rolle.

von Gras ernährt. Mit ungefähr acht verbliebenen Zähnen auf vier Leute verteilt sahen sie ziemlich verwahrlost aus. Einer von ihnen hatte zwei Ehefrauen und eine Horde Kinder. Sie führten wie die meisten Einheimischen ein einfaches Leben, aber vielleicht war das auch nur ein Schutz vor der Verpflichtung, Geld weiterzuverteilen und Diebstahl vorzubeugen, da sie ja mitten in der liberianischen Gemeinschaft leben. Von Zeit zu Zeit bekamen sie von der UNO kurzfristige Verträge für logistische Arbeiten, was für ihren Unterhalt ausreichte. Einer erklärte, dass er eine Familie in Holland habe, aber keinen Unterhalt zahlen möchte.

UNDP stellte einen Kanadier zur Instandhaltung unserer Stromgeneratoren ein, der auf dem Lande mit drei Frauen zusammenlebte, aber so bürgerlich aussah wie ein Nachrichtensprecher. Man mag die Frage stellen, warum man einen Ausländer einstellt, wenn es auch einheimische Techniker gibt, die dafür qualifiziert sind. Dazu möchte ich ein Beispiel geben, da 15 Jahre weiter voraus liegt, zur Zeit der UNMIL-Mission,[65] als man mir eine riesige Lagerhalle mit unendlich vielen übereinander gestapelten Stromgeneratoren zeigte, die allesamt nur noch Schrott waren. Sie waren nicht gewartet worden, denn das Maschinenöl war weder nachgefüllt, noch gewechselt worden, weil es von den lokalen Mechanikern verkauft worden war. Aus Kapazitätsgründen unterhalten größere UNO-Operationen oft eigene Einrichtungen anstatt die lokalen zu nutzen, zum Beispiel haben sie fast immer eine eigene Autowerkstatt. In einer lokalen Werkstatt würden neue Autoteile ausgebaut und verkauft, und mit Schrottersatzteilen ersetzt. UNO-Autowerkstätten sind übrigens auch nicht ganz davor gefeit, wie das Beispiel der Stromgeneratoren zeigt, aber es kann mehr Kontrolle ausgeübt werden von Vorgesetzten, die keine Beziehungen zum lokalen Milieu haben.

Dann war da auch noch eine junges amerikanisches Paar, das von den USA aus das Schürfrecht für eine Goldmine erstanden hatte. Leider lag die Mine jetzt im von der NPFL kontrollierten Gebiet und war nicht zugänglich. Das Paar hatte sich von Freunden und Verwandten Geld geliehen und eine komplette Ausrüstung für ein Lager im Busch in einem Container nach Monrovia geschifft. Den Inhalt des Containers ließen sie nach einiger Zeit versteigern und verließen dann das Land.

Auf einem Empfang lernte ich den türkischer Konsul[66] kennen, der gegenüber von Riverview auf der anderen Flussseite in einem großen ineinander

---

65 UNMIL war an allen wichtigen Positionen im Land stationiert und brauchte dafür enorme Mengen von Stromgeneratoren.
66 Konsulate sind keine diplomatischen Vertretungen eines Staates, deshalb ist ein Konsul kein Diplomat. Er vertritt vor allem die Interessen seiner Landsleute im Gastland und seine Aufgaben sind eher verwaltungsorientiert als diplomatisch.

12. Diamantenhändler, Goldsucher und andere Abenteurer

verschachtelten Haus wohnte. Das Grundstück war ebenfalls riesig und von Busch überwuchert. Er sprach perfekt und akzentfrei Deutsch und tätigte unter anderem Geschäfte mit Diamanten. Er erzählte, dass er nachts ganz oben auf einem Ausguck auf seinem Haus saß, aus Angst, das Haus könnte in der Nacht angegriffen werden. Auch tagsüber trug er immer eine Waffe mit sich, offensichtlich hatte er Angst, ermordet zu werden. Aus heiterem Himmel bot er mir einen Job als seine Assistentin an, da er niemanden kannte, dem er vertrauen konnte, wie er sagte. Wie konnte er nur auf die Idee kommen, dass jemand, der eine gute Chance auf eine UNO-Karriere hat, auf so etwas eingeht?

Aber das war noch nicht alles. Eines Tages lud er mich ein, an einem Ritualmord als Zuschauerin teilzunehmen. Ich war schockiert. Er erklärte, dass er bei einem anderen Opferritual gesehen hatte, dass die Stirnhaut, die Haut von den Handinnenflächen und die Lippen von einem Opfer zeremoniell verzehrt wurden. Ich lehnte entsetzt ab. Kein Wunder, dass dieser Mensch Probleme hatte! Die Geschichte nahm dann auch kein gutes Ende. Eines Tages las ich in der Zeitung, dass es in seinem Haus Streit mit einem anderen libanesischen Diamantenhändler gegeben hatte. Er hatte diesen erschießen wollen, aber sein Hausboy stand aus Versehen in der Schusslinie und wurde unabsichtlich erschossen. Er wurde dann verhaftet und saß im Gefängnis von Monrovia. Ich erfuhr von jemandem, der ihn besucht hatte, dass er kaum wiederzuerkennen war und enorm viel Gewicht verloren hatte. Liberianische Gefängnisse waren die Hölle, die selbst nicht alle Liberianer überlebten. Er hatte wohl kein Geld gehabt, um sich frei zu kaufen, und starb später im Gefängnis.

13. Am Rande des Abgrunds

Unser UNDP-Büro beherbergte auch den Sondergesandten des UNO-Generalsekretärs für Liberia, Trevor Gordon-Somers, der die Friedensverhandlungen leitete, und seine Mitarbeiter. Er traf sich abwechselnd mit den Kriegsparteien und arbeite auf die Unterzeichnung eines Friedensvertrages hin, dem Entwaffnung und Wahlen folgen sollten. Voraussetzung dafür war aber, dass ECOMOG-Truppen überall im Land und nicht nur in Monrovia, stationiert wurden. Der UNO-Weltsicherheitsrat hatte ein Waffenembargo für das ganze Land verhängt, von dem nur ECOMOG ausgenommen war. Es war schon bemerkenswert, dass der Weltsicherheitsrat ECOMOG trotz seines oft fragwürdigen Umgangs mit Zivilisten und seiner Beteiligung an Plünderungen nie kritisierte. Noch skandalöser war der Tatsache, dass ECOMOG ULIMO, und später anderen Anti-Taylor-Gruppierungen, mit Waffen und Munition versorgte. Das war zum einen politisch motiviert, denn so ließ man andere als Proxy für sich kämpfen, doch zum anderen war auch bekannt, dass einige damit Geschäfte machten, indem sie die Waffen einfach verkauften. In New York war man vielleicht politisch zu korrekt, oder sie dachten, es sei einfacher und billiger ECOMOG die Arbeit machen zu lassen, als eine kostspielige UNO-Friedenstruppe zu entsenden.

Wir wussten auch alle, dass die hochrangigen ECOMOG-Offiziere in Monrovia Geschäfte machten. Einige hatten ein Minibus-Taxi-Unternehmen, andere verkauften den Treibstoff, der für die Truppe gedacht war. Es gab auch Gerüchte, dass Taylor die ECOMOG-Kommandanten mit Diamanten bestach, damit diese ihn in Ruhe ließen, aber niemand wusste, ob das nur ein Gerücht war. Die Lage wurde immer unübersichtlicher, weil so viele Deals unter der Oberfläche getätigt wurden. ECOMOGs untere Ränge mussten sich derweil mit Mädchen und Bier zufrieden. Mit der Zeit schafften sie es, Taylors Truppen etwas zurückzudrängen. Wir fuhren dann durch diese gespenstisch menschenleeren Zonen, in denen es keinen zivilen Verkehr und einen ECOMOG-Checkpoint nach dem anderen gab. Die einzigen Fahrzeuge hier waren die von ECOMOG, die von oben bis unten voll mit sehr jungen Mädchen und Bier beladen waren, damit es auch im Busch nicht langweilig wurde. Für die Öffentlichkeit nicht zu übersehen, wohnten in Monrovia eine Menge liberianischer Mädchen in ECOMOG-Unterkünften. Eines Tages ordnete der Kommandant eine Razzia an und alle Mädchen wurden entfernt, aber schon nach ein paar Tagen war die alte Situation sichtbar wiederhergestellt.

13. Am Rande des Abgrunds

Währenddessen hoffte der UNO-Sondergesandte Trevor Gordon-Somers auf einen schnellen Erfolg seiner Mission. Ich persönlich hatte das Gefühl, dass Schnelligkeit eine größere Priorität als Nachhaltigkeit hatte.

Die Verhandlungen liefen immer wieder aus dem Ruder, weil der durchtriebene Charles Taylor und sein erster Stellvertreter General John T. Richardson sie dadurch manipulierten, dass sie in den Kaffeepausen den Rivalen Umschläge mit Geld zusteckten, die dann nach Wiederaufnahme der Verhandlungen urplötzlich ihren Standpunkt änderten. Den Warlords ging es nur um die Verteilung von lukrativen Regierungspositionen zum Zwecke des Macht- und Einkommenserwerbs.[67] Ich hielt das Geschacher der Warlords um Schlüsselpositionen für sehr problematisch: Erstens waren sie nicht qualifiziert, zweitens hatten sie nicht einmal die Absicht einer verantwortungsvollen Amtsführung, und drittens war es Erpressung, den Krieg so lange weiterzuführen, bis man bekam, was man wollte. Somit gab man ein Zeichen, dass man mit Gewalt zu Macht und Reichtum kommen konnte, und nicht für Kriegsverbrechen zur Rechenschaft gezogen wurde. Im Gegenteil, zum Schluss bekam man als Belohnung noch eine lukrative Position. Vielen Menschen ist auch nicht bewusst, dass den offiziellen Friedensverhandlungen immer Territorialkämpfe vorausgehen, unter denen die Zivilbevölkerung zu leiden hat, die aber den Warlords eine verbesserte Verhandlungsbasis versprachen, wenn sie ein größeres Terrain kontrollierten. Diese Themen müssen angesprochen werden, wenn perpetuelle Misswirtschaft und das Risiko erneuter Instabilität in Zukunft vermieden werden sollen.

Noch unberechenbarer waren die Allianzen, die im Bürgerkrieg geschmiedet wurden. Loyalität ließ sich auf jeder Ebene kaufen, aber hatte immer ein Verfallsdatum, nämlich dann, wenn ein Rivale mehr Geld zahlte. Dies war auch der Grund, warum kleine Splittergruppen von heute auf morgen zur anderen Seite wechselten konnte, und Kommandanten ihren Verbündeten und Waffenbrüdern nie über den Weg trauten.

Niemand von uns hätte sich damals vorgestellt, dass die Friedensverhandlungen sich noch über zehn weitere turbulente Jahre hinziehen sollten, und ebenso wenig konnte ich mir vorstellen, dass ich 13 Jahre später als leitende Mitarbeiterin für die UNO-Friedensmission UNMIL zur Reintegration der Ex-Kämpfer beitragen sollte.

Meine eigentliche UNV-Arbeit war nach der Rückkehr aus der Elfenbeinküste zur Routine geworden. Die damalige Direktorin des UNV-Hauptquartiers in Genf war mit Trevor Gordon-Somers befreundet, und der hatte ihr versichert, dass die Situation in Liberia auf dem besten Wege zur Norma-

---

67 Positionen, die besonders hohe Einnahmen aus Bestechungsgeldern versprachen.

lisierung sei. Ihr Kollege, der beim UNV-Hauptquartier Genf für Westafrika zuständig war, rief mich an, um mir mitzuteilen, dass sie planten, ein ganzes Heer von UNV-Experten für den Wiederaufbau überall im Land verteilt zu stationieren. Ich wusste, dass es der UNV-Chefin immer nur um Zahlen ging; sie war besessen davon, das UNV-Programm jedes Jahr zu vergrößern. Meine Antwort war wie immer direkt und politisch unkorrekt: »Ja, mein Gott, wie soll der denn nicht zuversichtlich sein, das ist doch sein Job! Die Wahrheit ist aber, dass sich das Land mitten in einem Bürgerkrieg befindet, dass Charles Taylors NPFL trotz jüngster Gebietsverluste noch 60 Prozent des Landes kontrolliert, und keinen ECOMOG-Soldaten seinen Boden betreten lässt. ULIMO, die ehemaligen Unterstützer und Stammesgenossen von Ex-Präsident Doe, halten ebenfalls ihr Territorium und werden von ECOMOG bewaffnet. Und noch etwas, ich glaube sogar eher, dass es erst jetzt richtig zur Sache geht, denn auf dem Weg zur Arbeit heute morgen hab ich mit eigenen Augen eine Schlange junger Männer gesehen, die gerade für eine neue Kriegspartei, der LPC[68] rekrutiert werden. Alle UNO-Mitarbeiter, die durch das Hinterland reisen, werden aus Sicherheitsgründen von schwer bewaffneten ECOMOG-Eskorten begleitet. Und dann wollt ihr dort UNVs stationieren?«

Jetzt hatte ich den armen Mann in Genf in die Krise gestürzt. Ich hatte eben nicht die üblichen diplomatischen Kniffe angewandt, bei denen man Ja und Amen sagt, mit einer immer positiven Meinung zur Situation, und Genf rekrutieren und vorbereiten lässt. Kurz bevor die UNVs dann losfliegen, erklärt man, dass die Sicherheitslage sich leider dermaßen verschlechtert hat, dass ihre Ankunft verschoben werden muss. Dann vertröstet man das Hauptquartier weiterhin, bis sich die ganze Sache von selbst auflöst. Leider hat man die Ereignisse nicht voraussehen können, aber man hat seinen guten Willen bewiesen und es wenigstens versucht. Somit stellt man sicher, dass man auf der Liste der Beförderungswürdigen steht, und nicht auf derjenigen der Spielverderber.

Als Nächstes ereignete sich etwas Erschütterndes.

---

68 Die LPC oder Liberia Peace Council (Liberia-Friedensrat) bestand hauptsächlich, wie auch ULIMO, aus Krahn und wurde geführt von George Boley, einem Ex-Minister unter Doe. Die LPC öffnete eine Südostflanke gegen Taylor und wurde ebenfalls von ECOMOG unterstützt.

14. Das Massaker von Harbel

Am 6. Juni 1993, einem Sonntag, der in Riverview normalerweise schläfrig ist, hörte ich schon früh morgens Lärm und Bewegung im Compound. Die Nachricht, dass 547 Flüchtlinge im Carter Camp im 60 Kilometer entfernten Harbel auf der Firestone Plantage massakriert worden waren, verbreitete sich wie ein Lauffeuer. Ein Team unserer hochrangigsten Vertreter machte sich sofort auf, um die Lage vor Ort zu erkunden. Ihnen bot sich das grausige Bild eines Massakers an Hunderten von Männern, Frauen und Kindern, die in und vor ihren Häusern umgebracht worden waren, und dort in ihren Blutlachen lagen. Die toten Babys waren noch auf dem Rücken der toten Mütter festgebunden. Sie stellten fest, dass die Hilfsgüter, die Reissäcke, die kurz zuvor in das Depot des Lagers für die spätere Verteilung geliefert worden waren, allesamt geplündert worden waren. Weil die Toten bei dem Klima schon nach ein paar Stunden in einem desolaten Zustand waren, wurden sie in mehreren Massengräbern vor Ort schnellstens begraben. Die Übergangsregierung unter Amos Sawyer zeigte sofort mit dem Finger auf Charles Taylor und beschuldigte dessen Truppen, das Massaker begangen zu haben, um die Reissäcke an sich zu bringen.

Mittlerweile berichteten internationale Sender wie CNN und BBC vom Harbel-Massaker, und der Weltsicherheitsrat in New York forderte den UNO-Generalsekretär auf, eine Untersuchung einzuleiten. Der beauftragte damit den UNO-Sondergesandten vor Ort, Trevor Gordon-Somers. Trevor war ein jamaikanischer Diplomat, der ursprünglich von UNDP kam. Meine Freundin Liz und ich hatten von Anfang an einen guten Draht zu ihm, weshalb er uns nominierte, an der Untersuchungskommission teilzunehmen.

Als Trevor Gordon-Somers zum ersten Mal an einem späten Sonntagnachmittag in Riverview ankam und in seinen Bungalow gebracht wurde, kamen wir gerade mit unserem Pick-up-Transporter vom Strand. Er fragte uns, wo man noch etwas essen könne. Es war Sonntag und da hatte das Restaurant in Riverview früh geschlossen, und die Stadt war weit weg. Ich sagte ihm, dass wir nur noch die Reste eines gebratenen Huhns in einer Plastiktüte vom Strand mitgebracht hatten. Das war für ihn kein Problem. Er kletterte mit uns auf die Ladefläche des Fahrzeugs und zog hungrig das noch übrig gebliebene Fleisch vom Skelett des Huhns aus der Tüte ab. Ein Bär von einem Mann, vollkommen lässig und entspannt, wurden ihm die offiziellen Dinner zu langweilig und er zog es im Laufe der Zeit vor, abends in Shorts und Flipflops mit seiner Flasche Whisky zu uns ins Haus zu kommen, wo sich die jüngeren Leute versammelten. Jemand spielte Gitarre, man trank Bier und pflegte den Teamgeist.

14. Das Massaker von Harbel

Manchmal erfanden wir lustige Spiele. Meine Freundin zeichnete Comics und Karikaturen, womit wir uns über uns selbst lustig machten. Wir luden auch Leute außerhalb unseres eingeschworenen Kreises zum Abendessen ein, und die Partys am Wochenende konnten spontan und wild sein.

Ebenso Teil der Untersuchungskommission waren noch zwei oder drei andere UNO-Kollegen, unter ihnen Trevors politischer Berater Sami, ein Algerier, der die ganze Zeit immer nur Angst vor Bakterien und Keimen hatte, und deshalb niemandem die Hand gab. Als er behauptete, unser Haus sei unhygienisch, weil mein Hund und unsere Katzen ins Haus durften, hatte er sich bei mir das letzte Stück Sympathie verspielt.

Ich sagte Trevor ganz klar, dass ich am Tag nach dem Massaker zufällig in der Gegend gewesen war und Zeugen getroffen hatte, die mir glaubhaft vermittelten, dass die AFL, die Regierungsarmee, für das Massaker verantwortlich war. »Wenn du mich mitnimmst, bin ich gern dabei, aber ich sage ganz ehrlich, dass ich durch das, was mir im Feld erzählt wurde, nicht mehr ganz neutral bin«. »Das macht nichts«, meinte er, »ich werde schon deine Voreingenommenheit von den Fakten zu trennen wissen.«

Für mich fügten sich die Steine perfekt zu einem Mosaik zusammen, ich war hundertprozentig davon überzeugt, dass die AFL der Übeltäter war. Ein weiteres Indiz war, dass, wenn es die NPFL-Rebellen gewesen wären, sie sich nicht die Mühe gemacht hätten zu versuchen, ausnahmslos alle umzubringen, damit es keine Zeugen gibt, da es ihnen egal gewesen wäre. Die Regierungsarmee hatte jedoch ein Interesse, alle Zeugen zu töten, so dass sie nicht zur Rechenschaft gezogen werden konnten.

Unser Team fuhr zusammen zum Ort des Geschehens. Die Leichen waren weggeräumt worden, aber man sah dort, wo sie gelegen hatten, noch das getrocknete Blut auf dem Boden. Es gab kaum Anhaltspunkte, die auf die Täter schließen lassen konnten, aber hier und da lagen überall verstreut leere graue Pappschachteln herum, deren Aufdruck erkennen ließ, dass es Munitionsschachteln waren. Ich sammelte sie auf und nahm sie mit. Dann wurden wir von Ameisen angegriffen, die uns an den Beinen hochliefen und sich nicht abschütteln ließen, und so entfernten wir uns schnellstens von diesem Ort. Ich fragte mich, ob das die berühmt-berüchtigten Treiberameisen waren, die ganze einheimische Häusergruppen angriffen. Die Bewohner verließen dann ihr Haus für ein paar Tage, während die Ameisen alles Leben im Haus vernichteten. Das war den Bewohnern nur recht, denn kein Insekt, keine Kakerlake und kein Nagetier überlebte das. Nach ein paar Tagen zogen die Ameisen weiter und die Bewohner kehrten in ihre von Ungeziefer befreiten Häuser zurück.

Wir fuhren in die nächste kleine Ansiedlung in Nähe des Lagers. Eine Menschengruppe hatte sich versammelt, einige junge Leute gaben vor, Überleben-

14. Das Massaker von Harbel

de des Massakers zu sein, weil sie sich rechtzeitig in Sicherheit hatten bringen können. Für mich waren dies die wertvollsten Zeugen, mit denen man einzeln und vertraulich hätte sprechen sollen. Trevor rief in die Menge: »Hat jemand die Täter gesehen oder gehört?« »Ja, wir konnten nichts sehen, weil es dunkel war, aber wir haben sie gehört«. »Und welche Sprache haben sie gesprochen?« Nach längeren Schweigen sagte jemand laut: »Krahn«. Das war wohl nicht die Antwort, die unser Team erwartet hatte, denn Krahn war die Sprache und die Ethnie, die am häufigsten in der AFL vorkam. Wir fuhren zurück zum Zentrum der Firestone-Plantage mit ihrer Kautschukaufbereitungsanlage, den schönen Backsteinhäusern der Manager, dem berühmten Golfplatz. Unser Team entschloss sich, sich zu trennen, um in verschiedenen Richtungen einzeln zu ermitteln.

Ich ging zur Firestone-Krankenstation, denn das medizinische Personal dort hatte den Opfern, die sich hatten retten können, Erste Hilfe geleistet. Die entscheidende Frage war, ob sie hauptsächlich Schusswunden oder Schnittwunden von einer Machete hatten. Es war zwar kein endgültiger Beweis, aber wenn es vor allem Schusswunden waren, deutete das auf die AFL hin, die hauptsächlich Gewehre benutzte, während die Rebellen mit vielerlei Waffen umherzogen, unter anderem auch mit Macheten. Die Antwort des medizinischen Personals von Firestone war eindeutig: Sie bestätigten, dass sie ausschließlich Schusswunden behandelt hatten!

Ich spürte den unausgesprochenen Druck von allen Seiten, dass es galt, die NPFL ohne tiefergehende Untersuchung zu beschuldigen. ECOMOG-Offiziere, die uns begleiteten, wollten uns etwas zeigen und fuhren voraus. Unsere Fahrzeuge bahnten sich den Weg durch dichten Busch und hielten auf einer kleinen Lichtung, auf der man eine erloschene Feuerstelle ausmachen konnte. »Also, die NPFL ist bis hierhin durchgedrungen, hier haben sie gekocht«, sagte der ECOMOG-Offizier. Ich fand es auf jeden Fall verdächtig, dass ECOMOG sich so oberflächlich einbrachte.

Am nächsten Tag traf sich das Team am Konferenztisch, um Bilanz zu ziehen. Es schien, als brauchte es keine weitere Diskussion, jeder schien davon überzeugt, dass die Täter NPFL-Rebellen gewesen waren. Ich legte die leeren Munitionsschachteln auf den Tisch. »Die hab ich am Tatort gefunden, und mir wurde bestätigt, dass die AFL diese Munition benutzt«, sagte ich ganz ruhig. Sami, der politische Berater, wischte einfach mit seinem Arm die Schachteln vom Tisch, sodass sie auf den Boden fielen. Das Thema war damit erledigt.

Trevor muss wohl doch Zweifel gehabt haben, denn sein Abschlussbericht war nicht ganz eindeutig, obwohl, wenn man zwischen den Zeilen las, tendierte er eher dazu, die NPFL zu beschuldigen. Ich fragte mich, wie der UNO-Generalsekretär seinen Sondergesandten, der doch auf seinen Ruf als neutraler

14. Das Massaker von Harbel

Friedensvermittler angewiesen war, mit der Untersuchung beauftragen konnte. Bei einer eindeutigen Schuldzuweisung wäre er nicht mehr als neutral akzeptiert worden und der Friedensprozess wäre gefährdet gewesen. Das hatten wohl alle verstanden, denn im Endeffekt wurde der Bericht nie öffentlich gemacht.

Und somit kündigte der UNO-Generalsekretär ein neue externe Untersuchungskommission an, die dann auch alsbald einflog. Angeführt wurde sie von Amos Wako, dem Generalstaatsanwalt von Kenia, Bob Gersony, einem drahtigen, großen, blonden Juristen aus New York, und einem dritten Juristen aus Ägypten, der sehr zerbrechlich, blass und ängstlich schien, aber wie ich hörte hatte er einen guten Draht zu seinem Landsmann, dem UNO-Generalsekretär Boutros-Ghali. Eine britische Sekretärin brachten sie auch mit. Der UNDP-Chef bat mich, dem Team als UNO-Verbindungsbeauftragte vor Ort zur Seite zu stehen.

Wir hatten für die Kommission ein schickes nagelneues Apartment in der Stadt angemietet, das einem gehobenem internationalen Standard entsprach, und ihnen einen guten Koch organisiert. Ein ECOMOG-Platoon war abgestellt worden, um die Sicherheit zu gewährleisten, und bewachte das Gebäude Tag und Nacht. Beim ersten Treffen sah ich, dass Bob Gersony das Apartment nach Abhörwanzen untersuchte und dabei jedes Bild an der Wand umdrehte.

Als ich am nächsten Morgen ins Apartment kam, war das Team noch beim Frühstück. Der dünne Ägypter gab zu, das erste Mal südlich der Sahara unterwegs zu sein, und Angst vor Krankheiten und Bakterien zu haben. Er kam gerade aus der Dusche und wollte wissen, ob man sich mit dem Wasser aus der Dusche denn auch infizieren könne. Beim Frühstück saß er dann ganz unsicher in diesem blitzsauberen Neubauapartment mit einem Desinfektionsmittel am Tisch. Er aß nur ein paar Toastscheiben, da er meinte, dass der Toaster ja alle Bakterien getötet haben müsste. Alles andere rührte er nicht an. An der Reaktion der anderen sah ich, dass sie nicht viel von ihm erwarteten. Das Team hatte nur wenige Tage Zeit und ging sofort hochmotiviert an die Arbeit, allen voran Bob Gersony mit seiner explosiven Energie und seinem messerscharfem Verstand.

Am nächsten Tag traf sich das Team mit offiziellen Regierungsvertretern und unternahm die obligatorische Tatortbesichtigung und Befragungen in der Umgebung. Dann fanden sie heraus, dass ich bei der vorangegangenen Untersuchung auch dabei gewesen war, und noch spannender fanden sie es, dass ich direkt nach dem Massaker Informationen aus dem Umfeld hatte, die die AFL schwer belasteten. Ob ich Überlebende ausfindig machen könne, wollten sie wissen. »Ja klar, ohne Probleme.« Somit organisierte ich, dass sie die Zeugen direkt trafen und mit ihnen vertraulich reden konnten. Die Zeugen benannten weitere Zeugen, die ebenfalls aussagebereit waren. Ich wurde auf strengste

14. Das Massaker von Harbel

Geheimhaltung hingewiesen, und war bei den individuellen Befragungen nicht dabei, sondern regelte die Zeugenlogistik, sodass sich keine Zeugen untereinander begegneten, indem ich sie in verschiedenen Räumen, vor allem in der Küche, warten ließ, was einige als Beleidigung auffassten.

Abends versuchte man, die Puzzlestücke zusammenzufügen. Es war eine wunderbare Dynamik, mit der das Team in spielerischer Leichtigkeit und mit viel Spaß zusammenarbeitete. Somit machte es mir nichts aus, bis spät in die Nacht hinein zu arbeiten. Bei Anbruch der Dunkelheit galt die Ausgangssperre. Um nach Riverview zurückkommen, wurde ich von einem ECOMOG-Soldaten, der außer »No problem« kein Englisch sprach, jeden Abend in einem offenen Militärjeep nach Hause gefahren. Eines Morgens sah ich Bob, nur mit einem umgewickelten Handtuch, fieberhaft am Couchtisch kniend ein paar Papiere vergleichend. Er hatte sich sn einer heißen Spur festgebissen und ließ nicht mehr los. Ich wusste, der kritische Punkt war überwunden. Sie würden einen ersten groben Entwurf des Berichtes schon vor ihrem Abflug anfertigen. Die Sekretärin maulte wegen der Überstunden und hatte einen Gesichtsausdruck wie das Unglück selbst. Amos Wako, der Teamleader, schrieb mir eine Empfehlung, mit dem Vermerk, dass ohne meine Hilfe der Erfolg der Mission nicht möglich gewesen wäre. Nach einigen lustigen Erinnerungsfotos auf dem Flugfeld begleitete ich das Team zum Abflug.

Als ich danach zurück ins UNDP-Gebäude kam, fragte Trevor mich, was das Team denn nun herausgefunden hatte. »Die Wahrheit, die haben die Wahrheit herausgefunden«, entgegnete ich.

Überraschenderweise erhielt ich nach ein paar Tagen ein Fax von Bob, der in New York dabei war, den Bericht abzuschließen. Er beauftragte mich offiziell die Recherchen weiterzuführen, und gab mir eine Liste mit Namen von AFL-Militärs, über die er Näheres in Erfahrung bringen wollte: militärischer Rang, Ausbildung, wo sie stationiert waren. Ich dachte, dass das doch ein Ding der Unmöglichkeit sei, wer sollte mir gerade in diesem angespannten Klima solche Informationen geben? Ich ging zunächst alle Möglichkeiten durch, aber mir fiel nicht viel ein. Schließlich versuchte ich, im Informationsministerium Auskünfte zu bekommen. Ein hochrangiger Beamter schob mir eine Lokalzeitung zu: »Schau mal, da steht, dass die NPFL für das Massaker verantwortlich ist, schick denen das als Beweis«. »Ein Zeitungsbericht ist doch kein Beweis!« warf ich ein, und dann sah ich, wie sich sein Gesicht verdunkelte und er mich jetzt als Feind einstufte. Mein nächster Versuch war im Verteidigungsministerium, wo ich einen Termin mit dem Verteidigungsminister selbst gemacht hatte. Ich wurde in einen offenen Warteraum vor dem Büro des Ministers geführt und saß dort endlos lange. Vor Langeweile las ich jedes Prospekt, das dort auslag. Auf der Ablage unter dem Couchtisch fand ich eine schwarzweiße

14. Das Massaker von Harbel

Broschüre im DIN A5-Format, in der auf jeder Seite die Biografie eines Offiziers beschrieben war, mit Foto. Ich fand auch die Namen, die gesucht wurden. Wahnsinn, dachte ich, das sind so die kleinen Wunder, die im Leben passieren! Schnell steckte ich das Heftchen in meine Tasche, und wartete wieder. Endlich öffnete sich die Tür des Ministers, aber es kam eine stark geschminktes junges Mädchen im sexy Outfit heraus. Ein paar Minuten danach wurde ich endlich zum Minister hineingelassen. Seine Berater schwirrten um mich herum und ließen mich kaum einen Satz zu Ende bringen. Mir war das alles so egal, ich dachte nur an das Heft in meiner Tasche und verabschiedete mich schnellstens. Dann schickte ich Bob die wesentlichen Seiten aus dem Heft per Fax nach New York durch.

Bob bat mich noch um einen Gefallen. Ich sollte bestimmte Menschen entschädigen für das, was sie durch die Ereignisse verloren hatten, das waren hauptsächlich große Säcke mit Reis. Ich stellte keine Fragen, aber fand, dass es von Anstand zeugte, dass Bob das aus eigener Tasche bezahlte. Die Personen lebten im NPFL-kontrollierten Gebiet, und zu meiner Sicherheit wurde ich einen guten Teil des Weges von einer bewaffneten ECOMOG-Eskorte begleitet, die in einem Schützenpanzer vorausfuhr. Ab dem Punkt, von dem aus es sicher war, verhandelte ich allein meinen Weg durch die halluzinierenden Checkpoints. Zum Schluss gab es einen kleinen Zwischenfall, denn den Augen und Ohren von Taylors Geheimdienst entging nichts. Ich wurde ich gebeten »mitzukommen«, und wurde dann in einem engen, schmutzigen Büro befragt. Natürlich durften die das nicht, aber die Realität vor Ort ist manchmal anders. Ich gab einfach und ehrlich Auskunft, ich hatte ja nichts zu verbergen. Da Kommunikation größtenteils nicht-verbal ist, spürt das Gegenüber, ob man es ernst nimmt, ihm wirklich zuhört und ehrlich ist. Das zu lernen ist wichtiger als jeder Kursus in Verhandlungskompetenz. Ich konnte danach ohne Probleme gehen.

Kurz darauf schickte mir Bob Gersony ein Fax: Der Untersuchungsbericht würde nun veröffentlicht werden und wahrscheinlich wie eine Bombe einschlagen, da er weder der Übergangsregierung, noch der UNO gefallen werde, und ich sollte ihm doch bitte Rückmeldung über die Reaktionen geben. Es war dann auch genau so, wie Bob es vorausgesagt hatte: Drei AFL-Offiziere wurden explizit als Haupttäter genannt, mit der Empfehlung, die Drei strafrechtlich zur Rechenschaft zu ziehen. Der Bericht schlug in Monrovia wie eine Bombe ein, hatten doch alle erhofft, dass die NPFL beschuldigt würde. Die Übergangsregierung reagierte aggressiv, verurteilte den Bericht sofort als falsch und bezichtigte die Mitglieder der Untersuchungskommission als voreingenommen und inkompetent. Bis heute wurde niemand für das Massaker zur Rechenschaft gezogen. Es bleibt damit einer der vielen Steine der hohen

14. Das Massaker von Harbel

Mauer der Straffreiheit, die Massenmörder und Kriegsverbrecher in Liberia bis heute genießen.

Von Bob Gersony sollte ich erst wieder ein Jahr später hören, als ich direkt nach dem Völkermord 1994 in Ruanda ankam. Das UNHCR,[69] das über zwei Millionen Hutu-Flüchtlinge aus Ruanda in den Nachbarländern versorgte, stand in der Kritik, damit die für den Völkermord Verantwortlichen zu schützen und zu versorgen. Deshalb wollten sie genauer wissen, ob die Tutsi-Armee, die RPF,[70] die das Land nach dem Völkermord eroberte, auch Massaker an Hutus begangen hatte. Die Antwort darauf sollte dem UNHCR helfen, zu entscheiden, ob die Hutus ohne Gefahr an Leib und Leben und mit ihrer Hilfe nach Ruanda zurückgeführt werden konnten. Bob Gersony wurde also vom UNHCR beauftragt, eine Untersuchung der Tatsachen durchzuführen. Sein Bericht war mehr als eindeutig, wurde aber wegen seiner politischen Brisanz nie der Öffentlichkeit zugänglich gemacht. Er beschuldigte die RPF, systematisch Massaker an Hutus verübt zu haben. Eine Veröffentlichung seines Berichts hätte massive politische Bedeutung für die in Frage stehende Legitimation der RPF und der Regierungsübernahme ihres Führers Paul Kagame gehabt, der übrigens heute noch immer an der Macht ist. Die USA unterstützten die RPF massiv. Deshalb wurde Bob Gersony zunächst wieder für unglaubwürdig erklärt, und der Bericht wurde in einem Safe gelagert.

---

69 United Nations High Commissioner for Refugees oder Hochkommissar der Vereinten Nationen für Flüchtlinge.
70 Rwandan Patriotic Front.

15. UNOMIL – neue Hoffnung auf Frieden

Trevor Gordon-Somers versuchte zwischen den Kriegsparteien zu vermitteln, wobei ihm der Ex-Präsident von Zimbabwe und Vertreter der Afrikanischen Union, Canaan Banana, zur Seite stand. Im Juli 1993 unterzeichneten die Kriegsparteien ein Friedensabkommen in Cotonou, Benin. Taylor bestand immer wieder darauf, seine Kämpfer entweder von UNO oder anderen internationalen Truppe entwaffnen zu lassen, da er die von Nigeria dominierten ECOMOG als parteiisch ablehnte.

Um Taylor zufriedenzustellen entschied der UNO-Weltsicherheitsrat im September, das Cotonou-Abkommen mit der UNO-Beobachtermission UNOMIL[71] zu unterstützen. Dabei schwang wohl der Gedanke mit, sich nicht mehr auf die Neutralität von ECOMOs verlassen zu können, obwohl das niemand laut sagte. Das Experiment, einen Konflikt durch regionale Intervention zu lösen, war damit endgültig gescheitert.

Es war vorgesehen, dass UNOMIL über 300 internationale Militärbeobachter an allen Orten im Land stationieren sollte, unterstützt von zivilen Mitarbeitern im medizinischen Bereich, Ingenieuren, Fachleuten im Kommunikations- und Transportwesen, und Experten für die Vorbereitung von Wahlen. Die Militärbeobachter waren unbewaffnet, ihre Sicherheit hatte ECOMOG zu garantieren. Es war das erste Mal in der Geschichte, dass eine regionale und eine internationale UNO-Friedenstruppe zusammenarbeiteten. UNOMILs Hauptaufgabe war, Verletzungen des Waffenstillstands zu verhindern, das Waffenembargo zu überwachen, den Entwaffnungsprozess zu unterstützen, Menschenrechtsverletzungen zu dokumentieren und einheimische Menschenrechtsgruppen zu unterstützen, sowie die geplanten Wahlen zu beobachten, die für März 1994 angesetzt wurden.

Ich kümmerte mich um die Rekrutierung zusätzlicher UNVs, die UNOMIL bei der Leitung der Entwaffnungslager unterstützen sollten. Alle Ampeln standen auf grün, und alle waren guter Hoffnung auf ein baldiges Ende des Krieges.

Es wurde auch eine große Anzahl Liberianer eingestellt, die den internationalen Beamten zuarbeiteten. Sie wurden verhältnismäßig gut bezahlt, deshalb wird die UNO beschuldigt, Regierungen dringend benötigte einheimische Experten abzuwerben. Das ist wieder eines der schwer lösbaren Dilemma.

Die Rekrutierung war eine besondere Herausforderung für die Kollegen. Es kam durchaus vor, dass Frauen sich den Kollegen der Personalabteilung frei-

---
71 The United Nations Observer Mission in Liberia.

zügig anboten, um den heißbegehrten Job zu ergattern. Machtmissbrauch war in Liberia üblich, und Frauen überlebten oder machten Karriere oft über ihre Beziehung zu Männern. Einmal passierte es, dass ein männlicher Kandidat beim Bewerbungsgespräch das Fenster aufriss und zu springen drohte, wenn seine Bewerbung abgelehnt werden sollte. Ein anderes Mal sprang ein Bewerber auf die Motorhaube des Personalchefs, um seiner Bewerbung Nachdruck zu verleihen.

Auf der UNOMIL-Chefetage traf ein jovialer, etwas rundlicher französischer General ein. Liebenswert wie er war, und ohne Generalsego, nahmen wir ihn in unsere »Familie« auf. Das UNOMIL-Büro lag schräg gegenüber dem unseren auf der anderen Straßenseite, und ich sollte mit ihm in Bezug auf die UNV-Kandidaten für die Entwaffnung eng zusammenarbeiten. Meine dynamische Sekretärin Grace bot sich an, das zu übernehmen. Mir fiel auf, dass sie an den Tagen, an denen sie morgens als erstes zu UNOMIL herüber ging, immer stark geschminkt war. Sie war von Natur aus sehr hübsch und ich hatte sie noch nie vorher so gesehen.

Der Groschen fiel erst ein paar Tage später, als der General mit mir die Treppe herunterging und mich freudig anstrahlte, als sei sein ganzes Herz aufgegangen. Er ließ mich wissen, dass er Grace um ihre Telefonnummer gebeten hatte. Trotz allem, was ich schon erlebt hatte, staunte ich immer wieder, mit welcher Selbstverständlichkeit und mit welchem Selbstbewusstsein sich ältere Herren außer Reichweite ihrer Ehefrauen in diesen Ländern junge, schöne Frauen an Land zogen. Ich saß also ab jetzt sonntags mit dem ungleichen Paar am Pool, der ältere korpulente General und meine junge, schlanke und schöne Sekretärin, die für dieses Erlebnis ihrem nigerianischen ECOMOG-Leutnant den Laufpass gegeben hatte.

Dann kam seine Frau zu Besuch, und es gab in Riverview zu ihrer Ehre ein großes Abendessen, bei dem jeder Gast außer der Ehefrau von seiner Affäre wusste. Die Ehefrau war äußerst herzlich, aufgeschlossen und intelligent, und ich fühlte mich nicht gut dabei, dass sie so öffentlich hintergangen wurde. Nach ein paar Wochen ließ er Grace für eine quirlige liberianische Persönlichkeit sitzen: Elly war eine hübsche gebildete Frau Anfang 40, die sich nur in imposanten afrikanischen Roben zeigt, und eine bekannte liberianische NGO leitete. Das passte schon besser, obwohl ich mich fragte, ob er wusste, dass sie eine enge Verbindung zu Charles Taylor unterhielt und wahrscheinlich ein gewisses Interesse an dieser Beziehung hatte. Die neue Lady des Generals hatte fünf Kinder, und unter dem Vorwand, dass ihr Haus renoviert würde, zog sie samt ihrer Kinder in sein schickes Apartment ein, worüber alle schmunzelten. Später wurde bekannt, dass Elly angeblich über eine Millionen US-Dollar als Chefin der NGO unterschlagen haben soll. Außerdem fand sich später ihr

Name auf der Liste der liberianischen Regierungsbeamten und Militärs wieder, über die der UNO-Sicherheitsrat aufgrund ihrer Zusammenarbeit mit Taylor eine Reiseverbot verhängte.

Aber zunächst einmal passierte ein Unglück. Nachts um 3 Uhr hatte das Pärchen einen schweren Autounfall mitten in der Stadt, auch von Alkohol war die Rede. Es gab in Monrovia keine Alkoholkontrollen und ohnehin durfte kein UNO-Fahrzeug angehalten werden.[72] Liberianer scherten sich am wenigsten darum. Viele hatten nie einen Führerschein gemacht oder sie hatten sich einen gekauft, und im Notfall konnte man die Polizisten bestechen.

Der Unfall war so schwer, dass der General fast alle Knochen gebrochen hatte, und in einem erbärmlichen Zustand ins Krankenhaus befördert wurde, wo man auf seine Transportfähigkeit wartete, damit er so schnell wie möglich nach Hause ausgeflogen werden konnte. Seine Freundin hatte es ebenfalls schwer getroffen und sie lag ebenfalls lange im Krankenhaus. Die Ehefrau, die über den Unfall unterrichtet wurde, setze sich ins nächste Flugzeug nach Monrovia. Man kann sich nur vorstellen, was in ihrem Kopf vorging, als sie seine Sachen in seinem Apartment packte und das Familienambiente mit sieben Zahnbürsten in seinem Zahnputzbecher entdeckte.

Als wäre das noch nicht genug gewesen, gab es noch eine kleine Überraschung. Um den unrealistischen Kosten der Einkäufe seines Kochs Einhalt zu gebieten, hatte der General ein Arrangement mit dem libanesischen Supermarkt um die Ecke getroffen. Der Koch sollte dort anschreiben lassen, damit er keinen Zugang mehr zu seinem Bargeld hatte. Er wollte später die Rechnung selbst begleichen. Leider hatte er nicht mit der Kreativität seines Kochs gerechnet. Der hatte Unmengen von Shampoo, Speiseöl, Alkohol und andere teure Waren eingekauft, alles anschreiben lasse, und die Waren dann weiterverkauft. Die Rechnung betrug mehrere tausend Dollar.

---

72 Das änderte sich später, als unter UNMIL eine UNO-Militärpolizei (fast immer Tunesier) nachts, besonders am Wochenende, Fahrer von UNMIL-Fahrzeugen auf Alkoholkonsum untersuchen durfte. Allerdings betraf das nicht die Mitarbeiter anderer UNO-Organisationen und deswegen fuhren wir am Wochenende mit Freunden von UNDP oder UNICEF.

16. Umzug an den falschen Ort

Ich zog derweil in eine Gegend ein paar hundert Meter von Riverview entfernt um, denn mittlerweile waren die Bestimmungen darüber, wo wir aus Sicherheitsgründen wohnen durften, etwas gelockert worden. Meine Freundin Liz zog in die Stadtmitte und ich konnte es nicht rechtfertigen, die Villa mit drei Schlafzimmern allein in Beschlag zu nehmen. Es gab schicke und preiswerte Villen in der direkten Umgebung von Riverview, aber was nützten ein französischer Vorgarten mit Springbrunnen und ein Prunkbadezimmer von der Größe eines Wohnzimmers, wenn es dort weder fließend Wasser noch Strom gab. Ein Stromgenerator und Wasserpumpe mit Brunnen waren Mindestkomfort. Außerdem musste das Haus vom Sicherheitsbeauftragten freigegeben werden. Es ging nicht nur um Schutz vor Kriminalität, sondern auch darum, dass wir im Notfall schnell erreichbar waren. Ohnehin waren jedes Haus und dessen Garten mit einer hohen Mauer umgeben, und die Grundstücke wurden von mehreren Sicherheitsleuten 24 Stunden am Tag bewacht. Das ist nicht nur Standard in Krisengebieten, sondern gilt für alle afrikanischen Länder, und nicht nur für Ausländer. Wir hatten auch einen ausgeklügelten Sicherheitsplan und waren stets über Walkie-Talkies erreichbar.

Ich fand schließlich zwei schöne, große, möblierte Häuser mit einem Garten, eigenem Brunnen mit Wasserpumpe, also fließendem Wasser, und eigenem Stromaggregat. Ich teilte mir das Haus mit einem sympathischen japanischen UNV und quartierte zwei Nepalesische UNV-KFZ-Ingenieure in das andere Haus ein. Nun sprachen sie kein Englisch, was eine Mindestvoraussetzung für einen UNV-Job war. Es gab es in asiatischen Ländern mafiöse Organisationen, die gegen Bezahlung UNV-Jobs organisierten, das heißt, sie füllten die Bewerbungsunterlagen in Englisch aus und managten den Brief- und Telex-Verkehr für den Kandidaten. Interviews per Internet gab es damals noch nicht. »Diplomatic Job« hießen Anzeigen auch in einer indischen Zeitung, die Kandidaten UNV-Jobs gegen Gebühr versprachen.

Die Nepalesen sollten die UNDP-Autowerkstatt managen und mogelten sich irgendwie durch mit ihren technischen Kenntnissen. Ihrer Aufgabe, die einheimischen Kollegen auszubilden, konnten sie natürlich nicht nachkommen. Ich persönlich hätte sie sofort nach Hause geschickt, aber in der UNO gestaltet sich das schwierig, nicht nur wegen der Beweispflicht, denn das bringt viel Unruhe und möglicherweise diplomatische Probleme mit sich, die niemand gebrauchen kann. Ich hatte schon in Afghanistan erlebt, dass wir einen faulen und inkompetenten Kollegen nicht weiter verlängern wollten, woraufhin alle seine Landsmänner Sturm liefen. In meinem Job wurde verlangt, Probleme diskret zu lösen. Ich konnte sowieso nicht mit den Nepalesen kommunizieren, und Beschwerden aus der Werkstatt waren mir noch nicht zu Ohren gekommen.

Auch wenn man sich nicht sonderlich dafür interessiert, bekommt man manchmal mit, was die Nachbarn so treiben. Nicht, dass es mich schockierte, dass sich die Nachbarn Frauen gegen Bezahlung zuführen ließen, aber ich war doch entsetzt, als ich erfuhr, dass man geistig und körperlich behinderte Frauen zu ihnen brachte, weil sie billiger waren. Es waren die Familienmitglieder, die ihre behinderten Verwandten zur Prostitution zwangen. Heutzutage ist die UNO so sensibilisiert und es gibt systematische Strukturen, über die ich sexuellen Missbrauch melden könnte, selbst wenn die Beweislage extrem fragil ist, denn mit Geld lässt sich in armen Ländern viel regeln.

Eines Sonntagmorgens wachte ich früh zu lauten Hammerschlägen auf. Vom Fenster aus sah ich einen der Nachbarn mit wutverzerrtem Gesicht und einem schwerem Hammer auf die Wasserpumpe einschlagen. Danach gab es kein fließendes Wasser mehr und es sollte dauern, bis die Pumpe ersetzt war. Ich ging rüber zu den Nachbarn, aber das hatte ja alles keinen Sinn, denn ich konnte mich mit ihnen nicht verständigen. Sie fühlten sich jetzt anscheinend von mir enttarnt, empfanden das als Bedrohung ihres Job, und holten zu einem Präventivschlag aus. Sie ließen einen Brief zum UNV-Hauptquartier in Genf schicken, in dem sie sich über mich beschwerten, dass ich äußert unfreundlich sei und kein Benehmen hätte, und dass sie nachts nicht schlafen könnten, weil ich jede Nacht Besuch bekäme, und überhaupt der Durchgangsverkehr meiner Gäste sehr laut sei. Ich erfuhr davon durch einen Anruf meiner Kollegin im Genfer Hauptquartier, die ich gut kannte: »Wir freuen uns, Doris, dass du dort so viel Spaß hast!« Und dann erzählte sie mir lachend von dem Brief. Dann fiel mir plötzlich ein, dass die Nachbarn sich vielleicht wirklich gestört gefühlt hatten, wenn die ECOMOG-Verbindungsoffiziere ab und zu mal zu einem Bier zu uns kamen. Sie bretterten nämlich mit dem Schützenpanzerwagen durch den Garten, weil ihr Jeep kein Licht hatte und sie ihn nach Dunkelheit nicht benutzen konnten. Meine Kollegin in Genf und ich kamen überein, dass der Vertrag der beiden UNVs nicht verlängert werden würde.

Mit nur zwei Häusern im Compound musste man vieles selbst managen. Alle anderen hatten eine Managementteam und engagierten eine Sicherheitsfirma, aber ich beschloss, unsere privaten Sicherheitsleute zu behalten, sie brauchten schließlich den Job. Das sollte sich als Fehler herausstellen. Zunächst gab es Probleme mit der Disziplin. Bei Regen schliefen sie regelmäßig in dem Gartenhäuschen, wo auch das Stromaggregat stand. Ich fragte mich, wie man bei dem Lärm, des das Aggregat machte, schlafen konnte, abgese-

16. Umzug an den falschen Ort

hen davon, dass es Wachmänner und keine Schlafmänner waren. Das Problem war, dass in der Regenzeit, in der der sich Tropenregen tagelang wie aus Eimern über das Land ergoss, die Wachmänner mein Hupen nicht hörten, wenn ich nach Hause kam und vor dem Tor stand. Regelmäßig musste ich deshalb nachts im strömenden Regen über das hohe Tor klettern.

Doug hatte mir mal erzählt, wie er sein Problem mit schlafenden Wachmännern geregelt hatte: Er hatte ihnen im Schlaf je eine Blechbüchse ums Bein gebunden und sie dann aus einiger Entfernung gerufen. Dann schreckten sie auf und rannten mit den Blechdosen am Bein auf ihn zu. Er meinte, es sei das einzige Mittel gewesen, mit dem er hatte beweisen können, dass sie geschlafen hatten, was sie niemals zugeben wollten. Ich konnte das nachvollziehen, denn ich hatte einmal einen Wachmann schlafend und schnarchend auf einer Tischtennisplatte erwischt. Als ich ihn dann weckte, stritt er vehement ab, dass er geschlafen hatte. Das war auch der Grund, warum man im Compound seine Autos abschließen sollte, denn sonst fand man die Wachmänner morgens auf dem Hintersitz ausgestreckt schlafend.

Ich hatte auch die Wachmänner im Verdacht, als ein paar Handtücher von der Wäscheleine verschwanden. Ich erinnerte mich an den Fall, als meine Kamera aus der obersten Schublade meines Schreibtisches verschwunden war. Zusätzlich zum internationalen Sicherheitsbeauftragten hatten wir auch einen liberianischen, den ich benachrichtigt hatte. Der tönte sofort und laut im Büro herum, dass er den Sassywood holen ließe, wenn die Kamera nicht sofort zurückgelegt werden würde. Und siehe da, kurz darauf befand sich die Kamera wieder in der obersten Schublade. Somit ließ ich im Compound verlauten, dass ich den Sassywood holen würde, wenn die Handtücher nicht sofort wieder auftauchten. Und siehe da, es klappte, die Handtücher hingen am nächsten Tag wieder genau an der Stelle, von der sie verschwunden waren.

Inzwischen hatte ich in einer kleinen Bucht einen versteckten Traumstand entdeckt, der nur ein paar Minuten Fahrt vom Haus entfernt war. Wir nannten ihn »Doris' Beach«. Es gab dort einen Schiffscontainer, in dem ein Liberianer wohnte, der ein Angestellter des Libanesen gewesen war, der das Strandgrundstück gepachtet hatte. Bei Beginn des Krieges hatte der Libanese das Land überstürzt verlassen, aber der Angestellte lebte weiterhin in dem Container. Auf dem Grundstück gab es ein offenes Grillhäuschen, und überall waren Palmen gepflanzt worden. Der junge Liberianer freute sich unendlich, dass wir regelmäßig kamen, was für ihn ein gutes Einkommen bedeutete. Er hielt den Strand und das Grillhäuschen sauber, und ging uns allgemein zur Hand. Er bewachte auch die Hängematte, die ich inzwischen dauerhaft für mich angebracht hatte. Wir erzählten natürlich nicht jedem von unserem Geheimstrand, sondern nur einer Handvoll ausgewählter Kollegen. Bevor wir bei einsetzender Dunkelheit den Strand räumten, wurde der Hut herumgereicht und es kam immer eine anständige Summe Geld für den überglücklichen Platzwart zusammen. Wir mussten aber aufpassen, dass es nicht zu viel auf einmal war, denn sonst war er tagelang betrunken. Als dann die Regenzeit einsetzte, gingen wir nicht mehr zum Strand. Stattdessen hatte der Platzwart unser Haus ausfindig gemacht und es geschafft, vom Wachmann durchgelassen zu werden. Er schrie und gestikulierte wie ein Wahnsinniger vor meinem Haus herum. Er sei mein Angestellter und werde nicht mehr bezahlt. Welch ein Dilemma! Ich konnte nun nicht umhin, ihm eine Regenzeitpauschale zu zahlen.

Als ich aus meinem Urlaub in Deutschland zurückkam, empfing mich der Koch schon am Eingang mit einer schockierenden Nachricht. Die Wachleute hatten Terry, meinen Hund, der als liberianischer Mischling einem amerikanischen Foxhound zum Verwechseln ähnlich sah, erschlagen und grillen wollen. Der Hund saß oft nachts draußen mit den Sicherheitsleuten um ein Lagerfeuer herum. So hatten sie sich das Vertrauen des Hundes erschlichen, hatten ihm ein Band um den Hals gelegt und ihn außerhalb des Compounds angebunden. Jemand sollte ihn erschlagen und ein anderer war schon auf dem Weg, um etwas Benzin zu kaufen, um das Fell zu verbrennen, denn angeblich konnte es danach besser abgezogen werden. Flomo hatte das alles in letzter Minute mitbekommen und rettete den Hund, wurde aber jetzt dafür bedroht. Ich bekam augenblicklich den schlimmsten hysterischen Anfall meines Lebens. Ich schrie die Sicherheitsleute an wie eine Wahnsinnige, und verlangte, dass sie auf der Stelle den Compound verließen. Ich schrie aus vollem Hals immer wieder: »Raus, raus, raus!«

Nach dieser Episode war das Maß endgültig voll und ich suchte mir ein neues Zuhause in einem international gemanagten Compound. Noch vor dem Auszug erreichte mich ein Brief der Sicherheitsleute: »Bitte, bitte, wir flehen dich an, stell' uns wieder ein, wir brauchen den Job dringend, wir versprechen auch ganz fest, dass wir nie wieder versuchen werden, deinen Hund zu essen!«

17. Wenn Elefanten kämpfen, leidet das Gras[73]

An der politischen Front wurde unterdessen der Waffenstillstand immer wieder aufs Neue gebrochen. AFL, NPFL, ULIMO sowie alle später gegründeten Splitterparteien waren ohne Ausnahme für beispiellose Brutalität und Disziplinlosigkeit bekannt. Wo immer sie gewesen waren, hinterließen sie eine Spur von Hinrichtungen, Verstümmelungen, Versklavung und Vergewaltigungen. Liberia versank in einem Inferno.

Die Grausamkeiten der Bürgerkriegsparteien bewegen sich jenseits jeglicher Vorstellungskraft. Es gab mehr Überfälle auf Dörfer als gegenseitige Konfrontationen der Kriegsparteien. Die Kindersoldaten und jugendlichen Kämpfer waren vollgepumpt mit Amphetaminen und anderen Drogen. Sie rauchten Schießpulver, das sie mit Drogen mischten. Sie brannten ganze Dörfer nieder, vergruben Menschen lebend, vergewaltigten Frauen mehrfach, stachen Kindern die Augen aus und köpften sie. Die Genitalien der Zivilisten wurden mit glühenden Macheten verbrannt, vorher schnitten sie ihnen die Achillessehnen durch, damit sie nicht weglaufen konnten. Sie schlugen Menschen die Hände ab, tranken das Blut, enthaupteten Menschen um dann mit den Köpfen Fußball zu spielen.

Zur ihrer Unterhaltung trieben sie makabre Spiele mit der Dorfbevölkerung. Die Menschen mussten Lose ziehen, die ihr Schicksal bestimmten. Zum Beispiel wurden Frauen eine Brust abgeschnitten, oder sie mussten das Herz ihres Ehepartners kochen und essen. Ein typischer Spaß für sie war, Männer zu zwingen, vor aller Augen Sex mit ihren Müttern oder ihren Töchtern zu haben. Sie töteten Menschen und verlangten, dass ihre Familien die Körperteile der Leichen kochten und aßen. Menschen von der »falsche« Ethnie wurden Finger, Zehen und Ohren abgeschnitten, bevor ihnen das Gehirn herausgenommen wurde, wobei sie dann verstarben.

Aus den Dörfern nahmen sie Menschen mit, die für sie waschen und kochen mussten. Junge Mädchen machten sie zu ihren Sexsklavinnen, junge Männer und Kinder nahmen sie als Lastenträger mit, oder sie machten sie ebenfalls zu Kämpfern. Flomo war eine Zeit lang Lastenträger und Koch bei der NPFL gewesen. Sie nahmen den Dörfern auch ihre Lebensmittel weg, obwohl viele durch den Krieg sowieso kaum etwas zu essen hatten.

Manche Kommandanten hatten bizarre Ideen, die Massenhinrichtungen nach sich zogen. Kaum nachzuvollziehen war zum Beispiel der Befehl, Men-

---
73 Afrikanisches Sprichwort.

schen hinzurichten, die einen zweiten Universitätsabschluss hatten. Sie hatten angeblich das Volk betrogen, weil die meisten noch nicht mal einen einzigen Abschluss haben. Zur Strafe sollten sie sterben.

Jeden Tag gab es neue seltsame Vorfälle, und nach einiger Zeit wunderte uns gar nichts mehr. Einmal kam eine Gruppe bewaffneter NPFL-Kämpfer auf offener Straße schnurstracks auf einen ECOMOG-Checkpoint zu. Sie glaubten, durch Zauberwasser unsichtbar geworden zu sein. Der zuständige Zoe war wohl nicht gut genug gewesen, denn ECOMOG erschoss sie alle. Die verschiedenen Rebellengruppen buhlten ständig um die besten Zoes, die sie sogar manchmal aus dem westafrikanischen Ausland importierten.

Viele junge Männer nahmen nur wegen der Plünderungen am Krieg teil. Sie konnten so viel plündern, vergewaltigen und morden, wie sie wollten, ohne zur Rechenschaft gezogen zu werden. Um sie zu motivieren, Monrovia einzunehmen, hatten ihre Kommandanten ihnen versprochen, dass sie sich dort alles nehmen konnten, was sie eroberten. Sie markierten Häuser mit ihrem Namen, und betrachteten sie als ihr Eigentum. Manchmal bekämpften Rebellen sich untereinander, wenn es darum ging, wer was plündern durfte.

Die UNO-Mitarbeiter im Hinterland mussten regelmäßig mit den Kommandanten verhandeln, um sich in dem von ihnen kontrollierten Gebiet überhaupt bewegen zu können. Bei diesen oft theaterreifen Vorstellungen ging es um Macht und Ego. Ein berüchtigter und sehr religiöser Warlord hatte auf der Flügeltür zu seinem Haus auf einer Seite ein lebensgroßes Bild von Jesus malen lassen, und auf der anderen glänzte ein Bild von ihm selbst. Er trug eine Bibel in der einen Hand und eine Pistole in der anderen. Wir waren uns alle einig, dass uns zu Hause niemand glauben würde, welcher Art unsere berufliche Kontakte waren.

Obwohl die Kriegsparteien den internationalen Helfern kaum ein Haar krümmten, so waren sie doch von den hemmungslosen Plünderungen nicht ausgenommen. Im Gegenteil, da gab es meistens viel zu holen, zum Beispiel, wenn man Fahrzeuge brauchte. Einen Tag vor Weihnachten 1993 griff ULIMO das UNO-Büro im Vahun, Lofa County, an. Die Kollegen sowie alle NGOs wurden evakuiert. Büros und Ausrüstung wurden vollständig geplündert, und sämtliche Hilfsgüter aus den Warenlager sowie eine große Anzahl teurer SUVs und Pick-Up-Fahrzeuge wurden gestohlen. Diese wurden dann bunt oder auch mit Tarnfarbe bemalt, mit provozierenden Sprüchen versehen und mit Fetischen und Amuletten mit magischem Inhalt behangen. Vorne auf er Stoßstange prangte manchmal ein menschlicher Totenschädel oder auch Kinderpuppen. »We are the deathsquad« – »Wir sind das Todesschwadron« – stand da in großen Buchstaben auf den gestohlenen UNO-Pickups, die mit laut johlenden Kämpfern in der Kabine, auf der Ladefläche und sogar auf der Kühlerhaube vorbeifuhren. Die Lebensspanne dieser Fahrzeuge, die nicht gewartet und auf rauem Terrain von Halbstarken ohne Fahrkenntnisse verheizt wurden, war sehr begrenzt. Nach kurzer Zeit waren sie schrottreif. Einmal sah ich ein Fahrzeug, das nur noch aus einer Plattform auf Rädern mit einem einzigen Sitz und nackter Stange mit Lenkrad bestand. Aber es gab ja genug Nachschub— man musste nur bewaffnet an das Tor einer NGO klopfen und die Fahrzeugschlüssel verlangen.

Manchmal versuchten wir durch Verhandlungen Fahrzeuge zurückzugewinnen, allerdings nur mit mäßigem Erfolg. Dazu begab sich ein hochrangiger Kollege mit seinem Team auf die Basis eines Kommandanten im Busch, der mehrere UNO-Fahrzeuge kommandiert hatte. Trotz schwülheißer Luft trug der Kommandant eine Fellmütze, die ihm tief ins Gesicht hing. Er lutschte an einem seiner Finger, den er sich scheinbar leicht verletzt hatte. »Sanitäter«, rief der Kollege sofort, woraufhin ein anderer Kollege den Finger des Kommandanten liebevoll mit Material aus dem Verbandskasten seines Wagens verarztete. Dann spielte der Kollege mit dem Ego des Kommandanten: »Wir wissen, dass nicht du es warst, der die Fahrzeuge kommandiert hat, aber wir wissen auch, dass nur du, und zwar nur du allein entscheiden kannst, uns die Fahrzeuge zurückzugeben.« Das entzückte den Kommandanten, der versprach, die Fahrzeuge zurückzugeben. Aber es sollten noch ein paar Wochen vergehen, bis der Kommandant sein Wort einlöste. Schließlich war es soweit, man traf sich für die Übergabe an einem vereinbarten Ort, an dem die Fahrzeuge in Reih und Glied standen: Alle waren mit olivgrüner Tarnfarbe angemalt worden. Doch nicht nur das: Funkgeräte, Antennen und alles sonstige Zubehör, manchmal sogar ein Vordersitz, fehlten. Sie waren allesamt in einem fatalen Zustand, denn sie waren im Busch zu Schrott gefahren worden. Das war aber noch nicht alles. Die Episode gipfelte darin, dass der UNO vor der Schlüsselübergabe eine Rechnung über 1.000 US-Dollar für Wartungsarbeiten präsentiert wurde.

Ähnlich absurde Taktiken wurden an der Verhandlungsfront eingesetzt. Taylor war mit allen Wassern gewaschen. Sein trickreiches Manövrieren am Verhandlungstisch, seine persönliche Ausstrahlung und Skrupellosigkeit erschwerten die Friedensgespräche. Einige afrikanische Regierungen waren ihm freundlich gesonnen, wie Burkina Faso, die Elfenbeinküste und Südafrika, denn mit dem ANC[74] verbanden ihn brüderliche Beziehungen noch aus der Zeit im libyschen Trainingslager. Er schien auf keinen Kompromiss einzugehen, der ihm nicht einen Vorteil versprochen hätte.

---

74 African National Congress, die Freiheitsbewegung und später Regierungspartei Südafrikas unter Nelson Mandela.

Charles Taylor hatte Millionen auf dem Konto und hätte an vielen schönen Orten der Welt ein luxuriöses Leben führen können, anstatt provisorisch im Busch zu hausen. Niemand hätte ihn angeklagt, wenn er zu dem Zeitpunkt einen friedlichen Abgang zu seinen Bedingungen gewählt hätte. Die *New York Times* schätzt sein bis heute verborgenes Vermögen auf irgendwo zwischen 280 Millionen und 3 Milliarden US-Dollar.[75] Was treibt einen Menschen an, der so hoch pokert, und wohl keine Nacht ruhig schlafen kann? Was war das für eine Präsidentschaft, die so etwas wert war? Oder war er süchtig nach Nervenkitzel und Machtspielen? Er musste ständig den Aufenthaltsort wechseln, aus Angst, ECOMOG könnte ihn bombardieren. Er konnte niemandem vertrauen und jederzeit durch einen Verräter ermordet werden. Wenn Trevor Gordon-Somers sich mit ihm traf, wurde er zunächst an einen Ort bestellt, an dem er weitere Informationen erhielt, und erst im allerletzten Moment wurde der Treffpunkt bekanntgegeben. Anfang 1994 verkomplizierte sich die Lage an der Front. Nach internen Machtkämpfe spaltete sich die ULIMO auf in ULIMO-K, das waren die Mandingos unter Alhaji Kromah, und ULIMO-J, das waren die Krahn unter Roosevelt Johnson. Jetzt bekämpften sich alle Parteien untereinander. Im Mai hielt ULIMO-K 16 ECOMOG-Soldaten gefangen, die sie beschuldigten, mit ULIMO-J zu kooperieren. Sie wurden später wieder freigelassen. Einen Monat später hielt ULIMO-J fünf UNO-Militärbeobachter als Geiseln und setzte sie erniedrigenden Misshandlungen aus. Unter diesen Umständen war die landesweite Stationierung von UNO-Militärbeobachtern unmöglich, was zur Folge hatte, dass ihre Zahl drastisch reduziert wurde.

Als die LPC dann noch als neue Kriegspartei im Süden auftauchte, verlangte auch sie, an der Übergangsregierung teilzunehmen. Und so musste erneut ein neuer Friedensvertrag ausgehandelt werden, der alle Parteien einschloss. Es war kein Geheimnis, dass das nigerianische ECOMOG-Kontingent ein Interesse an der Gründung der LPC hatte, um eine neue Front gegen die NPFL aufzumachen, und Seite an Seite mit ihnen kämpfte. Die LPC bestand aus ehemaligen AFL-Soldaten, die fast alle, genauso wie ihr Anführer George Boley, Krahn waren. ECOMOG soll auch ihnen Waffen und Munition verkauft haben. Genau wie alle anderen Parteien werden der LPC ebenfalls schwerste Menschenrechtsverletzungen und Kriegsverbrechen vorgeworfen.

Im Nordwesten unterstützte ECOMOG die Krahn-dominierte ULIMO-J und in Monrovia kämpfte sie Seite an Seite mit der AFL, die ebenfalls großenteils aus Krahn bestand. Man munkelte, dass eine enge Verbindung zwischen dem nigerianischen Präsidenten und dem ehemaligen Präsidenten Doe der Grund war, warum Nigeria die Krahn unterstützte. Ein ECOMOG-Offizier,

---

75 *New York Times* (30. Mai 2010): Hunting for Liberia´s Missing Millions.

der Augenzeuge von Does Gefangennahme im ECOMOG-Hauptquartier war, erklärte mir Folgendes: Der damalige ECOMOG-Kommandant war Ghanaer gewesen und hatte Doe, ob nach Absprache mit den USA oder nicht, sei dahin gestellt, an Prince Johnson ausgeliefert. Der Offizier versicherte, dass der damalige nigerianische Präsident Doe voll unterstützte, und dass, wenn der ECOMOG-Kommandant ein Nigerianer gewesen wäre, Doe niemals ausgeliefert worden wäre. Spannungen zwischen Nigerianern und Ghanaern waren während der ECOMOG-Mission allzeit präsent.

Für die UNO war es eine Gratwanderung, gleichzeitig mit Kriegsparteien Friedensgespräche zu führen und ihnen Menschenrechtsverletzungen vorzuwerfen. Aus Angst, der Friedensprozess könnte sabotiert werden, wurden die Menschenrechtsverletzungen oft nicht angesprochen, obwohl dies Teil des UNOMIL-Mandats war. Zudem hatten die unbewaffneten Militärbeobachter aufgrund der Sicherheitslage auch keinen Zugang zu den meisten Orten, an denen diese Verbrechen stattfanden.

Ich erinnere mich an einen Vorfall, als Militärbeobachter im Landesinneren von Kämpfern ausgelacht wurden, als diese Menschenrechtsverletzungen ansprachen. »Ihr also seid Militärbeobachter? Na, dann beobachtet mal schön.« Dann schnitten sie vorbeigehenden Zivilisten die Ohren ab und legten sie als Willkommensgeschenk in die Hände der Kollegen.

18. Leben mit Checkpoints

Für die Zivilbevölkerung konnte es ein Spiel auf Leben und Tod sein, die Checkpoints in den Rebellengebieten zu passieren. Hier kommandierten zwölf Jahre alte Generäle oder noch jüngere Kindersoldaten, die so klein waren, dass die Kolben der Gewehre, die sie um die Schulter geschlungen hatten, über die Erde schleiften. Damals ging ein berühmtes Foto um die Welt, das einen kleinen Jungen zeigte, der in eine Arm eine Kalaschnikow und im anderen einen Teddybären trug. Das Alter täuschte aber nicht darüber hinweg, dass man es mit gefährlichen Killern zu tun hatte, die sich der Macht ihrer Waffe voll bewusst waren. Wenn man sie freundlich ansprach, konnten sie durchaus mit kindlicher Stimme antworten: »Du weißt schon, dass ich kann dich töten könnte?«

Der Zweck der Checkpoints war aber nicht nur militärische Kontrolle, sondern, abgesehen von den Plünderungen, waren sie eine Haupteinnahmequelle. Reisende mussten einen Wegzoll zahlen, und man nahm ihnen ab, was man dachte, gebrauchen zu können. Wenn die Kämpfer nicht bei Laune waren, oder man der falschen Ethnie angehörte, war man in Lebensgefahr. Oder sie langweilten sich einfach und dachten sich tödliche Spiele aus. Jemand richtete seine Waffe auf einen Passanten und erklärte: »Meine Waffe hat heute noch nichts gegessen.« und erschoss ihn dann. Frauen mussten damit rechnen, vergewaltigt zu werden. Besonders schlimm traf es hochschwangere Frauen, bei denen die Kämpfer ein beliebtes Ratespiel spielten, bei dem sie Wetten auf das Geschlecht des Fötus abschlossen. Dann schlitzten sie den Bauch der Frau auf um den Fötus herauszuholen und nachzuschauen. Frau und Fötus wurden zum Sterben liegengelassen, oder man hing den Fötus zum Spaß am Checkpoint auf. Sie konnten auch einen zufällig vorbeigehenden Menschen umbringen, um dann seinen Darm als Schnur für den Checkpoint über die Straße zu ziehen, an dem seine anderen Organe ebenfalls aufgehängt wurden. Aber es war durchaus nicht so, dass die Rebellen alle und immer grausam gewesen wären, man hörte auch Geschichte von gutmütigen und sogar hilfreichen Gesten der Kämpfer.

Westliche Helfer blieben im Allgemeinen von dieser maßlosen Gewalttätigkeit verschont. Ich kann mich nicht daran erinnern, dass jemand von meinen Kolleginnen und Kollegen oder jemand der Journalistinnen und Journalisten ernsthaft zu Schaden gekommen wäre. Ich werde nie vergessen, wie mir ein Liberianer einmal sagte: »The whites are counted«, »die Weißen sind abgezählt«. Damit meinte er, dass es Konsequenzen hatte, wenn ein Weißer »fehlte«, während kein Hahn nach einem toten Liberianer krähte.

18. Leben mit Checkpoints

Die Rebellen, zum größten Teil Analphabeten, wussten wenig von humanitären Spielregeln und diplomatischer Immunität, und so mussten auch UNO-Mitarbeiter an jedem Checkpoint neu verhandeln. Die Realität vor Ort ist immer anders, als es im Saal des Weltsicherheitsrates in New York scheint. Ein Kindersoldat, der ein UNO-Auto anhält und die Insassen schikaniert, hat dazu nach internationalen Bestimmungen kein Recht, weiß aber genau, dass er tun kann, was er will und niemand ihn dafür zur Rede stellen wird. Je nachdem, wie die Verhandlungen an den Checkpoints liefen, konnte es Stunden dauern, bis man eine kurze Strecke absolviert hatte. Das galt für uns Zivilisation, sowie auch für das Militärpersonal, das auch schon mal ein paar Stunden als Geisel genommen wurden.

Je nach Situation fuhren wir durch Taylors Gebiet meistens in Konvois. Die Fahrzeuge sind weltweit immer weiß und deutlich mit UNO-Beschriftung an allen Seiten gekennzeichnet, sogar auf dem Dach, und sind mit einem bis in die Nachbarländer reichenden Funkgeräten ausgestattet. Kommuniziert wird über Codeworte und über das internationale ICAO-Alphabet.[76] Jeder Mitarbeiter hat einen Codenamen zur Identifikation. Somit hat eine Zentrale immer den Überblick, wer sich gerade wo befindet, und kann Maßnahmen einleiten, wenn sich jemand nicht meldet.

Abmachungen mit Vorgesetzten der Rebellen an höherer Stelle waren meist sinnlos, sie drangen nicht bis nach unten durch. »Wha you ha fa me?«[77] war die übliche Frage, und je später am Tag, desto länger waren die Verhandlungen, weil die Kämpfer durch Drogen und Alkoholkonsum unberechenbar geworden waren. Auch aus diesem Grund fanden Fahrten durch NPFL-Gebiet möglichst nur am Vormittag statt.

Manche Checkpoints waren skurril und abschreckend in Szene gesetzt: An einigen waren menschliche Totenköpfe auf Stangen installiert, wo sie am Eingang der Dörfer im Dschungel potenzielle Feinde abschrecken sollten – genau so wie, es in einem Reisebericht über Liberia Anfang des 20. Jahrhunderts beschrieben stand.

Wir hatten uns alle verständigt, niemals Geld an Checkpoints zu zahlen – aus ethischen Gründen, und um Präzedenzfälle mit nicht absehbaren Konsequenzen zu vermeiden. Ich gab ihnen einmal eine Zahnbürste, und ein andermal UNO-Informationsmaterial über Hygiene und HIV/Aids. Das gab ihnen das Gefühl, respektiert zu werden. Einmal erklärte ein Teenager mit roter Pe-

---

76 Die International Civil Aviation Organization oder Internationale Zivilluftfahrt-Organisation (ICAO) ist eine im Jahr 1944 gegründete Sonderorganisation der Vereinten Nationen zur Verwaltung und Leitung des Übereinkommens über die internationale Zivilluftfahrt.
77 »What do you have for me?« in liberianischem Englisch; deutsch: »Was hast du für mich?«

18. Leben mit Checkpoints

rücke an einem NPFL-Checkpoint, dass er versuche, seinen Kommandanten über Walkie-Talkie zu erreichen. Bei näherem Hinsehen sah ich, dass er nur eine graue Plastikbox an sein Ohr hielt.

Meine Freundin Liz, die Hilfskonvois mit mehreren Lkws durch diese Gebiete anführte, hatte sich etwas Besonderes einfallen lassen. In Monrovia kaufte sie von Straßenhändlern für je einen US-Dollar Plastiksonnenbrillen mit Spiegelgläsern in Rosa, Hellgrün, Gelb und anderen knalligen Farben. Die Rebellen waren ganz versessen auf ausgefallene Sonnenbrillen, und Warlords versuchten bei Verhandlungen sogar hochrangigen UNO-Diplomaten ihre Sonnenbrillen abzujagen. Meine Freundin verteilte diese Plastikbrillen mit großem Erfolg an jedem Checkpoint, und die Hilfsgüter wurden ohne Probleme durchgelassen.

Es gab einen Checkpoint, an dem ein bestimmter ULIMO-Kommandant regelmäßig Hilfslieferungen überfiel und plünderte. Das ging so vor sich: Die Männer am Checkpoint hielten einen Lkw mit seiner Ladung Reis an. Einige Kämpfer zogen Reissäcke aus der Mitte heraus, sodass die oberen Säcke alle auf die Straße fielen. Dann stürzte sich eine Gruppe auf den Rest der Ladung, die innerhalb von ein paar Minuten vollkommen verschwand. Eines Sonntagmorgens begleiteten Liz und ich Trevor Gordon-Somers und einige hochrangige ECOMOG-Offiziere zu einem Treffen mit dem verantwortlichen Kommandanten in Kakata, einer kleinen, völlig zerschossenen und zerstörten Stadt nicht weit von Monrovia. Liz hatte für den Warlord einen Kuchen gebacken, den sie ihm stolz als Friedenskuchen präsentierte, und den sie feierlich anschnitt, nachdem der Warlord versprach, von den Hilfslieferungen in Zukunft die Finger zu lassen. Seine Bewunderung galt Liz, und er hörte nicht auf zu betonen, dass er sie gern als eine seiner Freundinnen gehabt hätte.

Während die Kollegen im Hinterland sich mit den Rebellen an den Checkpoints herumschlagen mussten, gab es an den Checkpoints in Monrovia, die von ECOMOG bemannt waren, keine Probleme. Obwohl es uns offiziell von der UNO verboten war, fuhren wir nachts trotz Ausgangssperre zu Partys in die Stadt und hatten nie Probleme.

19. Warum das mit den Projekten so schwierig ist

Im Büro war alles reine Routinearbeit, die ich schnell erledigte, und somit meldete ich mich, um zusätzliche Arbeit zu übernehmen. Es gab immer neue Ansätze zur Entwicklungsarbeit. Jetzt wollte man versuchen, direkt mit den Kooperativen in den Gemeinden, und insbesondere auch mit Frauen arbeiten, um ihnen nachhaltig ein Einkommen zu sichern. Zielgebiet waren Kommunen in Monrovia und Dörfer in dem als sicher geltenden ECOMOG-Gebiet und in ULIMO-besetzten Gebieten. Die Menschen sollten sich aussuchen, womit sie ihr Geld verdienen wollten –, das konnten zum Beispiel die Herstellung von Seife, Pfefferpasten oder Marmeladen sein, oder die Gründung einer Kooperative für Batikarbeiten, landwirtschaftlichen Anbau, Fischräucherei oder Näherei.

Zusammen mit meinen Kollegen hatten wir schon Kinderschuhputzern auf der Straße mit privatem Geld voll ausgerüstete Schuhputzkisten gekauft. Nach kurzer Zeit warteten die Kinder wieder vor unserem Büro und fragten nach Geld, um Schuhcreme nachzukaufen. Sie wollten nicht verstehen, dass sie Materialien vom ihrem Profit nachkaufen sollten.

Am Strand im schlimmsten Slum der Stadt traf ich mich mit einer Gruppe Fischer, die ein neues Boot haben wollten. Sie verlangten aber, dass wir sie fürs Fischen mit »Food-for-Work« bezahlten. »Food-for-Work« ist eine Maßnahme, bei der Menschen mit Lebensmitteln für gemeinnützige Arbeit entschädigt werden, zum Beispiel, wenn nach einem Krieg Bewässerungsgräben ausgehoben oder Straßen repariert werden müssen und gleichzeitig Nahrungsmittel knapp sind. In diesem Fall aber sollten die Fischer ein nachhaltiges Einkommen durch den Fischfang haben. Ihr Verhandlungsgeschick hatte sich in den vielen Jahren internationaler Hilfe »professionalisiert« und sie lehnten es ab, unter anderen Bedingungen zu kooperieren.

Dann traf ich mich mit einer landwirtschaftlichen Kooperative, die Saatgut und Gerätschaft erhalten sollte. Sie bestanden aber darauf, zusätzlich noch Regenmäntel, Handschuhe, Stiefel und ebenfalls »Food-for-Work« zu erhalten. Ich konnte es kaum fassen, dass sie dachten, sie müssten dafür entschädigt werden, dass sie für sich selbst arbeiteten. In ihren Augen versuchten sie nur, die bestmöglichen Konditionen für sich herauszuholen. Ich gab die Schuld an diesen grotesken Forderungen den Organisationen, die Präzedenzfälle geschaffen hatten.

Inzwischen hatte das Gender-Ministerium die Frau ernannt, mit der ich bei dieser Projektinitiative zusammenarbeiten sollte. Vor der Abfahrt zu einem

Tagestrip ins Landesinnere fragte sie, ob ich denn Mittagessen für alle mitgebracht hätte. Ich zeigte ihr einen Proviant von Sandwiches, gekochten Eiern und Bananen, woraufhin sie zeterte, dass das eine Beleidigung sei, sie brauche eine anständige Reismahlzeit, wie ich es denn wagen könne, Bananen mitzunehmen, schließlich seien sie doch keine Affen! Somit musste ich Reis und Fleisch kaufen, um es am Zielort den Frauen zur Zubereitung zu übergeben. Mir wurde bewusst, dass es für Liberianer keine richtige Mahlzeit ohne Reis (oder Fufu)[78] gibt, und kaltes Essen wird in Afrika sowieso nicht als wirkliche Mahlzeit angesehen.

Nach einigen Stunden kamen wir in dem von ULIMO kontrollierten Dorf an. Das ganze Dorf hatte sich versammelt, denn alle dachten, es ginge um die nächste Reisverteilung. Große Enttäuschung machte sich breit, als ich das Projektkonzept vorstellte. Sie meinten, sie brauchten keine Projekte, alles, was sie brauchten, sei Reis, Reis und wieder nur Reis, und zwar Importreis aus Amerika. Als die Sitzung zu entgleisen drohte, mischten sich die bewaffneten ULIMO-Männer ein und geboten Ruhe. Ich hätte nie gedacht, dass ich Rebellen einmal als hilfreich empfinden würde. Am Ende aber wurde nichts aus den Projekten, da in dem betroffenen Gebiet erneut schwere Kämpfe ausbrachen, die betroffenen Dörfer geplündert wurden und die Menschen flohen.

Später sollte ich verstehen, dass die Gründe für diese Abhängigkeit eine Kombination aus einem System der Patronage, fehlgesteuerter internationaler Hilfe sowie Praktiken, Arbeiter von Plantagen wie Firestone mit importiertem amerikanischen Reis zu bezahlen, waren.

Fehlendes Verständnis für Nachhaltigkeit und damit verbundene Abhängigkeit sind in Liberia auf jeder Ebene der Gesellschaft zu finden, und sie gehören zu den Gründen, aus denen Entwicklungsprojekte scheitern. Im Unterschied zum Westen fühlen sich die Menschen weniger durch ihre Arbeit selbst mit der Gesellschaft verbunden, sondern durch ihren gesellschaftlichen Status, ihre Familie und Freunde, ihre Beziehungen. Die Menschen leben in einem System der Patronage, das eine ständige Versorgungsquelle garantiert. Es geht gar nicht darum, unabhängig zu sein. Die Menschen haben traditionell nie unabhängig gelebt. Diese Patronage kann eine Beziehung zu einem Chief, einem wohlhabenden Geschäftsmann, einem Politiker, einem Clan, einer Familie, einem reichen Ausländer, oder einem Warlord sein, von dem man versorgt wird. Deshalb ist es für Warlords so einfach, arbeitslose junge Männer schon für eine warme Mahlzeit am Tag zu rekrutieren. Und deshalb fragt der Koch nach Extrageld, wenn ein Familienmitglied krank ist, oder eine Beerdigung ansteht.

---

78 Fermentiertes Kassava, das zu einer festen Masse wird und mit einer Soße oder einem Eintopf gegessen wird.

19. Warum das mit den Projekten so schwierig ist

Einkommen hängt also von der Familie und vom persönlichen sozialen Netzwerk ab, und das gilt für alle Gesellschaftsklassen. Erfolg und Wohlstand sind nicht unbedingt von persönlicher Leistung abhängig, sondern davon, wie man verwandt und vernetzt ist. Ebenso kann kaum jemand von harter Arbeit leben, und eigentlich gibt es kaum gut bezahlte Arbeit, denn die Löhne sind lächerlich gering. Dazu kommt, dass das Einkommen mit der erweiterten Familie geteilt werden muss. Sehr viele Menschen leben von Überweisungen aus dem Ausland, besonders aus den USA, wo sich die größte liberianische Gemeinde außerhalb von Liberia befindet.

Wegen der hohen Arbeitslosigkeit, die auf 85 Prozent[79] geschätzt wird, arbeiten viele im »informellen Sektor«, wie wir es bei der UNO nennen. Das heißt, dass man sich durch Hilfsarbeiten, Sandabbau, Steineklopfen, Verkauf von Alteisen oder anderen Waren über Wasser hält. Das Durchschnittsgehalt eines Lehrers beträgt 200 US-Dollar, einige verdienen weniger. Davon müssen Miete, Lebenshaltungskosten, Schulgeld und anderes für eine meist große Familie bezahlt werden. Davon kann man kaum leben, auch nicht in Liberia. Deswegen sind Posten im staatlichen Dienst so beliebt, wo man seine Einnahmequellen durch Bestechungsgelder aufbessern kann: »good chopping spots«[80] heißen diese Jobs. In Liberia gibt es ein großes Problem mit »Geisterlehrern« – was in diesem Fall nichts mit *Juju* zu tun hat, sondern ein Begriff ist für Namen auf der Lehrergehaltsliste, die es gar nicht gibt, und diese Gehälter werden dann von irgendjemandem eingesammelt und aufgeteilt, je nach Rang. Dieses Schema ist auch bei anderen Abteilungen in der Regierung durchaus üblich. Ein Wirtschaftsprüfer, der von der EU bezahlt wurde, sollte uns später erklären, dass der ganze Aufbau der Staatsverwaltung, wie sie von den Americo-Liberianern eingeführt wurde, auf einem System basiert, in dem sich möglichst gute Nebeneinkünfte einfahren lassen. Es bedeutet auch eine aufgeblasene Bürokratie, denn um eine Genehmigung zu erhalten, sollte man möglichst viele Stellen anlaufen, an denen jeweils Bestechungsgelder zu zahlen sind. Oder es werden sinnlose Genehmigungen verlangt – so sollte ich zum Beispiel später feststellen, dass man eine Ausfuhrgenehmigung braucht, wenn man seinen Hund mitnimmt. Man kann das als institutionelle Korruption beschreiben.

Durch meine liberianischen Kollegen bekam ich mit, wie das Wirtschaftssystem in der Praxis aussah. Da die einheimischen UNO-Mitarbeiter gut verdienten, lebte oft ihr ganzer erweiterter Familienclan von diesem Geld. Andere wiederum kamen aus wohlhabenden americo-liberianischen Familien

---

79 Schätzungen von 2008. Aufgrund des Bevölkerungswachstums wird angenommen, dass selbst ein starkes Wirtschaftswachstum den Bedarf an Arbeitsplätzen nicht decken kann.
80 Chopping: umgangsprachlich für Essen, also ein guter Platz, um Geld zu verdienen.

und brauchten das Gehalt eigentlich nicht. Ich beobachtete eine liberianische Kollegin, wie sie ihr Gehalt am Ende des Monats auf viele Umschläge für die Familienmitglieder umverteilte. Ähnlich funktionierte es, wenn Hochzeiten, Beerdigungen oder andere nicht vorhersehbare Ausgaben anstanden, dann ging immer ein Briefumschlag herum und jeder gab, was er konnte. Manche, die kein Bankkonto hatten, gründeten sogenannte Susu-Clubs, wo jedes Mitglied einen geringen Betrag monatlich einzahlt, und ein Mitglied sich Geld auszahlen lassen konnte, wenn größere Ausgaben anstanden. Die Kollegin erzählte mir, dass ihr ganzer Haushalt bei den Unruhen 1990 geplündert worden war, und dass sie sich keine neuen Möbel kaufen wollte, bis der Frieden gesichert war. Was sie noch an Sachen von Wert hatte, war gut versteckt. Wie viele andere Liberianer, hatte sie nach den Plünderungen eine Spendenaktion unter Familienmitgliedern und Freunden in den USA ins Leben gerufen, um wieder ein halbwegs normales Leben führen zu können.

Diese spezielle Kollegin hatte aber noch eine zusätzliche Quelle aufgetan, denn sie hatte die Gewohnheit, die internationalen Kollegen um ein Darlehen zu bitten. Als unser neuer Sicherheitsbeauftragter, ein Fidschianer, seinen Job antrat, erhielt er von mir eine Einweisung mit einer Warnung, keine Darlehen auszugeben, außer er betrachtete das Geld als Spende. Der sah mich ganz erschrocken an und gab zu, derselben Kollegin am Vortag 800 US-Dollar geliehen zu haben. Es ist eine Herausforderung für Ausländer sowie Afrikaner, besonders die, die im Ausland leben und selbst finanziell kaum zurechtkommen, mit dieser Verteilungsverpflichtung zu leben. Internationale afrikanische Kollegen in der UNO klagen über einen enormer Druck, ihre ganze Sippe finanziell zufriedenzustellen, auch Eltern und Geschwister zu unterstützen, Beerdigungen, Hochzeiten und Schulgelder für Nichten und Neffen zu zahlen. Aus diesem Grund vermeiden viele, allzu oft heimzufliegen.

Das Patronage- und Verteilungssystem spiegelt sich auch in der Politik wider. Wer Wahlen gewinnen will, muss mit Geld, Reis und anderen Geschenken für sich werben – mit anderen Worten, wenn man Geld hat, kann man Stimmen »kaufen«. Während seines Wahlkampfes verteilte der heutige Präsident und ehemalige internationale Fußballstar George Weah 100 US-Dollar-Noten an die jungen Menschen ins dem Slum, in dem er aufgewachsen war. Ellen Johnson Sirleaf hatte Bargeld in der Tasche, wenn sie ins Landesinnere reiste. Typischerweise liefert ein Präsidentschaftskandidat auch Säcke mit Reis an bestimmte Kommunen. Diese werden von libanesischen Geschäftsleuten gespendet, wohl wissend, dass sie dies nach der gewonnenen Wahl zu ihrem Vorteil nutzen konnten. So ergeben sich neue Abhängigkeiten.

Firestone und viele andere Arbeitgeber bezahlten ihre Plantagenarbeiter mit einem Sack importiertem Reis aus den USA proMonat als Teil ihres Gehaltes.

19. Warum das mit den Projekten so schwierig ist

Importierter Reis ist das beliebteste Hauptnahrungsmittel, das dem im Land angebauten braunen Naturreis vorgezogen wird, der abwertend »country rice« – »Landreis« genannt wird. Eins der größten Probleme in diesem so fruchtbaren Land ist, dass die jungen Leute trotz der extremen Arbeitslosigkeit kaum Interesse an der Landwirtschaft haben. Viele von ihnen sehen Landwirtschaft als rückständige Tätigkeit an. »Dazu braucht man keine Ausbildung, unsere Väter und Großväter haben das schon getan, das hat keinen Status!«, sagte mir einmal jemand. »Außerdem muss man da lange warten, bis da was wächst, wir brauchen aber sofort Geld!«

In seinem Buch *The Forgotten Liberian*[81] beschreibt Teah Wulah die Fünfzigerjahre, als er in Greenville zur Grundschule ging, und die Hilfsorganisation CARE Reis, Maismehl, Speiseöl, Butter, Mehl für jedes Kind, das zur Schule ging, an die Familien verteilte. Da jede Familie mehrere Kinder in der Schule hatte, sammelten sich enorme Mengen von Nahrungsmitteln an, sodass die Familien aufhörten, selbst welche anzubauen. Er schreibt weiter, dass Präsident Doe nach seiner Machtübernahme 1980 die Gehälter der Stammeschefs und Regierungsangestellten, von denen es überflüssig große Mengen gab, dermaßen erhöhte, dass sie es nicht für nötig hielten, landwirtschaftlichen Anbau zu betreiben. Der Autor, der in den USA lebt, besuchte seine Heimat 1981 und wunderte sich über die Untätigkeit der Dorfbewohner. Er war schockiert, als seine Schwägerin ihn bat, bei seiner Anreise in Greenville Chilischoten zu besorgen, die normalerweise um jedes Haus herum wuchsen.[82] Als er noch im Dorf lebte, hatte man niemals etwas anderes in der Stadt gekauft als Salz und Kleidung.

Aufgrund dieser oben beschriebenen Konditionierung hat die große Masse der Armen und Ungebildeten kaum einen Anreiz, irgendetwas selbst zu kreieren, das auf Dauer Einkommen schaffen könnte. Nicht nur, dass es lohnender scheint, nach einer Patronage zu suchen, sondern es ist auch ein unkalkulierbares Risiko, etwas Neues zu schaffen in einer Gesellschaft, die anfällig ist für Zerstörung und in der man nicht weiß, was morgen passiert, in der es keine Versicherungen und keine Rechtsstaatlichkeit gibt.

Wenn die Patronage ausfällt, das Sozialgefüge durch den Krieg zerstört ist und man wie die meisten jungen Menschen arbeitslos ist, überlegt man sich, wie sich kurzfristig und am schnellsten Geld machen lässt. Der Kreativität sind dabei keine Grenzen gesetzt. So konnte es passieren, dass Personen auf die Kühlerhaube sprangen und ein Drama auf Leben und Tod inszenierten um an Geld zu kommen, indem sie zum Beispiel vorgaben, die kranke, blutende Mutter mit dem Taxi ins Krankenhaus bringen zu müssen. Eine bekannte Masche war die,

---

81 The Forgotten Liberian – History of Indigenous Tribes, Teah Wulah, Authorhouse 2005.
82 Ein kleiner Busch dieser extrem scharfen Chilischoten, »pepper« genannt, versorgt eine ganze Familie über das gesamte Jahr.

bei der junge Männer mit selbstgeschriebenen Arztrezepten vor dem UNO-Büro standen, und dann die Ausländer um Geld für Medikamente baten. Einmal bestachen kleine Jungen die Wachleute und kamen mit einem Eimer voller Krokodile, die gerade aus dem Ei geschlüpft waren, in mein Büro, um sie mir zu verkaufen. Oder ein Wachmann stahl die Hebebühne und das Werkzeug aus dem Auto, um es mal eben schnell für einen Bruchteil des Wertes zu verkaufen. Oder man plünderte Industrieanlagen, um ihre Teile als Alteisen zu verkaufen. Es käme niemandem in den Sinn, sein Auto ohne Bewachung an einem öffentlichen Ort abzustellen, weil dann nicht mehr viel davon übrigbliebe. Als die Minengesellschaft ArcelorMittal tagsüber Schienen für eine Bahn zum Transport von Eisenerz legte, wurden sie nachts wieder abmontiert und als Alteisen verkauft.

Ich erlebte immer wieder Kettenreaktionen, zum Beispiel, wenn ein Manager anstatt Gehälter auszuzahlen, diese für dringenden persönlichen Bedarf ausgab, und die Arbeiter dann aus Protest den Arbeitsplatz plünderten und Feuer legten. So etwas konnte auch bei kleineren Unstimmigkeiten passieren, die durch Gerüchte entstanden, weshalb kleine und mittlere Firmen darauf verzichteten, in solch einem Land zu investieren. Die großen Minengesellschaften dagegen machten so hohe Profite, dass sie sich einen effizienten Werkschutz leisten konnten.

Oft ist Zerstörung und Plünderung der einzige Weg für die Bevölkerung, ihren Unmut auszudrücken. Da die Justiz nicht funktioniert und korrupt ist, nehmen die Menschen die Dinge selbst in die Hand. Zum Beispiel wurde 2018 eine türkische Minengesellschaft bis auf den Grund ausgeplündert, einschließlich aller Materialien und Ausrüstung. Anlass war ein Unfall mit vier Toten, der von einem Fahrzeug verschuldet war, das die Gesellschaft über eine chinesische Firma angemietet hatte. Aus Rache kappte die Bevölkerung die Stromzufuhr der Minengesellschaft, und als diese endlich ein Notstromaggregat anschloss, war es schon zu spät.

Der Kreativität, sein Gehalt zu verbessern, sind keine Grenzen gesetzt. Ein Restaurantbesitzer in Monrovia entdeckte, dass das Küchenpersonal neben dem Ausguss im Spülbecken einen zweiten Abfluss gebastelt hatten, durch den sie Speiseöl schütteten, das durch einen Schlauch durch die Wand nach außen floss, wo das Öl dann von einem Komplizen in Plastikcontainer abgefüllt wurde. In der humanitären Hilfe werden jeden Tag neue Methoden ersonnen, wie man Diebstahl verhindert, und gleichzeitig werden Gegenmethoden entwickelt, wie man Hilfsgüter am effektivsten stiehlt. Das Spiel ist endlos.

Bei der Planung von einkommesschaffenden Projekten wiesen die Liberianer immer wieder darauf hin, dass sie kein Interesse an Projekten hätten, die nicht sofort einen schnellen Ertrag abwarfen. Das war auch einer der Gründe, warum später die Ex-Kämpfer, mit denen ich arbeitete, nicht an Landwirtschaft interessiert waren, denn es dauert zu lange von der Aussaat bis zur Ernte.

Da die finanzielle Hilfe sich meist aus Geldumverteilung speist, ohne Erwartung, dass der Empfänger eines Tages autonom wird, endet das Prinzip, den Menschen zu zeigen, wie man angelt, statt ihnen Fische zu schenken, in Liberia darin: Die Angel wird verkauft, weil man sofort Geld braucht. Man regelt seine Bedürfnisse jetzt und im Moment, und mit dem, was man hat. Morgen ist ein anderer Tag, der andere Lösungen aufzeigen wird. Dann verlangt man Geld dafür, dem Angelunterricht beizuwohnen. Schuld daran ist ebenfalls die internationale Gemeinschaft, die die Menschen für ihre Anwesenheit bei Schulungen und Ausbildungen bezahlte. Was das später für Auswirkungen bei der Reintegration der Ex-Kämpfer hatte, werden wir noch in einem späteren Kapitel sehen. Der Druck auf die Organisationen, ihr Budget trotz aller Widrigkeiten nach Zeitplan auszugeben, ist groß, denn wenn man es nicht schafft, wird das Budget im Folgejahr geringer ausfallen.

20. Paradiesische Idylle

Endlich zog ich ein in ein sehr schönes Haus im »Mobile-Compound«[83] ein, das direkt am Fluss in einer endlosen und tropischen Palmenlandschaft auf einer Flusshalbinsel lag, unweit von Riverview. Dazu gehörte sogar ein Golfplatz, der aber nicht mehr genutzt wurde. Der Compound mit seinen zwölf Häusern wurde professionell von einem sympathischen Ägypter geführt, und hatte wie Riverview ein eigenes Stromaggregat und fließendes Wasser. Jedes Haus war nach westlichem Standard eingerichtet. Es fehlte zwar ein Pool, aber wir konnten jederzeit den im benachbarten Riverview benutzen. Eine Terrasse zog sich entlang der ganzen hinteren Seite des Hauses, von wo man über einen grünen Rasen auf den gigantischen Strom schaute. Das Haus hatte sogar seinen eigenen Bootssteg. Ein leichter, niedriger Zaun trennte das Grundstück vom Fluss ab, um zu verhindern, dass Krokodile den Garten zum Sonnenbaden nutzten. Das Parterre des Hauses war ein langgezogener, offener und weiß gefliester Raum, den ich mit afrikanischem Kunsthandwerk und einem schönen Teppich dekorierte. Im ersten Stock gab es ein großes Schlafzimmer mit separatem Bad, ein zweites größeres und ein drittes kleineres Schlafzimmer, die sich beide ein Bad teilten. Mit meinen Mitbewohnern Joe, einem Iren, und Freddy, einem Österreicher, einigte ich mich auf ein gerechtes System der Zimmerverteilung, in dem jeder nach einem Monat das Schlafzimmer wechselte, sodass alle einmal in den Genuss des größten Zimmers kamen, und niemand zu lange in dem kleinen Zimmer wohnen musste.

Die Atmosphäre dort draußen in der Natur war überwältigend, und die Aussicht hätte nicht schöner sein können. Der Saint Paul River, dieser gewaltige Strom, war so breit, dass man den Wald am anderen Ufer nur in weiter Entfernung sehen konnte. Morgens sah man vom Schlafzimmerfenster aus oder beim Frühstück auf der Terrasse die Sonne rot über Wald und Fluss aufgehen, und sich rosafarben auf der Wasseroberfläche widerspiegeln. Es gab Momente, die waren so magisch, dass niemand am Frühstückstisch zu reden wagte. So etwas erlebte man vielleicht auf einer exklusiven Safari im Urlaub, aber hier durften wir es jeden Tag genießen.

Um unsere Sicherheit brauchten wir uns auch nicht zu sorgen, denn der oberste ECOMOG-Kommandant wohnte direkt im Haus hinter uns, mit seiner militärischen Entourage. Niemand hätte sich unter diesen Umständen auf die Halbinsel getraut. Außerdem war noch eine Sicherheitsfirma engagiert, deren Leute in Uniform den Compound Tag und Nacht patrouillierten.

---

83 Nach der Petroleumfirma benannt.

20. Paradiesische Idylle

Mein Koch Flomo war natürlich mitgekommen. Wir organisierten Dinner- und Tanzpartys auf der Terrasse, engagierten liberianische Livebands. Nach Feierabend lag ich mit dem Hund in der Hängematte im Garten oder angelte, ebenfalls mit dem Hund, vom Bootssteg aus. Als Köder nahm ich die kleinen Krebse, die massenweise mit ihren kleinen Schneckenhäuschen auf dem Rücken am Strand des Flusses herumliefen. Es ging eigentlich nicht darum, Fische zu fangen, sondern darum, einfach dort zu sitzen. Wenn ich frischen Fisch essen wollte, winkte ich einen Einbaum mit einheimischen Fischern aus der Flussmitte heran und kaufte ihnen frischen Fisch ab. Die Atmosphäre war hier wie verzaubert, besonders, wenn es Nacht wurde und ich bei Mondlicht angelte. Es war ein Leben, von dem man nur träumen konnte.

Manchmal stand ich mitten in der Nacht auf und ging mit dem Hund vor die Tür in die warmfeuchte Nacht, die durch ein paar Laternen erhellt wurde, und setzte mich auf eine Parkbank an den Fluss. Ich dachte, ich könnte für immer in Afrika leben.

Sonntags machten wir Bootsausflüge. Unser Sicherheitsbeauftragter war Fidschianer und kannte sich bestens mit Booten aus. Es gab nämlich einen alternativen UNO-Evakuierungsplan für den Fall, dass die Straße zum Flughafen blockiert war, und der sah vor, mit dem Schlauchboot über den Fluss bis aufs Meer zu fahren, das nicht sehr weit war. Die Schlauchboote mussten natürlich hin und wieder benutzt werden, damit sie in Schuss blieben. Und somit machten wir sonntags Bootsausflüge auf dem riesigen Strom, mit dem Hund vorne im Fahrtwind, und Picknick auf einer der Flussinseln.

Eines Nachmittags, als ich angelte und entspannt auf das Wasser schaute, glaubte ich rechts von mir ein Stück Holz zu sehen, doch als ich genauer hinsah, war es ein mittelgroßer Krokodilkopf, der da absolut regungslos neben mir im Wasser lag. Im Nachhinein weiß ich, dass das Krokodil es auf den Hund abgesehen hatte. Ich schrie und lief sofort mit dem Hund zum Garten hinauf, stolperte über die Betonstufen und schlug mir das Knie blutig. Im Haus angekommen, grinsten die Jungs mich skeptisch an und glaubten mir natürlich nicht, bis alle am nächsten Morgen ein riesiges Krokodil mit dem Fernglas in der Mitte des Flusses beobachten konnten. Es blieb mit dem Kopf immer an der Oberfläche, aber sein langer Rücken tauchte im Rhythmus auf und unter.

Es war bekannt, dass Krokodile gern Hunde jagen. Sie ziehen ihre Opfer unter Wasser, bis sie ertrinken. Wenn Terry, mein Hund, mit seiner Tochter ins Wasser ging, sprangen sofort die Wachmänner mit ihren Schlagstöcken hinterher und scheuchten die Hunde ans Ufer. Terry war zu seiner Tochter gekommen durch ein Kind, das mein Auto kurz vor dem Compound anhielt und mir einen kleinen Welpen gab, der haargenau aussah wie Terry: weißes Fell mit großen grauen und braunen Flecken. Dann zeigte sie mir die anderen drei

Welpen aus dem Wurf, sie waren alle hellbraun, wie fast alle Hunde in Liberia. Als Erstes befreite ich den Welpen von seinen Läusen, indem ich jede einzelne Laus mit meinen Händen entfernte, bevor ich ihn Terry vorstellte.

Begeistert von der Vielfalt der afrikanischen und westlichen Stoffe auf dem liberianischen Markt und der Möglichkeit, Outfits für wenig Geld nach Maß und vorbei an modischer Bevormundung zu kreieren, wie es die Liberianerinnen taten, ließ ich eine Näherin mit Nähmaschine für ein paar Tage zu mir ins Haus kommen und kreierte mir eine neue Garderobe ganz nach meinen Vorstellungen. Ich kombinierte afrikanischen Stil und Stoffe mit den westlichen, mit einem Erfolg, der sich sehen lassen konnte. Ein Luxus, den man sich in Europa nicht leisten kann, aber der eine kreative Alternative zu unserem Massenkonsum sein könnte.

Irgendwann, ich weiß gar nicht mehr genau, wie es dazu kam, hatte ich eine eigene kleine Ziegenherde. Das machte mir keine Arbeit, denn ich zahlte einen Ziegenhirten und ab und zu ein paar Tierarztkosten. Die Ziegen blieben auf der Rückseite des Compounds und hatten auch ein kleines Häuschen als Wetterschutz. Sie wurden mein Abschiedsgeschenk an den Ziegenhirten.

Trotz aller Idylle gab es bei uns auch jede Menge Drama oder Palaver, wie man in Liberia sagt.[84] Flomo ging für einen Monat zu seinen Verwandten ins Hinterland und brachte uns einen Ersatzkoch vorbei, einen netten älteren Herren. Als ich hörte, dass er der Kru-Ethnie angehörte, horchte ich auf, denn die Kru waren bekannt dafür, dass sie Hunde aßen. Er erklärte mir aber, dass er keine Hunde schlachtete, die er persönlich kannte. Am Sonntag darauf stand eine füllige Frau vor der Haustür. Sie sagte, sie sei die Ehefrau des Ersatzkochs, der sie geschickt habe, einen Vorschuss des Gehalts abzuholen, den sie natürlich bekam. Als ich dies am nächsten Tag erwähnte, bekam der Ersatzkoch einen Wutanfall. Er sei mit dieser Frau nicht mehr zusammen und er hätte sie auch nicht geschickt. Es blieb nicht bei diesem Vorfall, denn eine Woche später machte die Frau vor der Haustür ein Sit-in, um Unterhaltsgeld für ihre sechs Kinder einzufordern. Das ging so jeden Tag, bis mir der Kragen platzte. Ich klopfte an die Tür des kleinen Apartments, das für die Köche an der vorderen Seite des Hauses mit eigenem Eingang bereitstand. Er öffnete die Tür, und ich sah hinter ihm ein sehr junges Mädchen auf dem Bett sitzen. Ich drohte, Unterhaltsgeld von seinem Gehalt abzuziehen, wenn er sich nicht mit seiner Ex-Frau einigte. Das beendete das Palaver.

Dann war da noch der Vorfall mit einer anderen Matrone, die plötzlich lautstark schreiend im Garten herumkeifte. Sie beschuldigte meinen Hund, ihre Krebsreusen am Flussufer zerstört und die Krebse gefressen zu haben. Es hatte

---

84 Jedes Dorf hatte eine Palaverhütte, wo Streitigkeiten ausgehandelt wurden.

keinen Sinn, ihr zu erklären, dass ich meinen Hund gut fütterte und er nie diese borstigen gepanzerten Tierchen fressen würde. Das Palaver musste wieder mit ein paar Dollar gelöst werden.

Einmal hatte ich wieder Malaria, weil ich nachts so oft draußen angelte. Ich nahm natürlich keine Malariaprophylaxe und sprühte mich noch nicht mal ein. Unsere UNO-Ärztin war ebenfalls gegen Einnahme von Prophylaxe und heute bin ich froh, dass ich es nie getan habe. Ich bin mir absolut sicher, dass gesundes Essen, viel Schlaf und wenig Stress die beste Prophylaxe waren, und die zwei oder drei Mal, wo es mich erwischte, war mein Immunsystem nicht ganz auf der Höhe. In diesem Fall bekam man eine Schockdröhnung des Medikaments und nach ein paar Tagen war alles gut. Die Einheimischen schien das weniger schlimm zu treffen, sie hatten oft Malaria und es reichte ihnen dann meistens, einen Tag zu Hause zu bleiben. Bei mir war es schon schlimmer, aber es war nicht schmerzhaft, sondern ich konnte tagelang nichts essen, zitterte abwechselnd vor Kälte oder schwitzte. In der schlimmsten Phase war ich so schwach, dass ich nicht mit den Kollegen reden konnte, die am Bett saßen.

Als es schon wieder etwas besser ging, kündigte der Koch den liberianischen Adoptivsohn des libanesischen Besitzer des Riverview Compounds an, der wohl Schmiergeld gezahlt hatte, um in den Compound gelassen zu werden. Ich wusste, dass er unbedingt einen Job in der UNO haben wollte, und hatte sich ausgedacht, mich dafür zu umwerben. Er hatte mir im Riverview-Restaurant auf der Terrasse seine Liebe gestanden. Im gleichen Atemzug hatte er ein Zentimetermaß gezückt, um meinen Handgelenksumfang zu messen, um für mich ein Goldarmband anfertigen zu lassen.[85] Als ich das entsetzt abschüttelte, stieg er auf die Balustrade über dem Fluss und schrie, dass er jetzt vor Liebeskummer in den Fluss springen wolle. Das berichtete ich dem Besitzer des Riverview Compounds und erfuhr, dass er diesem zuvor ein Goldarmband gestohlen hatte. Nun stand der gleiche Mann unten im Wohnzimmer und versuchte mich mit einem Korb Apfelsinen und einem Kästchen Angelhaken zu bezirzen. Ich hing fiebrig oben auf der obersten Stufe der Treppe im Schlafanzug und war kaum fähig, zu sprechen, aber presste ihm noch das Geständnis ab, dass er das alles für einen UNO-Job inszenierte. Ich taumelte dann sofort in mein Bett zurück.

Bei den Nachbarn tat sich auch einiges. Das Haus war von einem Dutzend sparsamer Bangladeschi-UNO-Militärbeobachter gemietet worden, obwohl es auch nur drei Schlafzimmer hatte. Die westlichen Staaten zahlen sehr viel Geld dafür, dass Peacekeeper aus Pakistan, Bangladesch, Nepal, Nigeria usw.

---

85 Liberia fördert Gold, und man konnte sich in den Goldschmieden der Stadt einhundertprozentig reinen Goldschmuck nach Maß und eigenem Design anfertigen lassen.

an ihrer Stelle eingesetzt werden, weil sie selbst keine Truppen nach Afrika schicken möchten. Die Länder, die dann ihre Truppen entsenden, werden dafür großzügig entlohnt. Das war ein Geschäft für alle Seiten. Die einfachen Soldaten bekommen ein kleines Tagesgeld, und müssen oft ihre Vorgesetzten bestechen, um für eine UNO-Friedensmissionen nominiert zu werden. Und dann wurden die Tagesgelder eisern gespart, denn die Gelegenheit kam vielleicht nie wieder. Man sah die Nachbarn selten, dafür aber hing jeden Tag ein Dutzend Unterhosen an der Wäscheleine, die ihr Koch jeden Tag zu waschen hatte. Der war mit Flomo befreundet und kam jeden Tag zu uns herüber und beschwerte sich bitter über seine »bossmen«. An seinem ersten Arbeitstag hatten sie ihm ein Stück Fleisch zum Braten in die Hand gedrückt. Als er nach Geld fragte, um Gewürze zu kaufen, bekam er zur Antwort, dass ein professioneller Koch seine Gewürze immer mitzuführen hatte. So etwas hatte er noch nie erlebt. Bald kam er jeden Tag wutschnaubend mit einem neuen Lagebericht vorbei. Das Haus sei ein einziges Chaos, überall im Haus lägen Matratzen, Decken und Wäsche herum.

Eines Tages erzählte der Koch uns voller Schadenfreude, dass die Bangladeschi beim »Money-Doubling« am Hafen viel Geld verloren hatten. »Money-Doubling« – Geldverdopplung – war ein übles Betrugsschema, das so ablief, dass die Betrüger durch einen Trick vorführten, wie Papierscheine mit einer speziellen Tinte angeblich zu echten Dollarscheinen umgewandelt werden konnten. Bedingung war, dass man den Geldbetrag, den man verdoppeln wollte, in echten Scheinen mitbrachte. Wenn die echten Scheine dann auf einem Tisch lagen, stürmte eine bestochene Polizeitruppe den Ort und beschlagnahmte das echte Geld. Da Money-Doubling illegal ist, und sich die Opfer zudem noch schämen, werden die Vorfälle selten gemeldet. Und so hatten unsere Nachbarn eine nicht unerhebliche Summe verloren. Aber das Schlimmste kam noch: Der Koch wusste, dass sie das Tagesgeld gemeinsam in einem verschlossenen Koffer in einem Wandschrank aufbewahrten. Eines Tages war der erzürnte Koch samt Koffer verschwunden und ward nie wieder gesehen.

21. Versuchter Coup

An der politischen Front ging das Geschacher um Krieg und Frieden weiter. Kein Waffenstillstand schien zu halten, obwohl wir in Monrovia davon nicht viel merkten. Es schien fast so, als genossen die Parteien die regelmäßigen »Ausflüge« zu Friedensgesprächen, mit UNO-Spesengeldern, schicker Unterkunft und Schlacht am Buffet. Sie schienen dann gut miteinander auszukommen, aßen, tranken und lachten zusammen. Allianzen konnten sich jederzeit verschieben. Es drohten auch keine Konsequenzen, wenn man nicht kooperativ war, oder den Waffenstillstandsvertrag nicht einhielt. Ganz im Gegenteil, man profitierte von internationaler Aufmerksamkeit und unterschrieb ab und an einen neuen Friedensvertrag, wie auch am 12. September 1994 in Akosombo, Ghana.

Wenn ich aus dem Büro nach Hause kam, lag ich routinemäßig mit meinem Hund in der Hängematte im Garten zwischen Haus und Fluss, und schaltete jeden Abend meinen Weltempfänger ein, um die BBC-Sendung *Focus on Africa* zu hören. Es war die Radiosendung, die ich nie verpasste, da sie sich eine Stunde lang ausschließlich mit aktuellen Beiträgen aus Afrika beschäftigte. Charles Taylor mit seinem außergewöhnlichem Talent zur Show war ein flamboyanter Redner, der regelmäßig die BBC anrief, um seine Sichtweise der Ereignisse darzustellen, die dann in der Sendung ausgestrahlt wurden. Taylor nannte den Moderator immer familiär beim Vorname, und hatte eine Überzeugungskraft, die einen glauben ließ, dass hier ein afrikanischer Che Guevara für die gerechte Sache kämpfte.

Drei Tage nachdem der Friedensvertrag in Ghana unterzeichnet war, als ich schon fast dabei war, meine Koffer zu packen um das Land zu verlassen, lag ich wieder in meiner Hängematte, als die BBC einen Beitrag aus Liberia ankündigte: »Und hier haben wir einen Anrufer aus Liberia, direkt vom Amtssitz des Präsidenten: Sie haben uns angerufen, wer sind sie und was haben sie mitzuteilen?« »Mein Name ist Charles Julu, und ich sitze in der dritten Etage des Amtssitzes. Ich bin jetzt Präsident von Liberia, ich habe das Land übernommen.«

Trotz ECOMOG hatte Charles Julu es geschafft, vom Meer aus hinter dem Amtssitz mit ungefähr hundert Mann in ein paar Kanus lautlos zu landen und den Amtssitz zu übernehmen. Es war ihm aber nicht gelungen, die Radiostation einzunehmen, um seine Machtübernahme öffentlich zu verkünden, und deshalb rief er die BBC an.

21. Versuchter Coup

Charles Julu war ehemaliger Stabschef der Armee unter Doe und wie dieser vom Stamme der Krahn. Er soll auch einer der führenden AFL-Offiziere gewesen sein, die 1990 das Massaker in der Lutherischen Kirche in Monrovia zu verantworten hatten (siehe Seite 32), und hatte die brutalen Terrorkampagnen gegen die Gio und Mano angeführt. Ihm wurde nachgesagt, Hunderte von Kindern, darunter auch Babys, in einen vollen Wasserbrunnen geworfen zu haben, nachdem er die Eltern hatte massakrieren lassen. Aus meiner Hängematte konnte ich nur erahnen, welche Maschinerie jetzt angeworfen wurde. ECOMOG, die UNO, und die ganze Stadt mussten in Panik sein. Für Charles Taylor war Julu ein Erzfeind, aber für die Krahn, die den größten Teil der AFL, ULIMO-J und dem LPC ausmachten, war er ein Verbündeter. Über das Walkie-Talkie, das nicht stillzustehen schien, teilte uns der UNO-Sicherheitsbeauftragte mit, dass wir am folgenden Tag zu Hause bleiben sollten. Was würde passieren, wenn die AFL, ULIMO-J und die LPC den Coup unterstützten?

Also wurde der nächste Tag wieder in der Hängematte verbracht, denn damals konnte man noch nicht von zu Hause aus arbeiten. Gegen Abend kam der nigerianische ECOMOG-Verbindungsoffizier vorbei, Major Ojibo, ein sympathischer, jovialer Mensch. Wir waren uns sicher, dass er vom Militärgeheimdienst war. ECOMOG traute uns nicht ganz, und hatte den Major verantwortlich gemacht für die Kontrolle der Hilfskonvois, die ins NPFL-Gebiet fuhren, um sicherzustellen, dass darin keine Waffen geschmuggelt wurden. Major Ojibo war mittlerweile ein gern gesehener Gast bei UNO-Partys und gemeinsamen Abendessen. Wir tranken zusammen ein Bier auf der Terrasse und ich fragte ihn nach der Lage in der Stadt. »Wir Nigerianer haben alles unter Kontrolle. Was denkst du denn? In Nigeria haben wir dauernd Coups, wir kennen uns da aus. Charles Julu ist aus dem Amtssitz geflohen, und versuchte in Frauenkleidern durch unsere Checkpoints zu kommen, aber wir haben ihn geschnappt. Er sitzt jetzt in unserem Hauptquartier im Hafen.« Ich holte uns ein zweites Bier, und der Major versicherte, dass alles in Ordnung war und es keine weiteren Probleme gäbe. Sie hatten nur die Ausgangssperre vorgezogen und die ECOMOG-Checkpoints verstärkt. »Das kann doch nicht sein«, entgegnete ich, »ich hab mir heute den UNO-Funkverkehr angehört, die sind alle extrem besorgt wegen der Lage. »Ach was, wenn du mir nicht glaubst, dann komm' doch mit mir mit und ich beweise es dir, denn ich muss heute Abend sowieso noch zum Amtssitz. Dann kannst du es mit eigenen Augen sehen!«

Nach dem zweiten Bier war meine Abenteuerlust geweckt und ich wollte mit. Wenn dass meine Vorgesetzten gewusst hätten! So fuhren wir mit seinem schweren Militärtransporter los, ich auf dem Beifahrersitz, wo am Armaturenbrett ein Sturmgewehr neben dem anderen in eine Vorrichtung eingerastet war, an denen ich mich am Knie verletzte. Es war mittlerweile dunkel gewor-

21. Versuchter Coup

den und die Menschen in Monrovia hatten sich in ihren Häusern verbarrikadiert. Alles war stockdüster, nur von Zeit zu Zeit schimmerte etwas Kerzenlicht durch einen Fensterspalt. Wir wurden an jedem Checkpoint angehalten, aber konnten sofort passieren, als Major Ojibo das Passwort nannte. Am Amtssitz angekommen, sah ich eine lange Reihe von ECOMOG-Panzern vor dem Gebäude, auf denen Soldaten entspannt schlummerten. ECOMOG hatte das Gebäude von der Landseite mit Panzern und von der Seeseite mit Kanonenbooten beschossen, bevor sie das Gebäude stürmten. Drei Peacekeeper waren verletzt worden, es wurde aber nie bekannt, wie viele Tote es auf Seiten der Putschisten gab. Ich blieb einige Minuten allein im Wagen sitzen, während der Major in den Amtssitz hinein ging.

Als der Major zurückkam, fragte er, was wir denn mit dem angebrochenen Abend machen sollten. Ich dachte, das sollte ein Witz sein, wo doch jede Bar, jede Disco und jedes Hotel geschlossen waren. Er schlug dann vor, einen Drink in dem Puff zu nehmen, den er regelmäßig frequentierte. Angeblich gab es dort nur libanesische Frauen. Aber als wir ankamen, sahen wir, dass sogar der Puff zu war. Ich erinnerte mich, dass Major Ojibo sich oft über liberianische Mädchen beklagte. »Wenn ich die mitnehme, ist am nächsten Morgen immer die Brieftasche weg.« »Sei nur vorsichtig und nimm immer ein Kondom«, warnte ich. »Doris, ich nehme immer zwei Kondome gleichzeitig!« war seine sehr ernste Antwort.

Wir fuhren zum legendären Mamba Point Hotel, das schon sehr lange von einem Libanesen und seiner irischen Frau geführt wurde. VIPs, UNO-Beamte und Geschäftsleute stiegen hier ab. Das Hotel mit einem Casino nebenan war direkt neben der US-Botschaft gelegen, und für seine verschiedenen Restaurants und Küchen berühmt. Ich habe weltweit nie besser indisch gegessen als hier, dank dem indischen Koch. Später kam ein schickes Sushi-Restaurant dazu. Der Major hupte mehrmals vor dem Tor des Hotels, aber nichts rührte sich. Die Besitzer waren erfahrene Leute, die den Krieg ohne Plünderungen überlebt hatten, indem sie viel Geld an bewaffnete Milizen zahlten, die das Hotel schützten.

Wir hupten einfach weiter und irgendwann ging das Tor auf. Wir parkten und gingen schnurstracks in die Bar, die ich wegen ihrer handgemachten Holztheke liebte. Gegenüber der Theke, eng aneinandergekauert auf schicken Sofas und Sesseln, saßen die verängstigten Hotelgäste, vor allem internationale Journalisten. Sie starrten uns wortlos an: da standen wir wie angewurzelt, die große weiße Frau neben dem kleinen nigerianischen Offizier in Uniform. Die Situation entspannte sich sofort, als Major Ojibo locker verkündete: »Gin Tonics for everybody« – eine Runde Gin Tonic für alle! Und so wurde es noch ein schöner Abend mit den Journalisten, bevor mich der Major nach Hause fuhr, der eine Runde Gin Tonic nach der anderen bestellt hatte. Es war klar, dass der Besitzer es niemals wagen würde, einem Militär, und sei es einem ECOMOG-Offizier, eine Rechnung zu präsentieren.

Zu Hause angekommen eröffnete mir Freddy, der gleichzeitig Sicherheitswart für unseren Compound war, dass ich mich auf eine Evakuierung vorzubereiten hätte. Die UNO hatten ein Flugzeug gechartert, das uns am frühen Morgen nach Abidjan in die Elfenbeinküste bringen sollte. Jeder könne maximal 30 Kilogramm Gepäck mitnehmen.»Das passt genau, Terry wiegt 26 Kilogramm!« »Kein Hund«, war die Antwort. »Ok, kein Problem, ich bleibe dann, ich geh' nicht ohne meinen Hund!« »Das Team, das hier bleibt, wird dir den Hund hinterherschicken«, versuchte Freddy mich zu überzeugen. »Überleg' es dir, morgen früh um sieben geht es los.«

Um mich selbst zu beruhigen, ging ich noch in der Nacht rüber zum Haus des ECOMOG-Kommandanten und befragte die Offiziere zur derzeitigen Sicherheitslage. Die grinsten nur und fanden, dass die UNO mal wieder unnötige Panik kriege. »Wir sind doch Nigerianer, wir haben alles völlig unter Kontrolle, und die paar Schüsse, die ab und zu von der Stadt herüberhallen, das sind nur unsere mopping-up operations«.

Sogleich schrieb ich einen Zettel, auf dem stand, dass ich auf jeden Fall bleiben würde, und dass mich bitte niemand morgens wecken möge, und schob ihn dann unter Freddys Schlafzimmertür hindurch. Am nächsten Morgen war alles ruhig und friedlich. Vom Bett aus sah ich die rote Sonne über dem Dschungel am anderen Flussufer aufgehen, dann hörte ich Flomo in der Küche werkeln, bevor er seine eingerollten Crêpes mit Puderzucker servierte. Abgesehen von ihm war ich allein im Haus und glücklich, hatte ich doch das ganze Paradies für mich allein, und ins Büro brauchte ich auch nicht zu gehen. Auf dem Schrank stand noch ein ganzer Stapel Videofilme, die ich noch nicht gesehen hatte, und die Hängematte war auch noch da, alles andere würde ich schon aus der BBC-Sendung *Focus on Africa* erfahren.

Bis auf den Führungsstab und den Sicherheitsbeauftragten, die in Riverview blieben, waren alle UNO-Mitarbeiter nach Abidjan geflogen und kamen eine Woche später zurück, während ich eine Woche Freiheit im Haus genoss.

Der Sicherheitsbeauftragte, ein Fidschianer, sagte mir später, dass er gewusst hätte, dass ich ohne Hund nicht gehen würde. Die Geschichte meiner Evakuierungsverweigerung sorgte dann auch später beim UNO-Büro für Sicherheit in New York für Gesprächsstoff.

Charles Julu, der notorische Kriegsabenteurer, der auch den Spitznamen »Devil« – Teufel – trug, wurde schon unter Präsident Tolbert mit rücksichtslosem Morden und versuchten Staatsstreichen in Verbindung gebracht. 2007, während Ellen John Sirleas Präsidentschaft, saß er wegen versuchtem Staatsstreich, Waffenschmuggel und Hochverrat im Gefängnis, wurde dann aber von ihr begnadigt. Später soll er auf dem Boden in einer Kirche in Monrovia gelegen haben, um Gottes Vergebung seiner Taten zu erwirken. Seine Stammesbrüder, die Krahn, sahen in ihm einen großen Krieger. 2009 starb er in einem Krankenhaus in der Elfenbeinküste. Er hinterließ 20 Kinder.

22. Abschied

Ein paar Tage später bereitete ich mich auf meinen endgültigen Abschied vor, nicht ahnend, dass ich 13 Jahre später wiederkommen sollte. Ich fand meinen Koch Flomo in der Reisekiste des Hundes sitzen. Er monierte, dass der Hund nach Europa durfte, er aber nicht. Ich hatte den Hund impfen lassen und mir auch die erforderliche Ausfuhrerlaubnis für ihn besorgt.

Am Flughafen lief zunächst alles glatt. Ich zeigte die Papiere für den Hund vor, und dann fragte mich der Zollbeamte: »Ich sehe nur die Ausfuhrerlaubnis. Wo ist denn die Einfuhrerlaubnis?«, »Einfuhrerlaubnis?« erfragte ich. »Der Hund ist in Liberia geboren«, »Nein, wir brauchen die Einfuhrerlaubnis, sonst kann er nicht ausgeführt werden, das ist doch logisch!« Ich musste wieder meinen UNO-Ausweis zeigen, um kein Bestechungsgeld, oder »dash«, wie man in Liberia sagt, zu zahlen.

Es erinnerte mich an den Flug, als ich vor den Weihnachtsfeiertagen nach Deutschland flog. Ich hatte gerade den Fuß auf die erste Stufe der Flugzeugtreppe gesetzt, da zupfte mich jemand in Uniform am Ärmel: »Bitte mitkommen!!« Ich wurde in ein kleines Flughafenbüro geführt und der Mann setzte sich vor mich an seinen Schreibtisch: »Where [is] my Christmas?« Das ist eine übliche liberianische Redensart, wenn jemand nach seinem Weihnachtsbonus fragte. Ich zeigte meinen UNO-Ausweis und sagte lachend, dass ich nächstes Weihnachten bestimmt an ihn denken würde. Wenigstens hatte er sein Gesicht gewahrt und ich bekam noch mein Flugzeug.

Ich habe in Afrika nie einen Cent Schmiergeld bezahlt, aber bin mir bewusst, dass das nur aufgrund meines Status als UNO-Mitarbeiter möglich war. Die Menschen leiden unter dieser Schmiergeldkultur, Einheimische sowie Ausländer ohne diplomatischen Schutz müssen zahlen, um zu überleben oder um zu investieren, jeden Tag und überall. Es ist und bleibt eine Hauptentwicklungsbremse, die niemand ernsthaft bekämpft und die den Fortschritt sabotiert.

23. Die Show geht weiter

Im Dezember 1994 mussten Taylors neue Bedingungen verhandelt werden und ein weiterer Friedensvertrag wurde in Ghanas Hauptstadt Accra abgeschlossen. Taylor schien einen endlosen Kreislauf von Friedensvereinbarungen und Wiederaufnahmen der Kämpfe aufrechtzuerhalten. Er wollte sicherstellen, als Ex-Warlord bei den Wahlen als Kandidat antreten zu dürfen, was in den vorherigen Verträgen explizit ausgeschlossen worden war. Dieser Kompromiss sollte sich später als großer Fehler herausstellen. Die Friedensverhandlungen hatten noch weitere Schwächen, denn Taylors Freunde, die Präsidenten der Elfenbeinküste und Burkina Fasos, ermutigten ihn, seinen Forderungen Nachdruck zu verleihen. Auf der anderen Seite war ECOMOG entweder nicht in der Lage oder nicht bereit, ein Abkommen gegen Taylors Willen militärisch durchzusetzen.

Es wurde auch ein Versuch der Entwaffnung unternommen, indem man ECOMOG-/UNMIL-Entwaffnungscamps für jede Partei einrichtete. Ich hatte UNVs rekrutiert, die die Lager managen sollten. Eigentlich hätte man sich denken können, dass die Zeit dafür noch nicht reif war, aber es gab bei der UNO und im Ausland mächtig Druck, Erfolge zu melden. Als ich das NFPL-Entwaffnungslager besuchte, sah ich, dass die Kämpfer es nur als Erholungsort benutzten. Das Lager hatte eine offene überdachte Halle, wo Köchinnen für die Kämpfer Essen in Töpfen von der Größe einer halben Badewanne über Holzfeuern kochten. Die Kämpfer waren in Gruppen gekommen, und hatten einen Mordshunger. Sie wollten nur ein wenig essen, bevor sie ihre Waffen abgaben. Man hatte ihnen dann eine Mahlzeit gegeben, da man mit ihnen nicht in Konflikt geraten wollte. Aber dann machte diese höchst gefährliche Truppe es sich im Lager bequem und ließ sich kontinuierlich bewirten, ohne die Waffen abzulegen. Angeblich warteten sie noch auf genaue Anweisungen »von oben«. Der Campmanager, ein UNV aus Fidschi, schien sich dabei nicht ganz wohlzufühlen. Um die Lage ein wenig zu entspannen, organisierte er ein Fußballspiel zwischen den Kämpfern und den UNO-Peacekeepern. Bei einem Streit um ein Abseits aber wurde der Schiedsrichter mit der Waffe bedroht und das Spiel musste abgebrochen werden, weil die Lage unberechenbar wurde. In Monrovia fingen die Parteien an, sich gegenseitig zu beschuldigen, den Entwaffnungsprozess angehalten zu haben, und so dauerte es nicht lange, bis der ganze Prozess zum Stillstand kam.

Im August 1995 wurde in Abuja, Nigeria, erneut ein Friedensvertrag unterzeichnet, weil Taylor sich seiner Rolle in der Übergangsregierung sicher sein wollte. Der Friedensvertrag sah vor, dass bis zu den Wahlen ein Staatsrat von sechs Mitgliedern regieren sollte. Charles Taylor (NPFL), Alhaji Kromah (ULIMO-K) und George Boley (LPC) führten zusammen mit drei Zivilisten im Kollektiv das Amt des Präsidenten. Allen Warlords waren Positionen in der zukünftigen Regierung garantiert worden, entweder als Minister oder in sonstigen lukrativen Positionen in der Regierung oder in staatlichen Institutionen. Das wirft unweigerlich die Frage auf, wie man einem Land, das am Boden liegt, Menschen ausliefert, denen massive Kriegsverbrechen und ausufernde Korruption vorgeworfen wurden. Und wie konnte man erwarten, dass machtgierige und verfeindete Warlords mit politischen Ambitionen sich konstruktiv eine Präsidentschaft teilen? Warum garantierte man Menschen, die voraussichtlich nicht im Interesse des Landes handeln würden, Schlüsselpositionen? Wie konnte man annehmen, dass die drei Zivilisten realen Einfluss auf die mächtigen Warlords geltend machen konnten? UNO, ECOWAS und die afrikanischen Union schienen kein Druckmittel gegen die Warlords in der Hand zu haben.

Es freute mich aber, dass der berühmte Vater einer unserer Fahrer in den Staatsrat berufen wurde: Paramount Chief[86] Tamba Taylors immense Weisheit und Scharfsinn waren nicht nur ganzen Land hoch geachtet, sondern auch weit über Liberias Grenzen bekannt. Tamba Taylor wurde 1898 geboren und hat nie eine westliche Schule besucht. Er war Schneider[87] von Beruf, dessen Führungsqualitäten, Charakter und Einfühlungsvermögen dazu führten, dass er als Chief gewählt wurde. Im Bürgerkrieg hatte er oft versucht, zwischen den Parteien zu vermitteln. Er starb im Jahre 2001 und hinterließ über 60 Ehefrauen und an die 200 Kinder.

Wie vorauszusehen, fand die für Dezember 1995 geplante Entwaffnung aufgrund erneuter Kampfhandlungen nicht statt. Im April 1996 wollten Charles Taylor und Alhaji Kromah (ULIMO-K) als Staatsratsmitglieder ihren Rivalen Roosevelt Johnson von ULIMO-J verhaften lassen und des Mordes anklagen. Viele Liberianer hielten das für einen Witz, angesichts der Tatsache, dass der Ruf nach Gerechtigkeit ausgerechnet von den notorischen Warlords kam. Man glaubte eher daran, dass Roosevelt Johnson als potenzieller Rivale ausgeschaltet werden sollte. Der wehrte sich mit seinen Truppen, was brutale Straßen-

---

86 Nach der traditionellen Administration ist das Volk in Clans aufgeteilt, und jeder Clan hat einen Chief (den man früher »Häuptling« nannte) und kollektiven Landbesitz. Wenn mehrere Clans sich zu größeren Einheiten zusammenschlossen, wurden diese »Chiefdom« genannt und ihr Anführer war ein Paramount Chief. Traditionelle Chiefs und Paramount Chiefs spielen immer noch eine offizielle und kulturelle Rolle in Liberia und sind auch in der Regierung repräsentiert.
87 Die Menschen nannten ihn Taylor aufgrund seines vorherigen Berufes (*Engl.* tailor = Schneider).

kämpfe mitten in der Hauptstadt auslöste. Für ECOMOG was es ein peinlicher Rückschritt, dass sie die Kämpfe nicht hatten verhindern konnten.

In Monrovia brach das Chaos aus. Wieder fanden massenhafte Plünderungen statt. UNO-Personal und alle internationalen Mitarbeiter von NGOs wurden außer Landes gebracht. Alle UNO-Büros und sonstige Einrichtungen wie Lager für Nahrungsmittel, Medikamente und andere Hilfsgüter wurden vollständig ausgeplündert. Hunderte von Fahrzeugen im Wert von mehreren Millionen US-Dollar wurden gestohlen, außerdem alle Ausrüstungen, von Computern angefangen bis zu Büromöbeln. Das gleiche Schicksal ereilte die NGOs, die Regierungsbüros, die öffentlichen Gebäude, Geschäfte und Privathäuser. Tausende Menschen wurden getötet, die Stadt zerstört. Einer der berüchtigtsten Warlords und Jujupriester für Roosevelt Johnson (ULIMO-J) war General Butt Naked,[88] dessen Name allein Angst und Schrecken unter der Bevölkerung auslöste, und der international für seine grausamen Menschenopfer bekannt wurde. Um das zu verstehen, muss man sich seine persönliche Geschichte ansehen.

---

88 Zu Deutsch »General nackter Hintern«.

24. General Butt Naked – Warlord und Evangelist

Jede der Kriegsparteien, ohne Ausnahme, engagierte ihre eigenen Hexenmeister. Dies war der wichtigste Teil der Kriegsführung, da man glaubte, ohne spirituellen Beistand militärisch nicht gewinnen zu können.[89] Es entwickelte sich ein richtiger Wettbewerb um die besten Zoes, die auch aus den Nachbarländern angeworben wurden. Der Schutz ihrer Kämpfer vor Gewehrkugeln war von höchster Priorität. Die Rituale selbst waren sehr verschieden, und konnten christliche, islamische und geheime traditionelle Elemente enthalten. Es wurde gebetet, gesegnet und geopfert. Amulette und Talismane wurden in kleinen Täschchen um den Körper gebunden, manchmal auch um den Kopf. Vor der Schlacht rieben sich die Kämpfer mit Wasser ein, das in geheimen Zeremonien zu magischem Zauberwasser aufbereitetet worden war und vor Gewehrkugeln schützte.

Körperteile von getöteten feindlichen Kämpfern, aber auch die von Zivilisten, wurden zerlegt und verspeist. Insbesondere dem Essen des rohen Herzens wurde nachgesagt, dass die Kraft des Toten in den Konsumenten übergeht. Es war auch üblich, dass Zoes geheime Elixiere aus Menschenblut, Schießpulver, einheimischem Schnaps und Zucker zubereiteten, die den Kämpfern Kraft geben sollten.

Roosevelt Johnson, ein Krahn, hatte einen besonderen Kommandanten in seinen Reihen, General Butt Naked, alias Joshua Blahyi, dessen Rituale groteske Dimensionen annahmen. Als obersten und mächtigsten traditionellen Hohepriester der Krahn, hatte Präsident Doe sich Joshua Blahyi als persönlichen Jujupriester an seinen Hof geholt, um sich und den Krahn die Macht zu sichern. Nach dem Tod von Doe hatte Blahyi mit seinen übersinnlichen Kräften dem Stamm der Krahn weiter dienen wollen und kämpfte deshalb als General Butt Naked unter dem Kommando von Roosevelt Johnson, ULIMO-K, der Krahn-Miliz. Als Hohepriester mit einer Macht, die über die Grenzen des Landes hinausging, war er verpflichtet, den Krahn als Mittelsmann zur allmächtigen Geisterwelt zur Verfügung zu stehen. Somit war er verantwortlich für alle Riten, die den militärischen Erfolg der Miliz förderten.

Wie sein Name schon ahnen lässt, zogen Butt Naked und seine Truppe, die hauptsächlich aus Kindern und Jugendlichen bestand, nur mit Kalaschnikow und Schuhen, ansonsten jedoch völlig nackt in den Kampf, weil dies ihre Un-

---

89 So wie heute zum Teil noch bei westafrikanischen Fußballspielen Juju-Gegenstände in den Boden des Stadions eingegraben werden.

verwundbarkeit garantierten solte. Ein wichtiges Ritual war die Herstellung von magischem Wasser, mit dem sich die Kämpfer vor jeder Schlacht einrieben und dadurch ihren Körper kugelsicher machten. Ein weiteres Ritual war, seinem Ahnengott ein Menschenopfer zu bringen. Dazu schnitt er lebendigen Kindern die Herzen aus dem Körper heraus, um sie zu essen, und teilte Stücke davon mit anderen Kämpfern.

Bevor man diesen Mann beurteilt, sollte man wissen, dass Joshua Blahyi der einzige Warlord ist, der 2008 freiwillig und vollständig vor der TRC ausgesagt hat, und seine Taten glaubwürdig bereute. Er war auch als Einziger bereit, sich für seine Taten von einem Kriegstribunal zur Verantwortung ziehen zu lassen. Nach einem Schlüsselerlebnis bekannte er sich zum Christentum, legte seine Waffen ab und wurde Evangelist und Prediger, der in Monrovia seine eigene Kirche gründete und sich seither um Ex-Kämpfer kümmert.

Wer sich für die Details seines außerordentlichen Lebenswegs interessiert, dem sei Joshua Blahys Buch[90] empfohlen sowie ein Ausschnitt aus einem Film von Gerald Barclay,[91] in dem Blahyi ein Interview gibt, in dem die Umstände seiner für viele sehr verstörenden Praktiken verständlicher werden:

Joshua Blahys Vater war als nächster Hohepriester der Krahn vorgesehen. Die Krahn waren als kriegerisch bekannt: Kriegsführung und Eroberung, Juju und Menschenopfer waren Teil ihrer Glaubenswelt. Da der Vater aber gebildet war und in der Regierungsverwaltung in Monrovia arbeitete, bot er seinen erstgeborenen Sohn als Ersatz an. Das Orakel aber wollte den Sohn nicht annehmen, da er mit einer Lorma-Frau gezeugt worden und damit nur ein halber Krahn war. Somit wurde dem Vater eine Krahn-Frau zugeführt, die zwar verheiratet war und schon zwei Kinder hatte, die ihm aber trotzdem einen Sohn gebar, Joshua Blahyi.

Nach eigenen Angaben ging Joshua Blahyi nur bis zur dritten Klasse in die Schule und hatte danach keine andere Ausbildung mehr als die zum Hexenmeister und Hohepriester. Er wollte ein starker Krieger werden, ganz so wie sein Vorbild Vic Morrow aus dem Kinofilm *Combat*. Als er elf war, übergab sein Vater ihn den Stammeskriegern und Ältesten für eine traditionelle Initiierungszeremonie. Er wurde von ihnen zu ihrem Gott[92] Nya-ghe-a-weh gebracht, der in einem Felsen wohnte. Er blieb elf Tage unter diesem Felsen und wurde alles über seinen Stamm, seine Ahnen und Juju gelehrt. Der Gott versprach, ihn zum größten Hohepriester seiner Zeit zu machen. Joshua schwor

---

90 *The Redemption of an African Warlord* – Destiny Image Publisher Inc.
91 Film *The Love of Liberia brought us here* (https://vimeo.com/107441874; zuletzt aufgerufen am 21.01.2020).
92 Manchmal nennt ihn Blayhi auch »Dämon«. Das ist verständlich, wenn man bedenkt, dass viele der einheimischen Götter beides, gut und böse, sein können.

seinem Gott Treue und sehnte sich nur noch danach, zu der Größe und Macht aufzusteigen, die ihm versprochen war. Sich in Löwen, Tiger, Adler oder Elefanten verwandeln zu können[93] würde ein Kinderspiel werden, gemessen an der Macht, die er haben würde. Um diese zu erhalten, musste er drei Dinge befolgen, die sein Gott Nya-ghe-a-weh verlangte: Sein Wissen geheimhalten, ansonsten würde er ihn töten, niemals Kolanüsse essen, dann würde er ebenfalls sterben, und jeden Monat bei Neumond ein Menschenopfer darbringen. Dann musste er Kaurimuscheln schlucken, von denen jede für eine bestimmte Funktion zuständig war, und sich in einem bestimmten Körperteil festsetzte. Sie konnten dann nach Bedarf aktiviert werden. Zum Beispiel für zwei verschiedene Arten des Verschwindens und Wiedererscheinens, zum Abruf eines magischen Messers, zum Schutz vor Gewehrkugeln und Messerverletzungen, und für die Fähigkeit, andere hypnotisieren zu können. Um diese Funktionen zu aktiv zu halten, musste er die Kaurimuscheln immer wieder spirituell aufladen. Je nach Funktion, musste er dazu ganz bestimmte menschliche Körperteile essen, zum Beispiel bestimmte Teile vom Herzen, oder die Augen oder Ohren. Blahyi vergleicht dies mit einer Telefonkarte, die man auch nicht überall aufladen kann.

Nach den elf Tagen unter dem Felsen folgte das offizielle Protokoll der Machtübergabe. Schon in den ersten Tagen unternahm er, was man eine allgemeine spirituelle Umstrukturierung nennen konnte. Er verordnete seinem Volk neue Regeln und hob Berufsverbote gegen bestimmte Hexen auf.

Dann folgte er seinem Vater in die Hauptstadt, blieb aber ständig mit seinem Gott in Kontakt. Jeden Monat brachte er das Menschenopfer eines Kindes aus seinem Viertel. Es tat ihm aber immer so leid, wenn er die Eltern des Opfers in seiner Nähe weinen hörte. Deshalb nahm er bald Opfer aus anderen Stadtvierteln. Er suchte sie sich vorher aus, und um an sie heranzukommen spielte er zum Beispiel Schach mit ihnen auf der Straße, denn er musste sie nicht nur auf menschlicher, sondern auch auf spiritueller Ebene kennenlernen. Das war wichtig, denn selbst wenn man jemanden auf menschlicher Ebene gut kennt, heißt das nicht, dass man ihn auf spiritueller Ebene wiedererkennt, denn nur über sie wird der Kontakt mit dem Opfer aufgenommen.

Dann wartete er, bis das Opfer schlief, denn im Schlaf verlässt der Geist den Körper.[94] Daraufhin rief er den Namen des Opfers, und nun kamen alle Geis-

---

93 Immer wieder traf ich später während meiner Tätigkeit bei UNMIL auf Berichte, nach denen sich Menschen in Tiere und auch Bäume verwandeln konnten.

94 Dass der Geist im Schlaf den Körper verlässt, ist ein traditioneller Glaube und der Grund, aus dem sich die Menschen weigerten, die 300.000 Moskitonetze, die Angela Merkel bei ihrem Besuch 2007 als Gastgeschenk mitbrachte, zu benutzen. Sie hatten Angst, ihr Geist könnte dann den Körper im Schlaf nicht mehr verlassen.

ter der Schlafenden, die diesen Namen trugen. Deshalb muss man den richtigen Geist spirituell erkennen. Das Opfer wird schließlich gefesselt, und der Gott hindert den Geist, in den schlafenden Körper zurückzufahren. Somit ist der Körper tot. Sobald er beerdigt ist, wird der Geist so manipuliert, dass er böse wird. Das sind dann die Geister, die man später als Poltergeister in Häusern hört.

Einmal hatte er ein kleines Mädchen ausgesucht, dessen Geist es immer wieder schaffte, zu entkommen. Das lag daran, dass die Mutter es regelmäßig in die Kirche mitnahm. Sie nahm auch keine Geschenke an. Wohlgemerkt bedarf es verhexter Gegenstände im Besitz des ausgewähltem Opfers, um eine spirituelle Verbindung aufzubauen. Außerdem hatten die Eltern des Mädchens ihre Tochter wohl wissend davor gewarnt, Geschenke anzunehmen. Er änderte also seine Strategie, und schenkte ihrer Mutter etwas Geld als Anzahlung auf ihr Brautgeld. Da das Mädchen erst zwölf war, nahm die Mutter das Geld an, denn die Zukunft war noch weit weg. Weil das Mädchen jetzt spirituell an das Geld gebunden war, konnte er ihren Geist abrufen, und sie auch daran hindern, wieder zu verschwinden. Am nächsten Tag wurde das Mädchen tot aufgefunden.

Ein andermal bat ihn ein Clan-Chef um spirituelle Hilfe. Er bat den Clan-Chef, ein Huhn mitzubringen, schwang das Huhn um den Kopf des Clan-Chefs, und bat ihn dann, das Huhn auf den Kopf zu schlagen. Das Huhn war sofort tot. Aber der Clan-Chef sah das Bild seiner einzigen Tochter im Gesicht des Huhns. »Hast du meine Tochter getötet?«, fuhr ihn der Clan-Chef an. Blahyi warnte den Clan-Chef, niemandem davon zu erzählen, ansonsten würde er ihn töten. Als der Clan-Chef nach Hause kam, sagte man ihm, dass seine Tochter einen Unfall gehabt hatte und tot war. Weil Joshua Angst hatte, dass der Clan-Chef doch irgendwann redet, hexte er ihn geisteskrank.

Als 1980 Samuel Doe als erster einheimischer Liberianer die Macht an sich riss, rief er Joshua Blahyi als Hohepriester seines Volkes an seinen Amtssitz, um mit Hilfe seiner spirituellem Fähigkeiten seine persönliche Macht und die der Krahn über das Land zu sichern und die Vorherrschaft der Americo-Liberianer ein für allemal zu beenden.

Präsident Doe, der kaum lesen und schreiben konnte, versuchte seine Macht mit allen Mitteln zu halten. Dazu gehörten nicht nur Vetternwirtschaft, Terror und Korruption, sondern auch spirituelle Rituale waren dafür von zentraler Bedeutung. In seiner Aussage vor der TRC gibt Blahyi ebenfalls detaillierte Auskunft über seine spirituelle Rolle in Does Regierung. Er hatte im Amtssitz des Präsidenten einen Schrein errichtet, der die Macht der Krahn sichern sollte. Dazu gehörte, dass er jeden Monat ein Menschenopfer darbrachte, dessen Leichenteile dann bei einem offiziellen Abendessen mit den Kabinettsministern verzehrt wurden. »Some ate knowingly, some unknowingly«, sagte er, was bedeutet, dass einige Minister wussten, was sie da aßen, andere aber nicht. Außerdem hatte er einen Behälter mit Jujugegenständen auf dem Gelände des präsidialen Amtssitzes vergraben, deren Wirkung immer noch anhalte. Er wäre aber in der Lage, diese zu neutralisieren. Interessanterweise zeigt ein Video, das 2012 unter dem Titel *Liberia witchcraft*[95] veröffentlicht wurde, eine rituelle Ausgrabung von Jujugegenständen auf dem Regierungsgelände.

Jedenfalls zog Ellen Johnson Sirleaf, als sie 2006 Präsidentin wurde, nicht wie üblich in den präsidialen Amtssitz ein, sondern arbeitete tagsüber im Außenministerium und wohnte weiterhin in ihrem Privathaus in Sinkor. Dazu hatte sie angemerkt, dass im Amtssitz des Präsidenten zu viel Blut geflossen sei. Somit wurde die Hauptstraße in Sinkor, die genau vor meinem Büro lag, immer vollkommen abgesperrt, wenn die Präsidentin zum Dienst ins Außenministerium und zurück fuhr.

Später in seinem Interview mit Gerald Barclay in dem Film *The Love of Liberty brought us here* (siehe Fußnote 84) beschreibt Blahyi schaurige Details. Für die Rituale wurden die weißen Blutkörperchen benötigt, denn darin wurde das Leben vermutet. Wenn er ein Opfer gefangen hatte, hängte er es für längere Zeit lebend auf, denn die Person musste am Leben sein, wenn die weißen Blutkörperchen mit Hilfe einer Spritze an bestimmten Stellen hinter den Venen herausgezogen wurden. Danach entnahmen sie die Organe, die sie zusammen mit anderen Körperteilen auch an andere verkauften, die ebenfalls Opferrituale durchführten.

Manchmal hielt er die Kinder an den Beinen hoch und zerschlug ihren Kopf an einer Wand. Das Gehirn des Kindes und andere Organe wurden gegessen und mit anderen Kämpfern geteilt. Oder das Blut wurde getrunken. Oft verhandelte er mit den Müttern die Übergabe ihrer kleinen Kinder für Opferrituale. Er erklärt das damit, dass er die Mütter mit magischen Fetischen und hypnotisierenden Geschenken gefügig machte.

Eines Tages, vor einer Schlacht, hatte er mit der Mutter die Übergabe ihrer dreijährigen Tochter zu Opferzwecken ausgehandelt. Sie übergab ihm das Mädchen, weil er ihr zuvor Geschenke gemacht hatte, die er verhext hatte, sodass sie voll unter seiner spirituellen Kontrolle stand. Als er gerade den Rücken des kleinen Mädchens öffnen wollte, um das schlagende Herz herauszuholen, erschien ihm eine Gestalt in hellem Licht, und sprach ihn an: »Du bist ein König, aber du lebst wie ein Sklave. Der Diener eines Königs, der Dämon, sitzt unten am Schemel seines Herrn, aber dein Diener sitzt auf deiner Schulter. Tue Buße.« Da er in seinem Leben schon viel Kontakt mit Geistern

---

95 https://www.youtube.com/watch?v=Z2OA6svQUSY (zuletzt aufgerufen am 21.01.2020).

gehabt hatte, und schon etliche Gottheiten getroffen hatte, wusste er, dass dies kein Mensch, sondern ein Engel Gottes war. Ein weiteres Zeichen war, dass er seine Magnum-Pistole zum Zeichen des Angriffs abfeuerte, aber diese vor seinen Augen zerbrach. Dann versuchte er, andere Waffen zu feuern, die aber ebenfalls zerbrachen. Der Engel Gottes befahl ihm, zu bereuen oder zu sterben. Er hatte Angst. Zur gleichen Zeit wurde er am Bein von einer feindlichen Kugel getroffen, die aber an ihm abprallte. Da wusste er, dass sein alter Gott ihn nicht mehr schützte, denn er hatte mit ihm ausgemacht, dass eine Kugel niemals näher als 20 Meter an ihn herankommen sollte. Gerade als er sich von der Front zurückziehen wollte, wurde vom ECOMOG-Kommandanten ein Waffenstillstand angekündigt. Somit ging er zurück in sein Haus. Nach einiger Zeit jedoch wurde er »hungrig nach Blut wie ein Löwe«.

Während die Warlords ihr Juju nutzten, um Schlachten zu gewinnen, kämpfte ein Zusammenschluss der evangelikalen Kirchen mit spirituellen Kampagnen, Fasten und Gebet gegen die Warlords und den Krieg. Es gab ein Frauengruppe, die sich regelmäßig im Freien traf, um für den Frieden zu beten, wovon wir später noch hören werden. Eine Kongregation von evangelikalen Seelengewinnern hatte sich gegenüber Blahys Haus niedergelassen, und versuchte, Kontakt mit ihm aufzunehmen. Er konnte nicht begreifen, dass sie diesen Mut aufbrachten, wo doch jedem Angst und Schrecken in die Glieder fuhr, der nur seinen Namen hörte. Nach mehreren Begegnungen mit den Pastoren und einem nächtlichen übersinnlichen Erlebnis, kam er zu dem Schluss, dass sein alter Gott schwächer war als der der Kirche, der er sich nun zuwandte. In der Kirche wurde er mit Umarmungen, Gesang und Tanz empfangen. Auf der Kanzel sprach er dann zusammen mit dem Pastor das »Sündergebet«. Da erschien ihm wieder diese helle engelhafte Gestalt, und er war zutiefst überzeugt, dass dieser Gott, Christus, auch Macht über seinen Ahnengott hatte. Die Evangelikalen bildeten einen Kreis um ihn, und dann befahl der Pastor dem alten Gott, ihn zu verlassen.

Zum Beweis, dass der alte Gott keine Macht über ihn hatte, rannte er mit den Armen winkend die Straße hinunter und aß eine Kolanuss nach der anderen, ohne dass ihm etwas passierte. Dabei sang er: »Wenn ihr denkt ich bin verrückt, dann bin ich verrückt nach Jesus.« Ganz Monrovia dachte, er sei wahnsinnig geworden. Dann suchte er seinen Kommandanten General Roosevelt Johnson auf und erklärte: »Mein Kommandant ist jetzt Jesus Christus, hier sind Waffen und Munition.« Danach kaufte er sich ein Mikrofon auf der Broad Street, der Hauptstraße, und begann zu predigen.

Er erlebte einige Rachereaktionen der Bevölkerung, und einige Liberianer waren der Meinung, dass er vor Gericht gestellt werden sollte. Aber ein großer Teil meinte auch, dass ihm vergeben werden sollte, wenn er es mit seiner Bekehrung wirklich ernst meinte. Für die Kirchen war Blahys Umkehr ein Beispiel für Gottes Allmacht. Eine von Blahys Anekdoten verdeutlicht die erstaunlich großzügige Bereitschaft der Liberianer, zu vergeben. Als er in Red Light predigte, dem größten und chaotischsten Markt vor den Toren Monrovias, versuchte eine Gruppe von Charles Taylors Kämpfern ihn anzugreifen, um ihre Kameraden zu rächen. Die Marktfrauen aber griffen ihrerseits die Kämpfer an und umringten Blahyi, um ihn zu schützen. Dann schoben sie ihn in ein Taxi, und gaben dem Fahrer die Anweisung, ihn sicher nach Hause zu bringen. Die Frauen schrien die Kämpfer an: »Dieser Mann hat getötet, so wie ihr alle getötet habt, aber er hat bereut und um Vergebung gebeten. Warum könnt ihr es ihm nicht gleichtun, denn wenn es alle täten, wäre der Krieg vorbei!

Ein andermal, als er auf den Straßen Monrovias predigte, sagte ihm ein junger Benzinverkäufer (da alle Tankstellen zerstört worden waren, wurde Benzin in Bierflaschen am Straßenrand verkauft): »Ich soll dir glauben, obwohl du meine ganze Familie umgebracht hast, und sogar versucht hast mich umzubringen? Derselbe Gott über den du lästerst, hat mich vor dir gerettet, und du versteckst dich hinter ihm!« Und als er einmal zu einem Radioprogramm in ein Studio eingeladen worden war und Anrufe von Hörern entgegennahm, beschuldigte ihn eine Frau, sie und ihre Schwestern vergewaltigt zu haben. Dann kam er an dem Haus vorbei, in dem er einen Mann verbrannt hatte, und der Sohn des verbrannten Mannes wollte ihm den Kopf mit der Axt zerschlagen. Deshalb ging er aus Sicherheitsgründen für einige Zeit ins Exil nach Ghana und Nigeria, wo er herzlichst von den Kirchen empfangen wurde und wo er vor vielen Menschen predigte. Schließlich kam er nach Monrovia zurück und gründete seine eigene Kirche.

Blahyi rauchte und trank nicht und verbrachte seine Zeit mit Christen und Pastoren. Er war überzeugt, dass Jesus ihm seine Sünden vergeben hatte. Er antwortete auf die Frage eines Interviewers, was er denn gefühlt habe, wenn er andere Menschen gegessen hatte: »Ich wusste es nicht besser, ich wollte einfach nur Macht, und als Hohepriester dachte ich, alle Menschen gehörten mir.« Er erzählte auch eine Anekdote, wie er in Nigeria Fleischspieße gegessen und sofort gemerkt habe, dass es Menschenfleisch war, weil er den Geschmack kannte. Er meldete es umgehend den Behörden, die ihm erst glaubten, als sie sich über seinen Hintergrund kundig gemacht hatten.

Blahyi wollte jedem ein Beispiel dafür sein, dass es möglich ist, seinem Leben eine Kehrtwende zu geben. In diesem Sinne kümmert er sich auch weiter um Ex-Kämpfer, die er in seinen »Glaubensfeldzügen«,[96] wie er sie nennt, zu Jesus Christus bekehrt. Blahyi wirkt authentisch, wenn er redet, und betont, dass er bereit ist, sich einem Gericht zu stellen.

---

96 »Disarmament Crusades«.

Während meiner Zeit bei der UNO-Mission in Liberia von 2007 bis 2009 arbeitete ich als Vertretung des Direktors[97] an der letzten Phase des DDR-Programms.[98] Eines Tages bekam ich eine E-Mail vom Direktor, in der er mich bat, Joshua Blahyi zu treffen, da er eine Hilfe zur Integration der Ex-Kämpfer sein könnte. Der Vorschlag kam von einem liberianischen Mitarbeiter, der sehr auf das Treffen drängte. Ich stellte mir vor, die Hand dieses Menschen schütteln zu müssen, und konnte mich nicht dazu durchringen. Vielleicht war es Angst, vielleicht sogar vor Juju, denn wer konnte garantieren, wie er reagieren würde, wenn seine Vorschläge abgelehnt würden. Aber es gab zwei offizielle Gründe, warum ich dachte, dass er nicht von der UNO empfangen werden sollte, und die unterbreitete ich dem Direktor in meiner Antwort: Ein Mann mit dieser Vergangenheit (die der Direktor nicht kannte) sollte nicht offiziell von der UNO empfangen werden. Außerdem widersprach es unseren Bemühungen, die Ex-Kämpfer von ihren ehemaligen Kommandanten unabhängig zu machen, ja sogar gezielt die Kommandostrukturen aufzulösen. Das war so wichtig, dass es sogar die Möglichkeit gab, Ex-Kommandanten zum Studium ins Ausland zu schicken.

Trotz meiner Weigerung, ihn als UNO-Funktionär zu treffen, bin ich von seinem Wandel überzeugt und wertschätze seine Ehrlichkeit und Offenheit. Er hat sehr interessante Aussagen zur Rehabilitation der Ex-Kämpfer gemacht, von denen wir lernen können. Er sagte:

»Das Gewehr gibt dem Rebellen Selbstvertrauen und ist seine Existenzgrundlage. Ich habe festgestellt, dass es der Minderwertigkeitskomplex ist, der die Gewalt verursacht. Wenn der Rebell während einer Diskussion zum Beispiel nicht antworten kann, da die Argumente des anderen logischer sind und er sich nicht gut ausdrücken kann, wird er wütend. Das Vakuum dieses Minderwertigkeitskomplexes muss ersetzt werden. Ihr könnt ihn entwaffnen und ihm Geld geben, aber das hilft nichts, wenn diese Mentalität nicht auch angesprochen wird. Außerdem ist das bisschen Geld, das sie bei der Entwaffnung erhalten, nichts im Gegensatz zu den Tausenden von Dollar, die sie durch ihrer Waffe bekommen. Deshalb besorgen sie sich Waffen und gehen in den Busch, wenn sie nichts haben. Selbst wenn sie keinen Krieg gewinnen, können sie doch durch Friedensverhandlungen ein Ministeramt bekommen oder sogar Präsident werden. Aber jeder muss erst mal lernen, sich selbst zu steuern, bevor man aus dem Kollektiv eine Regierung formen will. Wenn sich da nichts ändert, wird Liberia

---

[97] P-5 Position, laut Vergleichstabelle äquivalent zum A15 Regierungsdirektor im deutschen Beamtensystem.
[98] Disarmament, Demobilization and Reintegration – Entwaffnung, Demobilisierung und Reintegration.

immer so bleiben. Denn der Komplex baut ein Selbstverteidigungssystem auf, das eben nicht demokratisch ist. Es gibt keine Hoffnung für Liberia, wenn Liberianer sich nicht persönlich weiterentwickeln.«

Nach all meinen Erfahrungen vor Ort musste ich zugeben, dass Blahyi damit den Nagel auf den Kopf getroffen hatte. Abgesehen von den absolut richtigen psychologischen Erkenntnissen, machte Joshua Blahyi einen ganz wichtigen Punkt deutlich, nämlich den, dass die Warlords von den Friedensverhandlungen profitieren. Kurz vorher finden üblicherweise Kampfhandlungen statt um zu versuchen, das Territorium, das sie kontrollieren, zu vergrößern, oder um eine Gold- oder Diamantenmine zu erweitern, damit sie eine bessere Ausgangsposition bei den Verhandlungen hatten. Man muss sich vorstellen, dass ein Warlord mit einer ganzen Truppe von Leibwächtern und Beratern reist, je mehr, desto höher sein Prestige. Alle residieren dann Tage oder Wochen in einem feinen Hotel und bekommen üppige Spesen. Für viele ist es das erste Mal, dass sie diese Welt kennenlernen. Im Falle Liberias zog sich dieses Vorgehen über 14 Jahre hin.

Verständlicherweise haben die UNO und andere Friedensvermittler ein großes Interesse daran, dass die Kampfhandlungen möglichst schnell eingestellt und ein Friedensvertrag unterzeichnet wird. Da kommt man leicht in Versuchung, schnelle Kompromisse zu schließen. Der größte Fehler aber ist, den Warlords im Gegenzug für die Unterzeichnung eines Friedensabkommens lukrative Regierungsposten zuzusichern, durch die sie ihre Macht weiter ausbauen können.

Es gab die kuriosesten Anekdoten von diesen Verhandlungen. Einmal hatte meine Freundin gerade die Spesen an die Entourage der Warlords am Flughafen verteilt, als diese sich in die Flughafenshops stürzten und alles ausgaben. Da saßen sie am Abflugschalter mit neuen Hüten, neuen Taschen, Fähnchen und all dem Touristenramsch, der dort zu kaufen ist. Sie brauchten eine Rundum-Betreuung, die sie von meiner Freundin auch bekamen. Einer rief sie nach dem Check-in im Hotel aus seinem Zimmer an und teilte ihr begeistert mit, dass er einen Kühlschrank mit Drinks in seinem Zimmer vorgefunden habe. Prostituierte gingen ein und aus. In Ghana hatten sie liberianische Flüchtlinge aus dem Lager dort zum Buffet im das Verhandlungshotel eingeladen, woraufhin das Restaurant wie ein Trümmerfeld aussah.

25. Je höher der Flug …

Der UNO-Sicherheitsrat in New York war ungeduldig geworden, war aber gleichzeitig hilflos gegenüber dem Aufflammen der Kämpfe, den unglaubwürdigen Friedensverhandlungen und den massiven Plünderungen. Ich traf den Direktor einer bekannten NGO und seine Frau, die während der Plünderungen in Monrovia geblieben waren, durch Zufall in einem Hotel in Nairobi, wo sie sich ein paar Tage von dem Trauma in Monrovia erholten. Man sah ihnen den erlittenen Schrecken noch an, und sie erzählten, wie verschiedene Gruppen mehrere Male durch ihr Haus gezogen waren und alles weggetragen hatten. Zum Schluss saßen sie auf dem Fußboden im leeren Haus, als die letzte Gruppe kam, und ihnen auch noch die Eheringe wegnahm.

Einer, der auch in Monrovia zurückgeblieben war, um die politischen Verhandlungen während der Kämpfe fortzusetzen, war der neu ernannte UNO-Sondergesandte, ein Tansanier, der Trevor abgelöst hatte. Er schaffte es, einen neuen Vertrag und einen Waffenstillstand herbeizuführen. Entwaffnung und Demobilisierung waren nun für November 1996 geplant und Wahlen sollten im Mai 1997 stattfinden.

Im Oktober 1996 gelang es ECOMOG nicht nur, die Kontrolle über die Hauptstadt wiederherzustellen, sondern alle wichtigen Städte einzunehmen, auch Gbarnga, Taylors Hochburg. Es blieb jedoch eine äußerst peinliche Tatsache, dass ECOMOG an den Plünderungen teilnahm. Das Beutegut wurde zum Teil auf Schiffe verladen und nach Nigeria gebracht. ECOMOG machte seinem Scherznamen »**E**very **C**ar **O**r **M**oving **O**bject **G**one«[99] wieder einmal alle Ehre. Westliche Botschafter und ausländische Geschäftsleute bezeugten, dass ECOMOG im Laufe ihres Einsatzes ebenfalls Rohstoffe wie Holz und Kautschuk geplündert hatten. Ein Sprecher des US-Außenministeriums warf den ECOMOG-Truppen 1996 offen vor, in hohem Maße an Betrug und Plünderungen beteiligt zu sein und mit Schmuggelware zu handeln. Wir in UNDP waren entsetzt zu erfahren, dass wir unwissentlich den Zuschlag für der Kauf einer großen Menge Treibstoff jemandem gegeben hatten, der Treibstoff aus dem Lager von ECOMOG verkaufte. Wir machten die Ausschreibung natürlich rückgängig. Das alles schadete ihrem Ruf beachtlich, besonders in internationalen Kreisen. Die meisten Liberianer jedoch waren ECOMOG unendlich dankbar, dass sie den Frieden wiederhergestellt hatten. »Thank God for ECOMOG« wurde ein beliebter Ausruf in Liberia.

---

99 »Jedes Fahrzeug oder bewegliche Objekt [ist] weg. (siehe auch Fußnote 36)«

Wenig später wurde auf Charles Taylor, der immer noch Mitglied des Staatsrats war, ein Mordanschlag ausgeübt. Bewaffnete Männer, wahrscheinlich die eines rivalisierenden Warlords, eröffneten das Feuer auf Taylor und seine Entourage bei seiner Ankunft zur Versammlung des Staatsrats. Taylor blieb unversehrt, doch sein Leibwächter und zwei andere Menschen wurden erschossen. Die Lage wurde erneut unberechenbar. Geistesgegenwärtig ließ der ECOMOG-Kommandant alle Checkpoints schließen, um zu verhindern, dass Taylors NPFL-Kämpfer in die Hauptstadt strömen konnten, um ihn zu rächen, und verhinderte dadurch ein Aufflammen neuer Kämpfe.

Im Juli 1997 wurden endlich Wahlen abgehalten, finanziert und kontrolliert von der internationalen Gemeinschaft. Die Wahlbeteiligung lag bei 89 Prozent, und Charles Taylor gewann haushoch mit über 75 Prozent der Stimmen. Niemand der zwölf anderen Kandidaten, unter ihnen die Warlords Al Haji Kromah und George Boley, kam auf 10 Prozent. Ellen Johnson Sirleaf, Taylors ehemalige Verbündete und nun Erzrivalin, die sich ebenfalls zur Wahl stellte, hatte die zweitmeisten Stimmen mit 9,5 Prozent. Die Wahlen wurden international als fair anerkannt, und ein paar Monate später zog ECOMOG seine Truppen zurück.

An dieser Stelle ergeben sich einige Fragen, zum Beispiel, warum die internationale Gemeinschaft Wahlen unterstützt und finanziert, bei denen Warlords mit einer Vergangenheit, wie Charles Taylor sie hat, antreten dürfen, und warum die Liberianer einen Warlord zu ihrem Präsidenten wählen, der dem Land und den Menschen so viel Leid angetan hat. Die zweite Frage ist einfacher zu beantworten. Einige Wähler glaubten, dass Taylor nicht eher Ruhe geben würde, bis er Präsident war, und dass der Frieden nur dauerhaft sein kann, wenn Taylor gewinnt. Der Wahlslogan lautete damals: »He killed my ma, he killed my pa, I vote vor him.« – »Er hat meine Mutter umgebracht, er hat meinen Vater umgebracht, ich wähle ihn«. Die Liberianer wollten einen starken und mächtigen Führer, und Taylor war der Mächtigste. Ihm wurde nachgesagt, das stärkste Juju zu haben. Charles Taylor hatte Charisma, viele Freunde, und ist bis heute noch bei vielen Liberianern sehr beliebt. Für viele zog er für die gerechte Sache in den Krieg, hatten sie doch unter Doe genauso gelitten. Es ist nicht ausgeschlossen, dass er sogar eine neue Präsidentschaftswahl gewinnen könnte. Ich erinnere mich, wie ich damals im von Taylor kontrollierten Gebiet mit einer alten Frau über demokratische Wahlen sprach. Ich erklärte ihr, dass das Volk entscheiden sollte, wer Präsident wird, und deshalb jeder zur Wahl gehen sollte. »Taylor ist doch unser Präsident, wie kann ich denn dann hingehen und jemanden anderes wählen?« war ihre Antwort.

Taylor trat seine Präsidentschaft an und regierte wie ein Diktator. Er entließ Tausende AFL-Regierungssoldaten, die hauptsächlich aus Krahn bestanden, die ihn jahrelang bekämpft hatten. An ihrer Stelle gründete er eine Anti-Terror-Polizeieinheit, die er mit seinen Milizen besetzte und als Privatarmee benutzte. Ein Auszug aus einem Bericht des US- Außenministeriums von 1998 zur Menschenrechtssituation in Liberia liest sich schockierend:

»Die Menschenrechtslage der Regierung ist in vielen Bereichen mit ernsthaften Problemen behaftet. Die Sicherheitskräfte verübten zahlreiche Morde. Die Polizei tötete Verdächtige in Gewahrsam, und die Sicherheitskräfte [...] töteten möglicherweise hunderte ethnische Krahn [...]. Sicherheitskräfte folterten, schlugen, missbrauchten oder erniedrigten Bürger [...]. Die Haftbedingungen in allen 13 Countys waren hart, und im Fall des Zentralgefängnisses von Gbarnga lebensbedrohlich. Die Sicherheitskräfte setzten zuweilen willkürliche Verhaftungen und Inhaftierungen fort [...]..Das Justizsystem, das durch Ineffizienz, Korruption und einen Mangel an Ressourcen beeinträchtigt wurde, war nicht in der Lage, die Rechte der Bürger auf ein ordnungsgemäßes und faires Verfahren zu gewährleisten. Die Sicherheitskräfte verletzten die Persönlichkeitsrechte der Bürger, führten ungesetzliche Durchsuchungen durch und plünderten Häuser. Die Regierung beschränkte die Pressefreiheit, sperrte vorübergehend private Zeitungen und Radiosender, stellte den Druck einer privaten Zeitung ein, peitschte einen Journalisten aus und bedrohte andere regierungskritische Journalisten. Sicherheitskräfte schränkten die Bewegungsfreiheit ein und erpressten mit Straßensperren Geld von Reisenden und zurückkehrenden Flüchtlingen. Sicherheitskräfte belästigten häufig Menschenrechtsaktivisten. Gewalt an und Diskriminierung von Frauen, sowie Gewalt gegen Kinder blieben problematisch. Die Erziehung und Betreuung von Kindern wurde weitgehend vernachlässigt, und der Rückgang der weiblichen Genitalverstümmelung (FGM) im Bürgerkrieg begann sich wieder umzukehren. Die Diskriminierung aufgrund der ethnischen Zugehörigkeit war nach wie vor weit verbreitet, ethnische Unterschiede verursachten weiterhin Gewalt und politische Spannungen, und die Regierung diskriminierte weiterhin einheimische Volksgruppen, die sich im Bürgerkrieg gegen Taylor ausgesprochen hatten, einschließlich der ethnischen Krahn. Zwangsarbeit, auch von Kindern, währten an, ebenso wie Ritualmorde.«[100]

Internationale Beobachter glauben, dass Taylors Ambitionen weit über Liberia hinausreichten. Er war befreundet mit Blaise Compaore, dem Präsidenten von Burkina Faso, der ebenfalls durch einen Coup zur Macht gekommen war, und beide, Taylor und Compaore, hatten enge Bande zu Präsident Houphouët-Boigny in der Elfenbeinküste.

---

100 Aus einem Menschenrechtsbericht über Liberia aus dem Jahr 1998 des US-State-Departments (Liberia Country Report on Human Rights Practices for 1998).

Taylor hielt sich für unantastbar und unterstützte auch unmittelbar seine alten Freunde, die RUF[101]-Rebellen in Sierra Leone, die Tausenden Zivilisten Gliedmaßen abgehackt hatten, sie folterten und töteten. Er gab ihnen strategische Anweisungen, lieferte ihnen Waffen und Munition, die er sich mit Blutdiamanten bezahlen ließ. Er arrangierte ihre militärische Ausbildung, half ihnen, Kindersoldaten zu rekrutieren, und ließ seine Truppen an ihrer Seite kämpfen. Weil das UNO-Waffenembargo gegen Liberia immer noch gültig war, bekam Taylor sein Kriegsmaterial von dem berühmten russischen Waffenhändler Viktor Bout, der in den USA später aufgrund seines weltweiten illegalen Waffenhandels zu 25 Jahren Gefängnis verurteilt wurde und dort immer noch einsitzt.

Taylor war nun Präsident, aber der Frieden in Liberia hielt trotzdem nicht lange, da er immer wieder Rivalen ausschalten musste. Ein gutes Jahr nach seinem Amtsantritt, im September 1998, wollte Präsident Taylor seinen letzten Rivalen, General Roosevelt Johnson, der sich mit einer kleinen, aber loyalen Krahn-Miliz in Monrovia aufhielt, loswerden. Taylor glaubte, dass Roosevelt Johnson mit Unterstützung aus Nigeria einen Staatsstreich gegen ihn vorbereiten wollte. Er ließ Roosevelt Johnsons Männer angreifen und fast die ganze Miliz töten. Roosevelt Johnson floh mit ein paar Überlebenden in die US-Botschaft, von wo aus er nach Ghana evakuiert wurde. Er ging nach Nigeria ins Exil, wo er 2004 nach langer Krankheit starb.

Taylor war jetzt Roosevelt Johnson zwar am Ende losgeworden, aber die Massenmorde an den ethnischen Krahn, die folgten, haben wahrscheinlich zum Ausbruch des zweiten liberianischen Bürgerkrieges im Jahre 2000 beigetragen.

Im Januar 1999 wurde Taylor international beschuldigt, die RUF-Rebellen in Sierra Leone zu unterstützt zu haben, Waffen gegen Diamanten geliefert zu haben und schwersten Menschenrechtsverletzungen Vorschub geleistet zu haben. Guinea beschuldigte Liberia, Grenzdörfer zu überfallen zu haben. Die USA, Großbritannien und die Vereinten Nationen verhängten Sanktionen.

Drei Monate später, im April 1999, formierte sich eine neue liberianische Rebellengruppe, die LURD[102], deren Ziel es war, Taylor zu stürzen. Sie setzten sich aus verschiedenen Anti-Taylor-Gruppen zusammen, Mandingos und Krahn der früheren ULIMO. Sie erhielten Unterstützung von der Regierung in

---

101 Revolutionary United Front.
102 Liberians United for Reconciliation and Democracy – Liberianer vereinigt für Versöhnung und Demokratie. Robert Young Pelton's *The World's Most Dangerous Places: Liberia's Dark Heart* ist ein Dokumentarbericht von Journalisten, die LURD-Kämpfer begleiten (https://www.youtube.com/watch?v=q5gUQ6fTR3Q&has_ verified=1; zuletzt aufgerufen am 02.04.2020)

Guinea und Sierra Leone, während Taylor der Opposition in diesen Ländern half. Es war ein offenes Geheimnis, dass LURD von Großbritannien und den USA unterstützt wurde, die Waffen über Guinea lieferten. Sie griffen von Guinea aus an und überfielen Dörfer im Norden Liberia, und drangen dann weiter Richtung Monrovia vor.

Im Februar 2002 rief Taylor den Staatsnotstand aus, als die LURD-Rebellen gegen Monrovia vorrückten. Von damals drei Millionen Liberianern waren mindestens 250.000 im Krieg umgekommen, das waren fast zehn Prozent der Bevölkerung. 500.000 Liberianer flohen in Nachbarländer oder in die USA, und weitere 500.000 waren innerhalb des Landes vertrieben. 70 Prozent aller Frauen und Mädchen waren vergewaltigt worden, über 100.000 Kinder waren Waisen. Die einst am weitesten entwickelte Wirtschaft Westafrikas lag am Boden. Es gab weder Wasser noch Strom, die Infrastruktur war völlig zerstört. Alles von Wert war geplündert. Außer den Wenigen, die es sich leisten konnten, Privatmilizen anzuheuern, die sie schützten, waren Hotels, Minengesellschaften, Banken, Geschäfte und Privathäuser jetzt nur noch Ruinen. In den Trümmern kampierten Flüchtlinge. Verwaltungsangestellte wurden jahrelang nicht bezahlt und hielten sich mit Korruption über Wasser. Eine ganze Generation Kinder, junger Männer und auch Frauen wurde zu marodierenden Rebellen gemacht, die groteske Gewaltorgien veranstalteten und unvorstellbare Gräueltaten an Zivilisten verübten. Taylor geriet unter internationalen Druck, ins Exil zu gehen.

Anfang 2003 eröffnete eine zweite Rebellengruppe, MODEL,[103] eine Südflanke gegen Taylor. MODEL bestand aus Kämpfern, die in den liberianischen Flüchtlingslagern in der Elfenbeinküste und Ghana rekrutiert worden waren.

Beide Gruppen, LURD und MODEL, eroberten weitere Gebiete und ein paar Monate später kontrollierte Taylor nur noch ein Drittel des Landes. Gravierende Menschenrechtsverletzungen von allen Beteiligten waren auch in diesem Konflikt an der Tagesordnung. Schließlich belagerte LURD Monrovia und beschoss die Stadt mit Granatwerfern, was viele zivile Opfer forderte. Der Greystone Compound nahe der US-Botschaft, wo sich viele Flüchtlinge einquartiert hatten, wurde direkt von Granaten getroffen. Aus Protest gegen die US-Waffenlieferungen an LURD legte die Bevölkerung die Toten vor der US-Botschaft ab.

Im Juni 2003 veröffentlichte der UNO-Sondergerichtshof für Sierra Leone,[104] der von der UNO und Sierra Leone geschaffene Strafgerichtshof, der die Kriegsverbrechen in Sierra Leones Bürgerkrieg ahnden sollte, einen Haft-

---

103 Movement for Democracy in Liberia – Bewegung für Demokratie in Liberia.
104 Special Court for Sierra Leone.

befehl gegen Charles Taylor. Die Anklage gründete sich auf seine Verbrechen in Sierra Leone, da die Beweisfindung sich aufgrund der Lage in Liberia als schwierig gestaltete.

Taylor erfuhr von der Anklage, als er sich gerade zu Friedensgesprächen mit LURD und MODEL in Ghana aufhielt. Um zu verhindern, dass Taylor von den ghanaischen Behörden festgenommen wurde, drohte seine militärische Entourage, jeden ghanaischen Staatsbürger in Liberia umzubringen. Außerdem machte Thabo Mbeki, der südafrikanische Präsident, sich dafür stark, dass Taylor freies Geleit nach Monrovia gegeben wurde. Hier wird die Brüderschaft der »alten Kameraden« zwischen dem südafrikanischen ANC[105] und Taylors NPFL sichtbar, beide waren zusammen mit anderen Unabhängigkeits- und Befreiungsrevolutionären in Libyen von Muammar Gaddafi ausgebildet worden.

Dann erklärte US-Präsident Bush öffentlich, dass Taylor Liberia verlassen müsse, und unterstrich seine Forderung damit, dass er drei US-Kriegsschiffe vor Monrovia ankern ließ. Gleichzeitig startete LURD eine Offensive auf Monrovia. Der nigerianische Präsident Obasanjo bot Taylor Exil in Nigeria an, unter der Bedingung, dass er sich künftig aus der Politik heraushalten würde.

Taylor bestand darauf, dass UNO-Truppen in Liberia eintreffen sollten, bevor er abdanken würde, woraufhin ECOWAS eine kleine Vorhut von 700 nigerianischen Peacekeepern, genannt ECOMIL, nach Monrovia schickte, die alsbald von der stärksten UNO-Friedensmission der Welt, UNMIL, abgelöst werden sollten. Die USA schickten 200 Marines und ein Team von 32 Militäroffizieren.

Am 11. August 2003 schließlich – ohne eine andere Wahl zu haben – dankte Taylor mit einer pompösen Zeremonie, zu der auch die Präsidenten von Südafrika, Ghana und Mosambik einflogen, ab. Direkt danach wurde er nach Nigeria ins Exil ausgeflogen. Vor seinem Abflug rief er den Menschen zu: »Gottgewollt, werde ich zurück sein!«

Obwohl Taylor nun aus dem Verkehr gezogen schien, zogen sich die Friedensverhandlungen unter dem Vorsitz des nigerianischen Präsidenten in Ghanas Hauptstadt Accra zäh und quälend über Wochen hin. Es wurde um Posten in Ministerien und öffentlichen Unternehmen gefeilscht, die unter der verbleibenden Regierung, den Bürgerkriegsparteien LURD und MODEL, den politischen Parteien und der Zivilgesellschaft aufgeteilt werden sollten. Es ging auch um Reformen, dass zum Beispiel Beamte und Angestellte in den Sicherheitsinstitutionen wie Armee, Polizei, den Geheimdiensten auf ihre Rechtschaffenheit überprüft werden sollen. Geheimdienste, die zuvor alle auf den Präsidenten ausgerichtet waren, mussten reformiert und demokratisch strukturiert werden. Besonders beachtenswert war der Entschluss, die TRC nach dem Vorbild

---

105 Siehe Fußnote 73 – African National Congress.

25. Je höher der Flug ...

Südafrikas als Mittel der Versöhnung im Volk einzurichten. Diese TRC sollte aber nur Empfehlungen aussprechen können, ohne ein rechtliches Mandat. Die Warlords glaubten, die TRC ersetze ein formelles Kriegsgericht und würde sie somit ungestraft davonkommen lassen, und deshalb stimmten sie der Einrichtung einer TRC zu. Interreligiöse Organisationen und Menschenrechtsorganisationen, juristische Organisationen und Frauenrechtsorganisationen nahmen ebenfalls an den Verhandlungen teil. Den liberianischen Frauen kam in diesen Friedensgesprächen eine besondere Rolle zu. Traditionell unterdrückt, hatten sie im Krieg so furchtbar gelitten, dass ihnen keine andere Wahl blieb, als aktiv zu werden.

26. Eine Superpower erzwingt den Frieden

Leymah Gbowee, Frauenrechtlerin und Friedensaktivistin, die später zusammen mit der Präsidentin Ellen Johnson Sirleaf den Friedensnobelpreis erhalten sollte, führte die Massenbewegung der liberianischen Frauen an, denen es wohl zu verdanken ist, dass die Parteien ihrem endlosen und unwürdigem Spiel ein Ende setzten, und den Friedensvertrag am 18. August 2003 unterschrieben. Die liberianische Frauenbewegung, die sich direkt an den Verhandlungsort begeben hatte, war aus der unerträglichen Not der Frauen entstanden. Traditionell hatten Frauen sowieso einen niedrigen Status in der Gesellschaft. Missbrauch und häusliche Gewalt waren und sind immer noch ein alltägliche Erfahrung der Frauen. Vergewaltigungen von Kindern waren und sind immer noch weit verbreitet. 5 Prozent aller Vergewaltigungsopfer waren unter 15 Jahre und trugen oft schwerste Verletzungen davon. Es kam nicht selten vor, dass Kinder bei Massenvergewaltigungen starben. Es waren häufig die Frauen, die das Geld für die Familie verdienten. Sie waren sich ihrer neuen emanzipierten Rolle bewusst geworden, in die sie durch den Krieg und das Elend gedrängt worden waren, und sie werden sie nicht mehr ablegen wollen. Liberianische Frauen waren zu einer Superpower geworden.

Es hatte damit angefangen, dass Leymah Gbowee zusammen mit einer muslimischen Mandingo-Kollegin und anderen Frauen eine Organisation leitete, die die Rolle der Frauen beim Wiederaufbau des Landes und der Friedenssicherung fördern sollte. Anfang 2002 hatte sie einen Traum, in dem ihr gesagt wurde, dass sie die Frauen um sich sammeln sollte, um für den Frieden zu beten. Daraufhin gingen die Frauen zusammen in Kirchen, Moscheen und auf Märkte, wo sie Flugblätter verteilten, auf denen sie erklärten, dass sie es leid waren, weiter unter Gewalt und Krieg zu leiden. In der Gesellschaft unterdrückt und ausgebeutet, waren sie es, die am meisten unter den Zuständen zu leiden hatten – sie wurden vergewaltigt, ihre Kinder wurden getötet, ihre Söhne als Kindersoldaten zwangsrekrutiert, die vollgepumpt mit Drogen zurückkamen und ihre eigenen Eltern umbrachten, ihre Töchter wurden als Sexsklaven gehalten, und ihre Häuser wurden geplündert.

So entstand die liberianische Friedensbewegung der Frauen, die, ganz in Weiß gekleidet, mit weißen Kopfbanderolen, zu Tausenden in Moscheen, Kirchen, auf dem Fischmarkt und anderen öffentlichen Plätzen mit muslimischen und christlichen Gebeten für den Frieden sangen und beteten. Sie demonstrierten trotz der Verbote, und hielten Sit-ins vor Regierungsgebäuden. Sie traten auch in einen Sexstreik, der allerdings wenig erfolgreich war.

26. Eine Superpower erzwingt den Frieden

Dann beteten sie regelmäßig zu Tausenden auf einem freien Feld an der Hauptstraße, die Charles Taylor jeden Tag auf dem Weg zu seinem Amtssitz benutzte, weshalb er sie bemerken musste. Im April 2003 wurden sie endlich von Taylor empfangen und Leymah führte das Wort, während 2.000 weitere Frauen vor dem Amtssitz warteten:

> *»Wir haben genug vom Krieg, wir sind es leid zu fliehen, wir sind es leid zu betteln, wir sind es leid, dass unsere Kinder vergewaltigt werden. Wir stehen jetzt hier, um die Zukunft unserer Kinder zu sichern.«*[106]

Im Juni 2003 führt Leymah die Delegation liberianischer Frauen an, die in Ghana während der Friedensverhandlungen Druck auf die Kriegsparteien macht. Sie demonstrieren jeden Tag in dem schicken Hotel, wo die Verhandlungen geführt wurden. Als diese sich über Wochen ohne Einigung hinziehen, während Taylors Truppen sich direkt vor Monrovias Innenstadt schwere Kämpfe mit LURD liefern, blockieren Hunderte von Frauen die Eingänge des Konferenzraums und schwören, niemanden rauszulassen, bevor der Friedensvertrag nicht unterschrieben ist. Sie schicken dem Verhandlungsführer und damaligen nigerianischen Präsidenten, General Abubakar, eine Nachricht, dass sie mit eingehakten Armen solange in den Gängen sitzen bleiben und die Delegierten als Geiseln halten würden, bis eine Einigung erfolgt sei. Wenn jemand versuchen sollte, den Saal zu verlassen, würden sie sich die Kleider vom Leib reißen – eine Aktion die in Afrika undenkbar skandalös wäre. General Abubakar mochte die Frauen und unterstützte ihre Aktion. Er verkündete offiziell: »General Leymah und ihre Truppen haben die Friedenshalle besetzt.«[107] Der Friedensvertrag, der der Letzte sein sollte, wurde kurz darauf unterschrieben.

Leymah führte nach dem Krieg ihren Kampf für Frauen, Frieden und Heilung vom Kriegstrauma fort, und bekam zusammen mit Ellen Johnson Sirleaf 2011 den Friedensnobelpreis. Sie äußerte sich entsetzt über den psychischen Zustand der Liberianer bei Kriegsende:

> *»Ein vierzehnjähriger Krieg geht nicht so spurlos vorbei [...]. 250.000 Menschen sind tot, ein Viertel davon Kinder. Jeder Dritte wurde vertrieben [...]. Mehr als 75 Prozent der physischen Infrastruktur des Landes, unserer Straßen, Krankenhäuser und Schulen sind zerstört. Eine ganze Generation junger Männer hat keine Ahnung, wer sie ohne eine Waffe in den Händen sind. Mehrere Generationen von Frauen sind verwitwet und vergewaltigt worden, haben*

---

106 Aus Leymah Gbowees Buch *Mighty Be Our Powers*.
107 Ebd.

gesehen wie ihre Töchter und Mütter vergewaltigt wurden, wie ihre Kinder töteten und getötet wurden [...]«[108]

Ein preisgekrönter Dokumentarfilm, »*Pray the Devil back to Hell*«,[109] zu Deutsch »Betet den Teufel zurück in die Hölle«, hält die Ereignisse von damals fest.

Gyude Bryant, ein liberianischer Geschäftsmann, der von allen Kriegsparteien als neutral angesehen wird, übernimmt den Vorsitz der Übergangsregierung bis zu den allgemeinen Wahlen 2005. Er wird später massiver Korruption bezichtigt. 2007 wird er verhaftet und beschuldigt, eine Million Dollar von der staatlichen Ölraffinerie unterschlagen zu haben. Bryant aber beharrt darauf, als Vorsitzender der Übergangsregierung Immunität gehabt zu haben, was die Staatsanwaltschaft abweist. Einen Tag später wird er aus der Haft entlassen, und schließlich vom Gericht freigesprochen. Eine weitere Anklage wegen Diebstahls von 3 Millionen US-Dollar aus den Staatskoffern wird mangels Beweisen fallengelassen.

Im November 2003 bitten die USA zwei Millionen US-Dollar für die Ergreifung Taylors, und INTERPOL stellt einen Haftbefehl aus. Taylor ist jetzt auf INTERPOLs »Most Wanted List«. Der Präsident von Nigeria erklärt, dass er Taylor nicht einfach so an INTERPOL ausliefern wird, sondern dass es dazu eines offiziellen Gesuchs eines neu gewählten Präsidenten Liberias bedarf.

---

108 Ebd.
109 Trailer des Films *Pray the Devil back to Hell:* https://www.youtube.com/watch?v=8Y6XwgHY3P4 (zuletzt aufgerufen am 06.03.2020).

27. UNMIL, die größte UNO-Friedensmission der Welt

Als der Friedensvertrag unterschrieben ist, rüstet sich die UNO zur Entsendung der größten Friedenstruppe, die sie je entsendet hatte: UNMIL.[110] Zusätzlich zu dieser Mission, die Milliarden Dollar kosten sollte, verpflichtet sich die internationale Gemeinschaft zu einem großzügigen Hilfspaket von 520 Millionen US-Dollar für Liberia.

Der Aufbau von UNMIL im Jahr 2003 hat 565 Millionen Dollar gekostet,[111] und danach hat UNMIL ein Jahresbudget von durchschnittlich 800 Millionen Dollar jährlich verbraucht, bis das Budget 2007 schrittweise bis zum endgültigen Abzug in 2018 zurückgefahren wird. Alles in allem war es eine massive Investition in dieses relativ kleine Land.[112]

15.000 Peacekeeper-Soldaten werden über das ganze Land verteilt. Die Hauptkontingente kommen aus Pakistan, Bangladesch, Nigeria und Ghana, Ingenieurskontingente kommen aus China, Pakistan und Bangladesch. Weitere Länder, die Truppen entsandten, waren Benin, Bolivien, Brasilien, Bulgarien, Kroatien, Dänemark, Ecuador, Ägypten, Äthiopien, Finnland, Frankreich, Finnland, Gambia, Indonesien, Jordanien, Kirgisien, Malaysia, Mali, Moldawien, Namibia, Nepal, Niger, Polen, Korea, Rumänien, Russland, Serbien, Togo, Ukraine, USA, Jemen, Myanmar, Sambia, Simbabwe und Deutschland.[113]

Über 1.100 Polizeieingreifkräfte aus Jordanien, Nigeria, Nepal, und eine reine Fraueneinheit aus Indien werden landesweit stationiert. Dazu kommen 500 Polizeiberater aus über 30 Ländern, von Argentinien über Korea und Sri Lanka, von China bis Polen und der Schweiz. Auch deutsche Polizisten halfen bei der Ausbildung der liberianischen Polizei. Pakistan und Jordanien betreiben provisorische Krankenhäuser für UNMIL-Militär und -Personal.

Dazu kamen 160 Militäroffiziere aus aller Welt, 250 internationale Militärbeobachter und 2.000 Zivilisten, wovon 900 internationale Mitarbeiter waren, 300 waren internationale UNVs und 800 waren nationale liberianische Mitarbeiter.

---

110 United Nations Mission in Liberia.
111 UN General Assembly 29. Oktober 2003, Dokument A/58/539, Bericht des UNO-Generalsekretärs über das UNMIL-Budget vom 1/08/01.08.2003 bis 30/06/30.06.2004
112 Allerdings sollte man dies im Vergleich sehen: Zum Beispiel hatte die Bundeswehr 2019 ein Budget von fast 48 Milliarden Euro, während alle UNO-Friedensmissionen weltweit im Budgetjahr Juli 2019 bis Juni 2020 6.5 Milliarden Euro kosteten, wovon Deutschland 6,09 Prozent der Kosten trug. Im Vergleich sind die Gesamtkosten für Friedensmissionen weniger als ein halbes Prozent der weltweit jährlichen Ausgaben für das Militär (Quelle: https://peacekeeping.un.org/en/how-we-are-funded).
113 Mit nur zwei Offizieren.

27. UNMIL, die größte UNO-Friedensmission der Welt

UNMIL übernimmt den ganzen Stadtflughafen Spriggs Payne und richtet einen regelmäßigen Hubschrauberpendelservice für seine Mitarbeiter und Soldaten ein, der von ukrainischen Piloten mit 40 Militärhelikoptern und Truppentransportern abgewickelt wird. Ein UNO- Boeing-727-Verkehrsflugzeug pendelt regelmäßig zwischen Ghana und Liberia, und zwei weitere, kleinere Flugzeuge werden im Inland eingesetzt. Sogar ein Schiff, die MV Catarina, wird für den Verkehr zwischen Monrovia und Harper gechartert. Über 1.000 UNO-SUVs waren auf den Straßen dieses relativ kleinen Landes unterwegs, sowie unzählige LKWs, Wassertanker, Abschlepp- und Sonderfahrzeuge – alles, was notwendig ist, um ein Land funktionsfähig zu halten. Weiße Panzer mit »UN«-Aufschrift fuhren Patrouille auf den staubigen oder matschigen Straßen im Inland, je nachdem, ob es Regen- oder Trockenzeit war.

Die wichtigste Aufgabe UNMILs war es, die Sicherheitslage im Land zu stabilisieren, den Frieden zu sichern und zu konsolidieren, die Rebellengruppen zu entwaffnen und zu demobilisieren und den Flüchtlingen die Rückkehr zu ermöglichen. Die nationale Polizei musste umstrukturiert und Polizistinnen und Polizisten ausgebildet werden. Die Ausbildung und Umstrukturierung des liberianischen Militärs übernahm die US-Armee.

Die zivilen Mitarbeiter waren zuständig für den Wiederaufbau der demokratischen Institutionen des Staates und der Regierungsführung, sowie der Rechtsstaatlichkeit, einschließlich der Reform der Justiz- und Sicherheitsapparate. Weitere Bereiche waren die Förderung der Demokratie und Menschenrechte, die nationale Aussöhnung, Unterstützung zur Durchführung demokratischer Wahlen, Reform des Strafvollzugs, und vor allem die Reintegration der Ex-Kämpfer in die Gesellschaft. Diese konnten zwischen formeller Schulbildung und Berufsausbildung wählen. Dazu gehörte auch, bestehende Kommandostrukturen zu zerschlagen und zu verhindern, dass sich die Ex-Rebellen erneut Milizen in Liberia oder im afrikanischen Ausland anschlossen. Es war die Abteilung, in der ich meinen Dienst leisten sollte.

Zwei der größten Gebäude Monrovias dienten als UNMIL-Hauptquartier, mit weiteren Büros und Konferenzräumen auf dem Gelände der deutschen Botschaft sowie 15 Hauptfeldbüros in den Provinzen und vielen kleineren Stationen in entlegenen Gebieten. Unzählige importierte weiße Fertigcontainer dienten als Büros, Wohn- und Schlafräume, Toiletten, Wasch- und Duschräume, als Sicherheitsschleusen, Lagerräume und Fitnesszentren. Das jordanische medizinische Team baute aus diesen Containern ein kleines Krankenhaus für das UNMIL-Personal. Alle diese Installationen mussten mit Stromgeneratoren, Satellitenverbindungen und Wasseranschlüssen versorgt werden. Um den militärischen und zivilen Mitarbeitern das Leben im Hinterland erträglich zu machen, wurden Fitnesscontainer installiert. In Monrovia gab es zwei Fit-

27. UNMIL, die größte UNO-Friedensmission der Welt

nesszentren für UNMIL-Mitarbeiter. CNN und BBC konnte im ganzen Land über Satellit empfangen werden und das Internet funktionierte in jeder kleinen Buschstation.

UNMIL übernahm das Land mit einer phänomenalen Logistik. Man konnte hinschauen, wo man wollte, selbst an den unwirklichsten Orten im Busch stach die Präsenz von UNMIL sofort ins Auge. Noch bevor die Mission ihre politischen Aufgaben wahrnehmen konnte, gingen die Militärs und ihre Ingenieurteams an die Arbeit und sorgten dafür, dass die unbefestigten Straßen im Inland passierbar waren, sie flickten Brücken, die nur aus Baumstämmen bestanden, und setzten mobile Eisenbrücken ein. Sie bauten Flughäfen im Busch aus, entsorgten den Müll, der in einigen Teilen der Stadt so hoch angewachsen war, dass er den Verkehr blockierte. Sie räumten Autowracks von den Straßen, versorgten die Einwohner Monrovias mit sauberem Trinkwasser und boten medizinische Hilfe an. Täglich machten sich Teams von Soldaten auf, um mit den Menschen in den Gemeinden zu reden, sie aufzuklären, sich ihre Sorgen und Probleme anzuhören und diese weiterzumelden.

Aufgrund der hohen Zahl der Analphabeten waren Flugblätter nicht geeignet, um die Bevölkerung zu sensibilisieren. Deshalb engagierte UNMIL eine Theatertruppe, die durch die Dörfer zog und mit viel Spaß, Tanz und Gesang für friedliche Koexistenz, Entwaffnung und Demobilisierung, Demokratie und Menschenrechte kulturgerecht und in einheimischen Sprachen warb. Ebenso wurde so die Landbevölkerung über HIV/Aids aufgeklärt und für häusliche und sexuelle Gewalt sensibilisiert.

Die UNMIL-Kommunikationsabteilung rief einen eigenen Radiosender ins Leben, der den ganzen Tag Information über die Aktivitäten der Vereinten Nationen und Hilfsprogramme verbreitete. Die Diskussionsthemen reichten von Menschenrechten, dem Friedensprozess, nationaler Versöhnung, Rechtsstaatlichkeit bis zu dem, was man allgemeine Bürgerkunde nannte. Man holte Kinder ans Mikrofon, und gab den Frauen eine Stimme, diskutierte soziale Themen, und natürlich gab es Musik. Die Programme wurden in Englisch, liberianischem Englisch und drei einheimischen Sprachen gesendet.

UNMIL war es jedoch nicht erlaubt, humanitäre Hilfe zu leisten oder Entwicklungsprojekte ins Leben zu rufen, denn erstens hatten sie dazu nicht die Expertise, und zweitens war dies die Aufgabe der verschiedenen spezialisierten UNO-Organisationen, die auch im Land waren, und die von UNMIL logistisch unterstützt wurden. Auch an der politischen Front tat sich mittlerweile einiges.

28. Die eiserne Lady und Countdown für Taylor

Im Oktober 2005 wurden Wahlen mit Hilfe und unter Aufsicht von UNMIL abgehalten, wobei Ellen Johnson-Sirleaf gegen den Weltstar-Fußballer George Weah antrat und gewann. Sie hatte diesen Sieg hauptsächlich den Frauen zu verdanken, die des Krieges so überdrüssig waren, und die in ihr als Frau eine neue Hoffnung gesehen hatten. Somit wurde sie die erste demokratisch gewählte Frau an der Spitze eines afrikanischen Staates und trat ihr Amt im Januar 2006 an. Die Welt war begeistert, denn sie verkörperte das Image einer integren und kompetenten Retterin des Landes. Zudem hatte sie als ehemalige Mitarbeiterin alle Sympathien der UNO und Kollegen, mit denen sie zuvor zusammen beim UNDP gearbeitet hatte, bekleideten jetzt Spitzenpositionen bei UNMIL. Außerdem hatte sie enge Beziehungen zu einflussreichen Persönlichkeiten in den USA. Auch heute noch zählt sie zu den einflussreichsten Frauen der Welt.

Ihr Werdegang ist ein Beispiel dafür, wie man es als unterprivilegierte Frau und trotz aller Widrigkeiten bis nach ganz oben schaffen kann. Aber er zeugt auch von obsessiver Ambition, genau wie der von Charles Taylor, nur auf eine ganz andere, eine sehr viel kultiviertere und subtilere Art und Weise.

Sirleafs Mutter war halb Kru und halb deutscher Abstammung, der Vater war vom Volk der Gola und der erste einheimische Parlamentsabgeordnete, den es in Liberia gab. Sie heiratete mit 17 Jahren und bekam vier Söhne. Aber ihre Ehe wurde geschieden, wohl auch aufgrund häuslicher Gewalt. Sie schaffte es, ein Studium in den USA aufzunehmen, und schloss mit einem Master in Öffentlicher Verwaltung an der Eliteuniversität Harvard ab.

Der Harvard-Abschluss hätte ihr eine Karriere in den USA garantiert, aber sie zog es vor, eine hohe Position im Finanzministerium in der Regierung der americo-liberianischen Elite anzutreten. Aufgrund ihres privilegierten Werdegangs wurde sie gesellschaftlich der Klasse der America-Liberianer zugeordnet. 1980 wurde sie unter Präsident Doe Finanzministerin und sollte das Amt bis zum Jahr 1985 innehaben. Schon damals hatte sie weitreichendere Ambitionen und 1985 kandidierte sie als Parlamentsabgeordnete. Dies und ihre Kritik an Does Regierung brachten sie zweimal ins Gefängnis, und sie entkam ihrer Hinrichtung nur knapp. Dank ihrer Beziehungen wurde sie jedoch ziemlich schnell wieder freigelassen und durfte das Land verlassen. Trotzdem fragt man sich, wie ein integrer Mensch, dem eine brillante Karriere in den USA offensteht, unter der grotesk korrupten Regierung Does als Finanzministerin fünf Jahren lang überleben konnte. Auf jeden Fall machte Sirleaf, nachdem sie das Land gezwungenermaßen verlassen hatte, internationale Karriere bei der Citibank, der Weltbank, und der UNO in New York, wo sie 1992 Direktorin für Afrika bei UNDP wurde. Doch ihre Präsidentschaftsambitionen waren unverändert geblieben: 1997 trat sie gegen Charles Taylor bei den Präsidentschaftswahlen an, verlor zwar haushoch gegen ihn mit nur 5 Prozent der Stimmen, hatte aber das zweitbeste Wahlergebnis.

Als sie dann Anfang 2006 zur Präsidentin gewählt wurde, lag ihr die Welt zu Füßen. »Die eiserne Lady«, wie man sie nannte, wurde der Liebling der internationalen Gemeinschaft, eine afrikanische Vorzeigepräsidentin. Sie spiegelte den politisch korrekten Zeitgeist des Westens wider, und sie wusste sich dieser Tatsache elegant zu bedienen. Auf der Weltbühne unterwegs, wurde sie überall bejubelt, nahm zahllose Preise entgegen. Sie benannte die Korruption als Staatsfeind Nummer Eins und schwor, diesen an vorderster Front zu bekämpfen.

Somit erhielt Sirleaf massive internationale Unterstützung zum Wiederaufbau, insbesondere von den USA. Liberia wurden Schulden in Höhe von fast 5 Milliarden US-Dollar erlassen, die durch frühere korrupte Regierungen verursacht worden waren. Investitionen flossen ins Land, die UNO schickte die größte Friedensmission, die es bis dahin gegeben hatte. Hunderte von NGOs leisteten humanitäre Hilfe und Entwicklungsarbeit. Sirleaf erklärte, dass sie nur eine Amtsperiode zur Verfügung stehen würde, in der sie das Land furchtlos auf den rechten Weg bringen und vor allem die Korruption bekämpfen wollte. Dann wollte sie gehen. Es hörte sich wie eine Aufopferung an, aber es sollte anders kommen, wie wir noch sehen werden.

Viele Liberianer, vor allem Intellektuelle, standen Sirleaf von Anfang an skeptisch gegenüber. Sie bezweifelten ihre Redlichkeit aufgrund ihrer aktiven Rolle im Bürgerkrieg. Viele hatten sie aus Mangel an einer Alternative gewählt. Schließlich hatten Taylor und Sirleaf am Anfang der Rebellion 1989 gemeinsame Sache gemacht, doch stolperte ihr Bündnis darüber, dass beide präsidiale Ambitionen hegten und Konkurrenten wurden.

Kaum hatte Sirleaf ihr Amt angetreten, lieferte sie Charles Taylor ans Messer. Im März 2006 stellte sie einen Auslieferungsantrag an Nigeria für die Überstellung Taylors an das UNO-Tribunal. Der Präsident von Nigeria, Obasanjo, geriet unter enormen Druck, dem Gesuch Folge zu leisten, der besonders von den USA ausging. Während Obasanjo in Washington bei Präsident Bush zu Besuch war, versuchte Taylor aus seiner komfortablen Villa im Süden Nigerias zu fliehen, er wurde aber 1.000 Kilometer weiter mit großen Mengen an Bargeld festgenommen, als er mit seinem Konvoi die Grenze nach Kamerun zu überqueren versuchte. Es gab Spekulationen, dass Präsident Bush Obasanjo androhte, ihn nicht zu empfangen, falls Taylor nicht ausgeliefert werden würde.

Später behauptete Taylor vor dem UNO-Tribunal, dass er mit vier Fahrzeugen unterwegs gewesen sei, um seinen Freund, den Staatspräsidenten von Tschad, zu besuchen, und dass Obasanjo ihm angeblich freies Geleit versprochen hatte.

Taylor wurde verhaftet und nach Monrovia geflogen. Bei seiner Ankunft am Flughafen in Monrovia wurde er von UNMIL-Sicherheitsleuten in Empfang genommen, sofort von irischen UNMIL-Soldaten an Bord eines UNO-Helikopters nach Sierra Leone geflogen und in ein UNO-Gefängnis gebracht, wo er von einer Spezialeinheit von UNMIL-Soldaten aus der Mongolei bewacht wurde.

Im Juni 2007 wurde Taylor aus Sicherheitsgründen von Sierra Leone nach Den Haag in die Niederlande geflogen, wo der Prozess am Internationalen Gerichtshof stattfand. In Afrika wäre das Risiko einer Befreiung aus dem Gefängnis aufgrund seiner mächtigen Unterstützer zu groß gewesen.

Die Anklagepunkte beinhalteten unter anderem Mord, Vergewaltigung, Sexsklaverei, Rekrutierung von Kindersoldaten, Sklaverei und Plünderung. Außerdem beschuldigte der Oberstaatsanwalt Taylor der Zusammenarbeit mit Al Kaida bei der Planung, ganz Westafrika zu destabilisieren, und des Mordversuches an Guineas Präsident Lasana Conte. Taylor hätte ebenfalls Al-Kaida-Mitgliedern Unterschlupf gewährt, die in Verbindung mit den Anschlägen von 1998 auf die US-Botschaften in Kenia und Tansania standen. In den Augen vieler war es gerade sein Kontakt mit Al Kaida, der die USA veranlasst hatte, so entschlossen zu handeln. Es wurde nämlich gemunkelt, dass Bush Taylor in den USA vor Gericht stellen wollte, falls er vom UNO-Tribunal freigesprochen werden sollte.

29. Wiedersehen nach 13 Jahren

Fast 15 Jahre nach meinem ersten Einsatz in Liberia von 1992 bis 1999 landete ich im Juni 2007 auf dem internationalen Flughafen Robertsfield. Ein paar Monate zuvor hatte ich nach interessanten Positionen im Ausland Ausschau gehalten, denn ich arbeitete jetzt schon mehrere Jahre im UNHCR-Hauptquartier in Genf.

Ich hatte eine breite Palette von Erfahrungen in New York, Afghanistan, Pakistan, Kambodscha, Ruanda, Burundi und Bosnien und Brüssel gesammelt – vom Konferenzdienst bei der UNO-Generalversammlung in New York bis zur Leitung eines UNHCR-Büros in einem kleinen Dorf in Ruanda war alles dabei. In Genf hatte ich ein weltweites Stipendienprojekt für Flüchtlinge geleitet und war für Außenbeziehungen der Abteilung des Mittleren Ostens und Nordafrikas verantwortlich gewesen. Der letzte Job in Genf, die weltweite Reform des Systems der humanitären Hilfe, hatte mich verzweifeln lassen: Die bürokratischen Prozesse und die Selbstbezogenheit einiger anderer humanitärer Organisationen waren mit meinem Pragmatismus schwer vereinbar. Unter dem Deckmantel der Reform versuchte eine Partnerorganisation die weltweite Notfallhilfe noch komplexer und bürokratischer zu gestalten, nur um sich Einfluss zu sichern. Ich empfand die Debatten in stundenlangen Sitzungen und die Produktion von Unmengen von seitenlangen Dokumenten als schmerzhaft.

Eine Ausschreibung stach mir zu diesem Zeitpunkt also besonders ins Auge: UNMIL in Monrovia suchte im Managementbereich des Programms zur Reintegration von Ex-Kämpfern einen »Senior Reintegration, Rehabilitation and Recovery Officer«[114] auf der P-5-Stufe, was im deutschen Öffentlichen Dienst einer A15-Stelle als Regierungsdirektor gleichkam.[115] Wir wurden offiziell ermutigt, Austausch mit anderen UNO-Organisationen zu pflegen, und zwar im Rahmen eines Abkommens, das garantierte, dass man jederzeit zu seiner vorherigen Organisation zurückkommen konnte. Ich schickte also meine Bewerbung für den UNMIL-Posten in Monrovia an die Abteilung für Friedensmissionen[116] bei der UNO New York. Die bekamen Hunderttausende von Bewerbungen, die sie unmöglich einzeln prüfen konnten. Meine Bewerbung war durch ein Auswahlverfahren mit einer speziellen Software in die engere Wahl gelangt, die gezielt nach Schlüsselwörtern suchte. Bei mir war das es das Wort »Reintegration«, das den Computer veranlasst hatte, meinen Lebenslauf

---
114 Beauftragte für Reintegration, Rehabilitation und Wiederaufbau.
115 http://oeffentlicher-dienst.info/beamte/un/.
116 UN Department of Peacekeeping Operations – UN DPKO.

herauszupicken. Meine Erfahrungen mit Reintegration bezogen sich auf die Wiedereingliederung von Flüchtlingen in Ruanda und Bosnien in ihre Heimat. Es folgte ein Interview per Telefon mit einem Gremium. Es sollte aber noch ein paar Monate dauern, bis ich endlich in Monrovia landete.

Nach der Landung zeigte sich sofort, dass UNMIL das Gesicht des Landes bestimmte. Schon die weiße Flugzeugtreppe, die an den Flieger herangefahren wurde, hatte den typischen schwarzen »UN«-Aufdruck. Eine Kollegin aus Ghana holte mich mit einem Fahrer ab, sie nahmen mir den Pass ab und erledigten für mich alle Visa- und Zollangelegenheiten, und bugsierten mich dann durch das Chaos am Flughafen, bis sie mich draußen in einen Jeep setzten. Ich atmete wieder diese wunderbar weiche, warme feuchte Luft, in die man sich so richtig hineinfallen lassen möchte. Ich war so glücklich, wieder in Afrika zu sein, und dankbar, an dieser aufregenden Aufgabe teilhaben zu dürfen.

UNMIL hatte den ganzen Riverview Compound gemietet und es war arrangiert worden, dass ich die ersten Tage in einem Haus in Riverview wohnen konnte, dessen Bewohner zu der Zeit alle im Urlaub waren. Danach wollte ich mir in Ruhe etwas anderes suchen. Also machten wir uns auf in Richtung Riverview, es war ein Weg von ehr als 60 Kilometern.

Als Erstes fielen mir die UNMIL-Checkpoints mit ihren hellblau angemalten Unterständen auf, die deutlich mit »UN« gekennzeichnet und durch Sandsäcke geschützt waren. Zuvor waren es ECOMOG-Checkpoints gewesen. Hindernisse blockierten die Passage durch einen Checkpoint mal rechts, mal links, sodass man langsam und im Slalom durchfahren musste. Die Soldaten aus Ghana oder Nigeria mit ihrem blauen UNO-Helm ehrten uns mit militärischem Gruß, da wir in einem UNO-Fahrzeug passierten.

Wir kamen an haushohen »UN«-Wassertanks vorbei, die die Bevölkerung mit sauberem Trinkwasser versorgten. An einer Ecke des Tubman Boulevards, einer der Hauptadern der Stadt, die durch ganz Sinkor führte, bemerkte ich eine große schwarze zusammenklappbare Holztafel, die aus drei Teilen bestand und die auf den ersten Blick wie ein übergroßes Werbeplakat aussah. Mit weißer Kreide und in makelloser Handschrift schrieb ein Mann auf schwarzem Untergrund die Nachrichten aus dem ganzen Land täglich neu auf. Schlagzeilen wurden kreativ verziert, zum Beispiel hatte er neben einem Artikel über UNMIL einen blauen UNO-Helm angeheftet. Es gab zwar jede Menge Tageszeitungen in Monrovia, aber viele Menschen waren Analphabeten, besonders Frauen. Und denen las er die Nachrichten gegen ein winziges Entgelt vor. Knapp 50 Prozent der Bevölkerung konnten weder lesen noch schreiben.

Dann fielen mir noch größere Plakate am Straßenrand auf. Eins bekundete schrill und laut, dass Charles Taylor unschuldig war, ein Zeichen, dass seine Person hier noch sehr gegenwärtig war. Später sollte ich erfahren, dass mehr als ein Dutzend Verbände für die Freilassung Taylors plädierten, da sie die Verurteilung für einen Justizirrtum hielten.

Dann kamen meterhohe Schilder mit gemalten Bildern, die die Bevölkerung für gesundheitliche und gesellschaftliche Probleme im Land sensibilisieren sollten. Eins davon sollte mich für die nächsten zwei Jahre immer wieder beim Vorbeifahren irritieren: Gesponsert von UNICEF und dem Gesundheitsministerium, stand da in großen Buchstaben »Wie man Durchfall verhindert«. Das Plakat rief zum Händewaschen auf, darunter stand »After the Pupu«,[117] mit einem Bild, das einen Mann in der Hocke mit heruntergelassener Hose zeigte, der deutlich sichtbar an Durchfall leidet. Ein anderes Schild rief zum Kampf gegen Korruption auf und zeigte einen Polizisten, der von einem Autofahrer Schmiergeld einforderte. Ein ziemlich gewalttätiges Bild, auf dem sich aggressive Menschen gegenseitig mit Eisenstangen die Köpfe einschlugen, richtete sich gegen Mobgewalt und Selbstjustiz. Es gab Schilder gegen Gewalt an Frauen und Gruppenvergewaltigung. Auf einem saß eine schreiende Frau auf dem Boden, die von vorn von einem Mann angegriffen wird, hinter ihr hält sie ein anderer Mann fest, und daneben steht ein dritter Mann, der sich schon fast die Hose heruntergelassen hat. Die Szene trug die Überschrift »Es könnte deine Schwester sein!«.

Es war ein positives Zeichen, dass die Regierung und die UNO zusammen diese Themen aufgriffen und nicht unter den Teppich kehrten. Man konnte später über die Präsidentin Ellen Johnson Sirleaf sagen, was man sollte, und das werden wir auch tun, aber wenn sie sich einem Thema hingab, dann war das Gewalt gegen Frauen, besonders Vergewaltigung.

UNMIL sollte während der nächsten zwei Jahre ausgedehnte und kreative Kampagnen gegen Gewalt an Frauen und Kinder, und speziell gegen Vergewaltigungen abhalten. UNMIL-Radio spielte eine entscheidende Rolle bei der Sensibilisierung für dieses Thema. Ein speziell dafür komponiertes Lied wurde zum Ohrwurm. UNMIL startete eine Kampagne gegen Kinderprostitution, die an die Kinder und Teenager gerichtet war, die von den Eltern auf den Strich geschickt wurden. Das Lied hieß *My body is mine*, was die Selbstbestimmung des Kindes über seinen Körper zum Ausdruck bringen sollte. Die Kampagne war in dieser konservativen Gesellschaft kontrovers, und der UNO wurde vorgeworfen, damit zum allgemeinen Ungehorsam gegen die Eltern aufzurufen. Eine andere NGO-Kampagne brachte ebenfalls Ärger ein. Die NGO hatte Frauen über ihre Rechte aufgeklärt, unter anderem, dass sie sich von ihren Ehemännern nicht schlagen zu lassen brauchten. Daraufhin verließen einige Frauen ihre Ehemänner mit der Feststellung: »Wir verdienen sowieso das Geld

---

117 »Nach dem Stuhlgang.«

auf dem Markt, erziehen die Kinder, machen den Haushalt, wozu brauchen wir die Männer?« Ebenfalls kontrovers war die Diskussion über Vergewaltigung in der Ehe, die bei den Männern nicht gut ankam. Leider gab es unter Sirleaf keine Diskussionen über die Beschneidung der Mädchen, was sehr schade war, aber es zeigte die Macht der traditionellen Geheimgesellschaften und ihren Einfluss auf die Regierung.

Wir aber waren immer noch auf dem Weg vom Flughafen nach Riverview, der mir schon viel über den Zustand des Landes verriet. Wir ließen die Innenstadt links liegen und fuhren über die Johnson-Brücke nach Bushrod Island. Da sah ich links die Montserrado-Brücke, oder auch Alte Brücke genannt, die 1935 als eine der ältesten Eisenbrücken in Afrika gebaut wurde, in V-Form im Wasser liegen. Der Fahrer erklärte, dass die Brücke nie gewartet worden war, und viele ihrer Eisenteile geplündert und als Alteisen verkauft worden waren, sodass sie irgendwann zusammengebrochen war.

Wir fuhren jetzt durch Bushrod Island, das sich mit seinen vielen libanesischen Händlern kaum verändert hatte. Wir passierten den Hafen, in dem jetzt ein Duty-free-Shop für UNMIL-Mitarbeiter eingerichtet worden war.

Die Kollegen erklärten mir, dass hier vor Kurzem eine Riesenladung mit weißem Pulver in Plastik verpackt angeschwemmt worden war. Westafrika ist aufgrund der schwachen staatlichen Strukturen und der Korruption zu einem Hauptumschlagplatz für Drogen aus Südamerika, sowie Kleinwaffen aus aller Welt geworden. Als die Polizei anrückte, um das Pulver zu bergen, das sich später als Kokain herausstellen sollte, hatte sich unter den Frauen schon herumgesprochen, dass man sich am Strand umsonst Waschpulver holen konnte, und somit war das Meiste schon weggetragen worden.

Kurioserweise war auch gerade wieder einmal ein Frachtschiff aus dem Hafen gestohlen worden, genau wie damals, als ich das erste Mal in Liberia ankam. Diesmal hatte ein Frachter vor der Küste gebrannt und war dann von mit Macheten bewaffneten Piraten entführt worden, die auf zwei kleinen Fischerbooten angerückt waren. Sie hatten die Crew zusammengeschlagen und fuhren das Schiff Richtung Elfenbeinküste. UNMIL verfolgte das Schiff noch mit dem Helikopter, konnte es aber nicht stoppen. Es ward nie wieder gesehen.

Ich konnte vom Straßenbild her kaum einen Unterschied zu dem vor 13 Jahren erkennen, außer dass jetzt die weißen UNMIL-Fahrzeuge das Straßenbild dominierten.

Weiter oben, am Ende von Bushrod Island und kurz vor der Brücke über den Saint Paul River, an dessen anderem Ufer Riverview lag, sah ich schon von Weitem, dass der chaotische Douala-Markt immer noch existierte, durch den ich trotz des Verkehrsstaus immer so gern gefahren war. Für mich war es wie Kino, das man bequem vom Auto her genießen konnte. Ein Stau kündigte den

29. Wiedersehen nach 13 Jahren

Markt an, der sich unpraktischerweise zu beiden Seiten der Straße ausbreitete. Man musste aufpassen, dass man niemanden überfuhr, denn zwischen den hupenden Autos überquerten Menschen mit allerlei Waren auf dem Kopf die Straße oder schoben Schubkarren und Handwagen. Taxis parkten halb auf der Straße und die Stände schienen sich bis auf den Asphalt auszubreiten. LKWs kamen mit neuen Waren aus Sierra Leone und blockierten die Straße. Es war ein Fest der Sinne, der Farben, der Bewegungen und neuen Entdeckungen. Da war eine Frau, die ihre moderne Damenhandtasche auf dem Kopf trug, und ein dünner großer Mann überquerte den Markt bekleidet mit Chapeau-Claque, Smoking mit Schwalbenschwanz und Flip-Flops. Diese Garderobe stammte noch aus der Glanzzeit des americo-liberianischen High Life von dem Vieles den Plünderungen anheimgefallen war. In Afrika wurde alles recycelt. Ich drehte immer die Scheibe runter, um den Ton zu diesem Film zu hören, und fand bald heraus, dass die Kollegen dieses bunte Chaos genau wie ich auf ihrem Weg zum Büro und zurück genossen.

Es zog natürlich auch psychisch instabile Menschen und solche mit schweren Kriegstraumata auf den Markt. Sie schienen von der sowieso sehr toleranten Gesellschaft akzeptiert zu werden, wo sollten sie denn sonst auch hin. Man konnte sich nur vorstellen, wie es sich hier in einer unterversorgten Institution leben ließe, und es ging ihnen trotz Verwahrlosung wahrscheinlich besser auf der Straße. Am Tag meiner Ankunft machte einer von ihnen mir Angst, denn der kam ganz nah an die Scheibe, und zeigt mir grüne Steine in seinem Mund, die wie Jade aussahen. Er nahm sie rein und raus, spielte damit, hielt sie an die Scheibe, und während wir noch immer im Stau standen und nicht vorwärts kamen, quetschte er sein Gesicht an die Scheibe und schrie: »I want to eat your heart!« – »Ich will dein Herz essen.« Da erschrak ich ganz fürchterlich, weil ich ja wusste, dass er es wohl wörtlich meinte. Ich dachte mir, dass das vielleicht ein Heartman[118] war, es soll ja passieren, dass Menschen die anderen extrem viel Leid zugefügt haben, wahnsinnig werden. Vor meiner Ankunft hatte mich ein Liberianer, der in Deutschland lebt, gebeten, das Problem der »Heartmen« bei UNMIL anzusprechen. Heartmen, die gewerbsmäßig Menschen töten, um ihre Herzen für Rituale zu verkaufen, gab es schon vor dem Krieg und es gab sie noch immer, nachdem der Krieg beendet war. Während des Krieges, wie wir schon gesehen haben, war die Nachfrage enorm. Ein paar Tage später sollte derselbe Mann direkt vor meinem Fahrzeug auf der Straße stehen und unter einem langen T-Shirt masturbieren. Es gab auch jemanden, der malte aneinandergereihte Kästen auf die Straße, mit Zahlen in der Mitte, so wie wir es damals als Kinder machten, wenn wir Hüpfkästchen spielten.

---

118 Jemand, der professionell Menschen tötet und die Herzen für rituelle Zwecke verkauft.

Der Fahrer erklärte mir, dass der Mann einmal ein Mathematiklehrer gewesen war, der dem Wahn verfallen war. Eine Kollegin berichtete, dass ihr im Stau auf dem Douala-Markt einmal jemand in hohem Bogen auf die Windschutzscheibe gepinkelt hätte.

Das Schlimmste, was ich auf dem Douala Markt gesehen habe, war ein Toter, der während der Regenzeit auf dem Rücken im Schlamm lag, was den hektischen Marktbetrieb um ihn herum nicht weiter aufhielt. Ich kam mit meinem Auto nur schrittweise vorwärts, sah etwas weiter einen Polizisten stehen und hielt an, drehte die Scheibe herunter, und sagte ihm, dass da ein Toter im Schlamm liege. »Ich weiß«, antwortete er, »der liegt seit gestern da, normalerweise sollte ihn jemand abholen, aber hier funktioniert ja nichts!«

Es gab einen weiteren Markt auf der anderen Seite von Monrovia, der das alles noch in den Schatten stellte, was das Chaos anging. »Red Light« hieß dieses endlose, unübersichtliche Areal von Chaos, Waren, Müll und Kriminalität, weil über der Straße durch den Markt eine nichtfunktionierende Ampel thronte, die einzige im Land. Hier konnte man alles kaufen, Legales und Illegales. Gruppen von Ex-Kämpfern lungerten herum. Teil davon war der Gorbachop Markt, wo man hinging, um geklaute Sachen zurückzukaufen. Waterside war ein anderer Markt direkt in der Stadt am Wasser, der zwar laut und chaotisch war, aber abgesehen von Taschendieben ungefährlich.

Riverview hatte sich verändert. Sam, der Besitzer, der noch ein guter Freund von damals war, hatte zusätzliche Wohneinheiten hinter dem Pool und am Eingang bauen lassen, die alle von UNMIL gemietet waren. Aber es war keine wirkliche Gemeinschaft mehr, es war einfach alles zu groß und zu anonym. Trotzdem wurde ich am ersten Abend von einer Gruppe Filipinos zum Hähnchenessen in ihr Haus eingeladen, als sie sahen, dass ich gerade angekommen war. Ich wohnte die ersten Tage allein in einer der großen Villen, dann kam der Feuerwehrmann vom Heimaturlaub aus den USA zurück. Jawohl, der Feuerwehrmann! Es war diverser als bei den anderen UNO-Organisationen mit ihren Berufsdiplomaten, wo man ein Leben lang bei der UNO blieb. Die UNO-Missionen stellten Spezialisten aus allen möglichen Branchen auf bestimmte Zeit, und für einen bestimmten Job ein. UNMIL hatte eine eigene Feuerwehr, die von meinem neuen Mitbewohner geleitet wurde. Ihm standen zwei oder drei einheimische Kollegen zur Seite. Er war einer von den in den USA verehrten Feuerwehrmännern und es war sein erster Job bei der UNO. Eigentlich verdiente er sein Geld damit, dass er im mittleren Westen der USA Kühe züchtete. Er erklärte mir genau, wie das funktionierte. Seine Kühe weideten zusammen mit ihren Kälbern im Freien, und er sah sich genau an, welche Kuh eine gute Mutter und zur Zucht geeignet war. Ein zweiter Mitbewohner zog ins Zimmer gegenüber von mir ein, er war der nigerianische Aide-de-Camp des UNMIL-

29. Wiedersehen nach 13 Jahren

Militärkommandanten, ein dünner, sehr intellektuell wirkender junger Mann. Er brachte eine Waffe mit ins Haus, die fast so groß wie eine Golfausrüstung war. Da konnte ich dann ja ruhig schlafen. Ich sollte mich daran gewöhnen, dass viele meiner UNMIL-Kollegen Militärs oder andere bewaffnete Spezialsicherheitsleute waren, wohingegen bei anderen UNO-Organisationen das Tragen einer Waffe zur Entlassung führen konnte.

Später rief ich Sam an, der mir sagte, dass er einen zweiten Compound in Laufweite vom UNMIL Hauptquartier gebaut hatte, direkt am Strand, ein kleines Häuschen neben dem anderen, alles nagelneu eingerichtet, mit 24 Stunden Strom und vollem Putz-, Wäsche- und Handwerkerservice, Klimaanlage, Pool und Partybereich mit überdachter Bar. Das Apartment direkt am Pool war gerade frei geworden, und die Miete war günstig. Ich traf Sam dort am nächsten Tag und zog sofort ein. In der ersten Nacht machte ich die Klimaanlage aus und schlief mit dem Rauschen der Wellen ein.

Sam hatte geschäftlich immer einen guten Riecher. Alle Wohneinheiten seiner zwei Compounds waren an UNO-Mitarbeiter vermietet. Die Apartments waren einfach perfekt, schön gelegen am Strand, mit einem möblierten Wohnzimmer mit Satellitenfernseher, einer Küchenzeile, einem Bad und einem Schlafzimmer mit Doppelbett und, ganz wichtig, einem Wandsafe. Auf der anderen Straßenseite war eines der UNMIL-Fitnesszentren, perfekt ausgestattet, und morgens um 5:30 Uhr schon geöffnet. Ich genoss es, mich um nichts kümmern zu müssen, so konnte man sich voll auf die Arbeit und auf die Freizeit konzentrieren. Sam hatte eins der Apartments zu seinem Büro gemacht und oft rief er uns mittags im Büro an und lud uns zu seinem selbst gekochtem libanesischem Essen ein.

Ein paar Schritte weiter, am Ende des Tubman Boulevard und noch vor den Regierungsgebäuden und der Universität, stand das UNMIL-Hauptquartier direkt am Meer, die Pan African Plaza oder PAP, wie man sagte, wo ich die nächsten zwei Jahre arbeiten sollte. Es war mit zehn Stockwerken das höchste und schickste Gebäude von Monrovia, gebaut von Muammar Gaddafi. Zur Meerseite hin parkten Hunderte von weißen UNO-Fahrzeugen, alle in Reih und Glied, alle in Fahrtrichtung. Zur Straßenseite lag links der Eingang, neben dem sich ein hoher Zementblock neben dem anderen zu einer dicken Sicherheitsmauer bis zum Ausgang an der anderen Seite aufreihte. Besucher kamen durch eine Sicherheitsschleuse auf das Gelände, wo sie einen temporären Besucherausweis ausgestellt bekamen. Wir Mitarbeiter trugen immer unseren Ausweis und Führerschein am Band um den Hals, der von den Ghurkas, die den Eingang bewachten, überprüft wurde. Ghurkas, die berühmten nepalesischen Kämpfer, wurden für jede UNO-Mission angeheuert, galten sie doch als legendär verlässliche Kämpfer, die ihren Krummdolch immer bei sich trugen. Sie sind immer noch Bestandteil der britischen Armee und haben für sie in beiden Weltkriegen gekämpft, ebenso in Asien, den Falklands, dem Kosovo, und jetzt im Irak und in Afghanistan. Ghurkas sind extrem mutige Kämpfer, von denen man sagt, dass, wenn sie in einem Kampf den Krummdolch ziehen, sie Blut sehen müssten – entweder das des Gegners oder das eigene. Sie würden nie den Rückzug antreten. Ich hatte sie zum ersten Mal in Afghanistan kennengelernt, wo ein nepalesischer Kollege sie einen für sie typischen Tanz bei sich zu Hause aufführen ließ.

Den ganzen ersten Tag verbrachte ich mit »Einchecken«, das hieß, endlos Formulare auszufüllen, Ausweise erstellen lassen, Fotos machen zu lassen, ein Funkgerät zugeteilt zu bekommen. Mein Dienstgrad garantierte mir ein eigenes Büro mit Kühlschrank und Mikrowelle. Dann musste ich den UNMIL-Führerschein machen. Ich protestierte, denn ich hatte diese UNO-SUVs seit fast 20 Jahren unfallfrei gefahren. Aber es half nichts. Also ging es zur theoretischen Prüfung zur Star Base, dem logistischen Hauptquartier auf Bushrod Island. Ein Däne nahm uns die Prüfung ab. Ich war die einzige Frau unter mehr als einem Dutzend einfacher äthiopischer Soldaten, und ich fragte mich, wie die wohl den Test in Englisch bestehen würden, aber sie schienen keine Probleme zu haben. Als die Theorie bestanden war, folgte die praktische Prüfung. Ein junger Mann aus dem Kosovo schien die Übung zu leiten, denn er fragte, wer es denn als Erster versuchen wollte. Ich meldete mich, da ich die Toyota Landcruiser absolut sicher fahren konnte. »Frauen melden sich normalerweise nicht als Erste«, flötete der junge Mann. Angesichts solch einer sexistischen Bemerkung stieg in mir die Wut hoch. Ich stieg ins Auto, und der junge Mann befahl mir, rückwärts in eine Nische einzuparken, die mit einer Mauer aus Sandsäcken umrandet war. Seine Bemerkung über Frauen wurmte mich, und ich war so dumm, mich davon beeinflussen zu lassen. Und so setzte ich den Wagen mit einem Ruck direkt gegen die Sandsackwand. »Aussteigen, durchgefallen, der Nächste!« Ich schaffte die Prüfung eine Woche später, nachdem ich mich nutzlos aufgeregt hatte und dem Dänen einen Beschwerdebrief geschrieben hatte. Doch hatte ich auch Verständnis für das strenge Vorgehen, denn hier waren Menschen mit den unterschiedlichsten Fahrkünsten unterwegs, und in früheren Missionen waren eine Menge Fahrzeuge zu Schrott gefahren worden oder sonst irgendwie »verloren« gegangen. Jetzt gab es ein Kontrollsystem, bei dem man, um das Fahrzeug zu starten, seinen Führerschein wie eine Kreditkarte durch einen Schlitz am Armaturenbrett ziehen musste. So wurden jede Bewegung, und sogar die Geschwindigkeit registriert. UNMIL hatte das ganze Land mit einem Satellitensystem überzogen, das alle Fahrzeugdaten meldete und speicherte. Bei Geschwindigkeitsübertretungen oder sonstigen Vergehen konnte einem der Führerschein zeitweise entzogen werden.

Endlich wurde ich meinem Direktor und unserem Team im sechsten Stock, sowie den Chefs der anderen Abteilungen vorgestellt, Männern und Frauen aus aller Welt, sowie Liberianern. Unsere Abteilung hieß zunächst DDR[119] und wurde gegen Ende des Entwaffnungsprozesses in RRR[120] umbenannt. Mein italienischer Chef tröstete mich als erstes damit, dass er ebenfalls zunächst beim Führerscheintest durchgefallen war. Im Prinzip hatten wir vier Hauptaufgaben: Der Schwerpunkt war das Berufsausbildungsprogramm für die Ex-Kämpfer, das Schaffen von Zehntausenden von Kurzzeitjobs zur Instandhaltung der Straßenpisten im Hinterland, von denen Ex-Kämpfer, zurückgekehrte Flüchtlinge und andere Gemeindemitglieder profitierten, und die Rückgabe der Kautschukplantagen an das Landwirtschaftsministerium, die von den Ex-Kämpfer besetzt und ausgebeutet wurden. Während wir den Ex-Kämpfern Berufsausbildungen als Alternative anboten, übten wir gleichzeitig Verhandlungsdruck auf sie aus.

Außerdem beobachteten wir Gruppen von Ex-Kämpfern, die sich ihren ehemaligen Kommandanten angeschlossen hatten, um illegal Gold oder Diamanten zu schürfen, im Nationalpark zu jagen und Bäume zu fällen, Drogengeschäfte zu machen oder ganz legal Mopedtaxi fuhren, aber sich entsprechend ihrer alten Kommandostruktur organisierten. Wir verfolgten die Entwicklung dieser Gruppen systematisch, da sie eine potenzielle zukünftige Gefahr darstellten.

Ansonsten schrieben wir Berichte, Analysen, empfingen Mitarbeiter von Universitäten, junge Menschen, die zum Thema unserer Abteilung forschten, und Journalisten, oder schauten uns die Aktivitäten im Landesinneren an. Als Stellvertreterin des Direktors war ich die direkte Vorgesetzte einiger Kollegen und kümmerte mich auch um neue Rekrutierungen.

An der Tür meines Chefs klebte ein Zettel mit der Aufschrift »Instant Free Zone«. In Afrika war Instantkaffee sehr beliebt, was für einen Italiener, und auch für mich, unerträglich ist. Er hatte seine Morgenroutine. Als Erstes kochte er starken Filterkaffee, wobei ich zum ersten Mal sah, dass jemand den Filter nicht wechselte, sondern frisch gemahlenen Kaffee auf den Kaffeesatz häufte. Danach rief er seine alte und offenbar schwerhörige Mutter in Italien an. Anschließend trank ich mit ihm Kaffee in seinem Büro. Er brachte mir eine neue Managementmethode bei. Ich war gewohnt, immer eins nach dem anderen anzugehen und systematisch bis zum Ende weiterzuverfolgen. Hier wurden jeden Morgen viele neue Ideen verfolgt, sodass immer viele Themen irgendwo in der Luft schwebten, die sich aber am Ende so entwickelten, wie es sein sollte. Ein Freund, der Professor für Management ist, erklärte mir, dass das

---

119 Disarmament, Demobilization and Reintegration oder Entwaffnung, Demobilisierung und Reintegration.
120 Reintegration, Rehabilitation and Recovery oder Reintegration, Rehabilitation und Wiederaufbau.

»mediterranes« Management sei. Das sei vergleichbar mit den Akrobaten im Zirkus, die mehrere sich drehende Teller gleichzeitig auf dünnen Stöcken balancierten. Man hat immer mehrere Projekte gleichzeitig im Visier, und jeden Tag entscheidet man, an welchem Teller wieder ein wenig nachgedreht werden muss, und bringt gleichzeitig neue Teller ins Spiel. So blieb man flexibel.

Meine Hauptaufgabe sollte das Management des Reintegrationsprogramms für die Ex-Kämpfer sein. Ich war so froh, einmal nichts mit Budgets und NGO-Verträgen zu tun zu haben, wie das beim UNHCR der Fall war, sondern mich ganz auf die politische Arbeit und fachliche Beratung konzentrieren zu können.

30. Ein neues Leben für Ex-Kämpfer?

Anfänglich kam es zu Aufständen in Monrovia, als Massen von disziplinlosen Ex-Kämpfern mit völlig überzogenen Erwartungen zum Entwaffnungslager drängten. Ein Chaos brach aus, das nicht mehr zu kontrollieren war. 16 Menschen kamen zu Tode, woraufhin das Programm zunächst gestoppt wurde. Im April 2004 begann UNMIL dann erfolgreich ein Programm, bei dem insgesamt 103.000 Liberianer aller Parteien den Prozess der Entwaffnung und Demobilisation durchlaufen sollten. Jetzt galt es, zur Friedenssicherung den Ex-Kämpfern eine alternative Einnahmequelle zu bieten und sie unabhängig von ihrer alten Kommandostruktur zu machen. Sie konnten sich für eine formelle Schulbildung oder eine Berufsausbildung handwerklicher Natur entscheiden. Zusätzlich erhielten sie insgesamt 300 US-Dollar in bar. In Liberia war das viel Geld, was zu einem enormen Pull-Faktor führte. Die größte Schwierigkeit eines DDR-Programms mit unkonventionellen Kämpfern ist, dass sie nirgendwo offiziell registriert sind und deshalb Manipulationen schwer zu vermeiden sind. Das Kriterium war, dass der Teilnehmer von seinem Kommandanten als Kämpfer identifiziert wurde und entweder eine Waffe oder auch nur etwas Munition abgab, um denen gerecht zu werden, die sich eine Waffe teilten.

Obwohl das Programm gut konzipiert war, wurde es massiv von den Kommandanten manipuliert, um sich zu bereichern. Sie nahmen Kämpfern Waffen und Munition ab, die sie Freunden und Verwandten gaben, die dann vom Programm profitierten. Manche verkauften auch die Waffen und machten einen enormen Profit. Wenn jemand eine Waffe für 150 US-Dollar verkaufte, machte der Käufer immer noch einen Profit von 150 US-Dollar und konnte am Ausbildungsprogramm teilnehmen, bei dem man noch zusätzlich 30 US-Dollar Unterhaltsgeld im Monat bekam.

Wie man sich denken kann, endeten alle möglichen Menschen im DDR-Programm, die nichts mit den Kriegsparteien zu tun hatten. Das erklärte, warum ich so viele Menschen während der Berufsausbildung sah, die ich mir weder mit Waffe im Arm, noch als Sexsklavinnen vorstellen konnte, unter ihnen viele alte und gebrechliche Damen.

Dann gab es wiederum Protestaktionen und Aufstände von Ex-Kämpfern, die von ihren Kommandanten ausgeschlossen worden waren und denen man die Waffen weggenommen hatte. Sie waren nicht nur um ihre 300 US-Dollar geprellt worden waren, sondern da sie keine DDR-Ausweiskarte hatten, konnten sie auch nicht an einer Ausbildung teilzunehmen.

30. Ein neues Leben für Ex-Kämpfer?

Für UNMIL war es Priorität, Gewalttätigkeiten und Blutvergießen zu vermeiden. Da eine genaue Prüfung unmöglich war, handelten sie nach dem Motto »besser zu viel als zu wenig«, und so wurden statt der zunächst vorgesehenen 38.000 Kämpfer am Ende 103.000 entwaffnet, einschließlich 22.300 Frauen[121] und 11.700 Kinder, von denen fast ein Viertel Mädchen waren. UNICEF übernahm alle Kinder automatisch. Der Rest hatte jetzt einen DDR-Ausweis und Anspruch auf eine Ausbildung.

Das Management des Reintegrations- und Berufsausbildungsprogramms setzte sich aus drei Parteien zusammen: Der Nationalen Kommission zur Entwaffnung, Demobilisierung und Reintegration (NCDDR),[122] UNMIL und UNDP. Alle politischen und operationellen Entscheidungen wurden während der regelmäßigen gemeinsamen Besprechungen zwischen diesen drei Parteien getroffen. UNMIL trug die politische Verantwortung, achtete auf Einhaltung internationaler Standards, agierte als Berater, verfasste Lageberichte und Analysen. UNDP übernahm das Projektmanagement, da UNMIL, wie schon erklärt, keine Hilfsprojekte durchführen durfte.

Der Aufbau lokaler Kapazitäten wie derjenigen der NCDDR war das Herz jeder Entwicklungspolitik, und ihre Gründung war Teil des Friedensvertrags. Tatsächlich war die NCDDR ein Beispiel für ein typisches Dilemma, und ein teurer Klotz am Bein – ständig versuchte die Kommission, das Programm für ihren persönlichen Profit und den ihrer Verwandten zu manipulieren. Die Kommission war als Teil der Regierung quasi ihr kleiner Klon und somit genauso korrupt. Für mich noch schockierender aber war ihr vollkommenes Desinteresse am Aufbau und Wohlergehen der Menschen ihres Landes. Sie versuchten, die Dauer der Kommission und damit das Programm künstlich zu erweitern und zu verlängern, und zwar so lang wie möglich. Die NCDDR wurde vollständig von der UNO finanziert, einschließlich SUVs, Zweiräder fürs das Gelände, Büros, Gehälter, Spesen, Benzin, alles vom Computer angefangen bis zum Bleistift. Um ihre Familien unterzubringen, hatten sie viel zu viele Posten geschaffen, die gar nicht gebraucht wurde, oder die nur auf dem Papier bestanden, damit das Gehalt aufgeteilt werden konnte, so wie es in den anderen Ministerien nicht unüblich ist.

Ich hoffte auf gute Zusammenarbeit mit UNDP, um die NCDDR in Schach halten zu können. Bei meiner Ankunft im Juni 2007 war das Geld des Treu-

---

121 Sie wurden »Women Associated With Fighting Forces« genannt. Unter ihnen waren nicht nur Kämpferinnen, sondern auch solche, die zu sexuellen Diensten und Haushaltsarbeiten gezwungen wurden. Andere wiederum waren aktiv an Kampfhandlungen beteiligt gewesen, es gab sogar Kommandantinnen.
122 National Commission on Disarmament, Demobilization, Rehabilitation and Reintegration.

30. Ein neues Leben für Ex-Kämpfer?

handfonds für DDR aufgebraucht: Circa 92.000[123] Menschen hatten das Reintegrationsprogramm absolviert und hatten je nach Verfügbarkeit vor Ort an Automechaniker-, Klempner-, Schneider-, Schreiner- oder Kosmetikkursen teilgenommen. Angesichts der Situation in Land, des Zustands der Ausbildungsstätten und der Kompetenzen der Ex-Kämpfer waren die Möglichkeiten begrenzt. Die Ausbildungsdauer von zunächst neun Monaten wurde jetzt aus Budgetgründen auf sechs Monate reduziert. Einige hatten nie oder nur kurz eine Schule besucht, somit gab es eine Menge Analphabeten unter ihnen. Es wurden auch landwirtschaftliche Kooperativen gefördert, allerdings war Landwirtschaft sehr unbeliebt galt als unmodern; sie bedeutete den niedrigsten sozialen Status. Kaum jemand wollte sich wirklich für so etwas Altmodisches hergeben, obwohl viel fruchtbares Land verfügbar war. Wozu denn eine Ausbildung für etwas absolvieren, dass der Großvater als Analphabet auch so konnte, dachte man sich.

UNDP hatte für die Durchführung der Ausbildungsprogramme liberianische NGOs unter Vertrag genommen, da es politisch korrekt war, lokale Kapazitäten zu unterstützen, anstatt mit teuren internationalen NGOs zusammenzuarbeiten. Die meisten lokalen NGOs waren vor dem Krieg Privatfirmen gewesen, die sich jetzt auf den Fluss von Hilfsgeldern eingestellt und sich zu NGOs umgestaltet hatten. Sie waren dem Druck der Gesellschaft und der Familie ausgesetzt, sich davon einen finanziellen Vorteil zu schaffen, was wiederum zu Korruption und Vetternwirtschaft führte. Vielen von ihnen mangelte es auch an Führungskapazität und Ausstattung. Die Qualität war sehr unterschiedlich und einige schienen unter den Umständen durchaus akzeptable Arbeit zu liefern. Wenn ich ehrlich war, konnte ich das nur schwer beurteilen, denn aus logistischen Gründen musste man seine Feldbesuche ankündigen. Doch oft war es offensichtlich, dass das Budget missbraucht worden war, wenn das Ausbildungszentrum nur aus einem Dach bestand, und nicht einmal ein Minimum an Lehrmaterial vorhanden war. Auch ging ich davon aus, dass die Zahl der Teilnehmer an den Tagen, an denen ich vorbeikam, höher war, denn es war allgemein bekannt, dass einige nur am Monatsende erschienen, um ihre 30 U$-Dollar Unterhaltsgeld zu kassieren.

Meine Kollegen und ich waren uns einig, dass nach dem Abschluss des DDR-Programms kein Unterschied mehr zwischen Ex-Kämpfern und anderen jungen Menschen gemacht werden sollte, denn fast alle waren sozial oder existenziell gefährdet, und zwar nicht nur durch ihre Vergangenheit, sondern

---

123 Eine genaue Zahl ist nicht zu ermitteln, da Parallelprogramme von anderen Geldgebern und Hilfsorganisationen durchgeführt wurden, die den Ex-Kämpfer-Status der Teilnehmer nicht überprüft hatten.

schon allein aufgrund einer Arbeitslosenquote von 85 Prozent. In Anbetracht der Misswirtschaft des Staats und des extrem hohem Bevölkerungswachstums lässt diese Zahl auch kaum auf deutliche Veränderung hoffen.

Im Jahr 2007, als der Treuhandfond zur Neige ging, gab es nach unserer Datenbank noch maximal 9.000 Personen, die über DDR-Ausweiskarten verfügten und noch nicht an einem Ausbildungsprogramm teilgenommen hatten. Normalerweise hätten wir diese ohne Probleme in laufende Programme anderer Hilfsorganisationen eingliedern können, was auch den Vorteil gehabt hätte, dass die Zusammenarbeit mit anderen Mitgliedern ihrer Gemeinde für die soziale Reintegration von Vorteil gewesen wäre. Die NCDDR jedoch stemmte sich massiv gegen diese Lösung, da es das Ende ihrer Existenz gewesen wäre, und sie hätten ihren Job und ihre Privilegien verloren.

So wurden die schon immer unangenehmen DDR-Sitzungen zur stundenlangen Qual: Die NCDDR versuchte, die Schließung des Programms mit allen Mitteln zu verhindern, und »entdeckte« immer neue angeblich Berechtigte, dabei war die Gesamtzahl derer, die entwaffnet worden waren, sowieso schon sehr großzügig bemessen worden. Einige der Initiativen der NCDDR waren gefährlich und gaben Anlass zu immer neuen Zwischenfällen. Zum Beispiel, wenn sie die Ex-Kämpfer anstachelten, neue exorbitante Forderungen zu stellen, denen wir nicht nachkommen konnten, was dann zu gewalttätigen Aufständen führte. Einmal streuten sie Gerüchte, dass zusätzliche Gelder verfügbar wären. Daraufhin stürmte eine größere Gruppe junger Männer eine von UNMIL/UNDP geführte Informationskampagne vor Ort. Der liberianische UNMIL-Kollege wurde von der Menge tätlich angegriffen und kam nur knapp mit dem Leben davon. Es machte schon Sinn, den Anweisungen zu folgen, wonach wir unsere Fahrzeuge immer in Fahrtrichtung zu parken hatten, denn das hatte sein Leben gerettet.

Für die letzte Phase des Programms, die im Januar 2008 begann, meldeten sich gut 5.100 Menschen für eine Berufsausbildung an. Dafür mussten wir neues Geld beschaffen. Ich hatte festgestellt, dass es merkwürdigerweise sehr viel einfacher war, von Regierungen Geld für DDR-Programme zu bekommen als für humanitäre Hilfe. Wir hatten ein Budget für sieben Millionen US-Dollar berechnet, die wir noch brauchten. Die norwegische Regierung, die immer sehr großzügig war, zeigte sich interessiert und schickte eine Regierungsvertreterin zu Besprechungen nach Monrovia. Alle Parteien, die NCDDR, UNDP und wir, hatten separate Vorgespräche mit der liebenswerten Norwegerin, die wir natürlich vorab informiert hatten, dass die NCDDR das Geld am liebsten direkt und nicht über die Kontrolle des UNDP beziehen wollte. Wir klärten sie diskret über das Risiko auf, dass dann ein Großteil der Gelder zu verschwinden drohten.

30. Ein neues Leben für Ex-Kämpfer?

Ich konnte es nicht fassen, als die Dame dann in der gemeinsamen Endsitzung verkündete, dass sie das Geld direkt an die NCDDR geben wollte. Sie fügte hinzu, dass die norwegische Regierung bereit war, zusätzliche Millionen zur Verfügung zu stellen, falls Bedarf bestünde. Mir wurde fast schwarz vor Augen. Die NCDDR hatte beim Gespräch mit der Norwegerin ihren Joker ausgespielt und sich als hilfloses Opfer dargestellt, das von der UNO bevormundet wurde. Wir schafften es im Nachhinein, die norwegische Regierung davon zu überzeugen, das Geld im Rahmen von UNDP zu spenden, damit wenigstens ein Minimum an finanzieller Kontrolle gewährleistet war, obwohl sich selbst da noch viele Schlupflöcher anboten.

Auch bei kleineren Vorfällen, wenn unbeträchtliche Summen achtlos verschwendet wurden, drehte sich mir der Magen um. Zum Beispiel, als wir feststellten, dass bei den 10.000 von der NCDDR gedruckten Informationsflugblättern inklusive Comics für Analphabeten zum Programm der obligatorische Hinweis auf den Sponsor fehlte. Wir schlugen vor, eine norwegische Flagge im Schnellverfahren und unter Mithilfe aller vorne auf das Flugblatt zu kleben. Das stieß auf heftigen Widerstand der NCDDR: »Das kostet doch nur 15.000 [US] Dollar, das lassen wir neu drucken.« Sie wollten für den übertreuerten Druck noch einmal eine Provision kassieren. Die Vorstellung, dass Menschen für diese Steuergelder arbeiteten, war für sie nicht nachvollziehbar, denn in Liberia funktioniert das ja nicht so. Sie kamen diesmal aber damit nicht durch, und die norwegische Flagge wurde aufgeklebt.

Laut Plan sollten die Angestellten der NCDDR eine Informationskampagne im Landesinneren durchführen, sodass auch der letzte Ex-Kämpfer seine Chance wahrnehmen konnte. Dazu sollten sie von unseren Kollegen in den Feldbüros Unterstützung bekommen. Alles, was wir von der Aktion mitbekamen, war eine fette Spesenrechnung ohne jeglichen Beleg. UNDP verlangte daraufhin die Erstellung einer Tabelle mit Zeit- und Ortsangaben für jeden Aufenthalt ihrer Mitarbeiter im Feld. Diese Tabelle wurde nachträglich eingereicht und die Spesen wurden gezahlt. Für einen Rechnungsprüfer mag die Tabelle als Beleg ausreichen, aber die Realität ließ vermuten, dass die Kampagne nie stattgefunden hatte. Ich fragte bei den Kollegen in den Feldbüros nach, wo niemand die Kollegen vom NCDDR je gesehen hatte.

Es gab aber noch perfidere Methoden der Bereicherung, die sehr zu Lasten der Ex-Kämpfer gingen, wie zum Beispiel die Ausbildung am Computer, was sich bei oberflächlicher Betrachtung zunächst positiv ausnimmt. Die Maßnahme macht aber tatsächlich wenig Sinn, wenn die Teilnehmer weder Lesen noch Schreiben können. Ebenfalls war sie nutzlos, wenn keine Aussicht auf einen Job bestand, in dem diese Fähigkeiten anwendet werden konnten.[124] Auf Druck der NCDDR waren wir bereit, Kompromisse einzugehen, aber unter der Bedingung, dass die Anzahl der Kurse begrenzt waren und die Teilnehmer mindestens einen Hauptschulabschluss vorweisen konnten. Als Reaktion zog der Pastor, einer der NCDDR-Manager, die Rassismuskarte, und unterstellte uns, dass wir absichtlich den Fortschritt durch Bildung von Afrikanern verhindern wollten.

Die NCDDR hatte nämlich an einem Plan gebastelt, der ihr viel Geld einbringen sollte: Ihre Familienmitglieder hatten zufällig Computerschulen aufgemacht, oder das, was sie dafür ausgaben. Die NCDDR legte uns dann eine Statistik vor, die belegen sollte, dass ein Großteil der Ex-Kämpfer sich für einen Computerkurs entschieden hatte. Wir schauten uns dann so eine »Schule« an und stellten fest, dass es an Kompetenzen der Ausbilder und an Ausrüstung fehlte. Anstatt vor einem Computer zu sitzen, bekam jeder Schüler ein Stück Pappe, auf dem die Tastatur aufgemalt war! Das lehnten wir natürlich ab.

Ein paar Tage später gab es einen gewalttätigen Aufstand der Ex-Kämpfer, die das UNDP-Büro mit Steinen bewarfen. Sie forderten, an Computerkursen teilzunehmen. Wir fanden heraus, dass dies eine von der NCDDR inszenierte Strategie war, um uns in die Knie zu zwingen. Die Anführer des Aufstandes waren dafür bezahlt worden. Das letzte Argument, dass die NCDDR dann vorbrachte, war, dass die Unternehmer nun in Computerschulen investiert hatte, und wir es schon allein deshalb verpflichtet seien, diese zu unterstützen, oder alternativ die Unternehmer entschädigen. Wir blieben standhaft, denn wir hatten niemanden ermuntert, eine solche Computerschule zu gründen.

Und so verbrachten wir wieder viele Stunden in langen und nervtötenden Verhandlungen, in denen wir ständig mit enormem Aufwand an Energie versuchten, den Missbrauch der Programmgelder zu verhindern. Es wäre eine große Erleichterung gewesen, wenn ich mit der ungeteilten Unterstützung der UNDP-Kollegin hätte rechnen können. Während die Zusammenarbeit mit einem von ihnen, einem erfahrenen und diplomatischen Nigerianer, hervorragend war, fand ich bald heraus, dass ich seiner matronenhaften und quäkigen spanischen Chefin nicht trauen konnte. Gegen jedes gesunde Vernunftgefühl fing sie plötzlich an, während der Sitzungen den Standpunkt der NCDDR zu vertreten. Ich fand heraus, dass sie inzwischen enge soziale Kontakte in der NCDDR geknüpft hatte. Man backte sich gegenseitig Kuchen und besuchte

---

124 Ich persönlich hatte Erfahrung mit Computertraining für zurückgekehrte Flüchtlinge in Bosnien, die durchaus gebildet waren, aber dadurch, dass der Arbeitsmarkt extrem begrenzt war, hatten sie keine Chance, eine dementsprechende Anstellung zu bekommen. Nach kurzer Zeit hatten sie alle Fertigkeiten vergessen (abgesehen davon, dass das, was sie gelernt hatten, nicht mehr zeitgemäß war).

sich am Wochenende. Unter normalen Umständen ist so etwas als sehr positiv zu bewerten, jedoch in diesem Falle sah es eher nach einem Interessenskonflikt aus. Die NCDDR zog alle Register, und ich hatte keine Ahnung, was diesem Kurswechsel zugrunde lag. Kurz darauf beschwerte sich eine meiner Mitarbeiterinnen bei mir, dass der Pastor der NCDDR, der immer so inbrünstig das Gebet vor den Sitzungen sprach, versucht hatte, mir ihr anzubändeln.

Es war aber nicht nur die NCDDR, die die Zusammenarbeit erschwerte. Andere staatliche Institutionen waren genauso dysfunktional. Viele von ihnen hatten schon Erfahrung mit UNDP-Projekten, die es üblicherweise einer einheimischen Delegation erlaubte, ein gleichartiges Projekt in Europa oder in einem anderen afrikanischen Land zu besuchen. Es war üblich, Freunde und Verwandte des zuständigen Regierungsbeamten mitreisen zu lassen, die dann auch noch von üppigen Reisespesen profitierten. Ich war schockiert, als mir ein Regierungsvertreter direkt ins Gesicht sagte, dass er kein Interesse an einer Kooperation hätte, wenn diese Reisebedingungen nicht erfüllt würden. Noch elendiger war die Situation der Kollegen im Hinterland, die sich ständig beschwerten, dass die Vertreter der örtlichen Verwaltung oft erst gar nicht zu den Besprechungen erschienen.

Ich erinnere mich an die allererste Sitzung, in der ich UNMIL gegenüber dem Landwirtschaftsministerium vertrat, und einen Vorschlag zur Finanzierung einer Bestandsaufnahme der Kautschukplantagen im Lande entgegennehmen wollte. Alles, was mir vorgelegt wurde, war ein Zettel mit ein paar Zahlen ohne Text, die die benötigten Spesen darstellen sollten. Mir schien, dass, wie zu Zeiten der Herrschaft der Americo-Liberianer, Regierungsbeamte eine unüberwindliche Abneigung gegen Besuche im Hinterland hatten. Ein Beispiel von vielen war eine Verabredung mit dem Vizeminister für Landwirtschaft zu einem Flug mit einem unserer Helikopter, um die Anwohner einer Kautschukplantage über die zukünftige Nutzung aufzuklären. Der Vizeminister erschien aber nicht am Spriggs Payne Flughafen, wo wir uns treffen wollten. Ein Anruf bei ihm ergab, dass er sich nicht wohlfühlte und nicht mitkommen könnte. Es fiel kein Wort über einen alternativen Termin, während die Menschen vor Ort stundenlang vergebens auf ihn warteten.

Meiner Meinung nach wäre es besser gewesen, für die Teilnahme an Workshops und Ausbildungsprogrammen keinen monatlichen Unterhalt zu zahlen und das Geld direkt in die Ausbildung zu investieren. So waren die DDR-Ausweise bares Geld wert, und es reizte die Ex-Kämpfer, sie zu verkaufen, um an schnelles Geld zu kommen, anstatt einer Ausbildung nachzugehen. Ich kam zu spät, um dieses Konzept noch zu ändern, denn einmal eingeführt, hätte eine Änderung zu unkontrollierbaren Unruhen geführt. Mein Fazit war, dass Bargeld Anreize zum Missbrauch schuf, und dass die wenigsten Ex-Kämpfer die

Reife und das geeignete Umfeld hatten, um das Geld in ihre Zukunft zu investieren. Auch hatte ich beim UNHCR gelernt, dass es sich als wirkungsvoller erwies, Menschen aus der unmittelbaren Umgebung, ihrer »Community«, in die Projekte mit einzubeziehen, anstatt den Ex-Kämpfern individuell zu helfen. Das hätte ihnen mehr Stabilität gegeben und ihre soziale Integration und die Akzeptanz der Bevölkerung gefördert, denn einige monierten, dass Kämpfer auf diese Weise noch belohnt wurden, während ihre Opfer leer ausgingen. In diesem Sinne überzeugte ich die UNO in New York während einer Videokonferenz, und durfte das weltweit gültige DDR-Handbuch dementsprechend umschreiben.

Die psychologischen und sozialen Defizite der ehemaligen Kämpfer waren gewaltig. Ein Großteil war drogenabhängig, die meisten völlig verroht und ohne jegliche soziale Kompetenzen. Mit einer Kalaschnikow um die Schulter brauchte man keine Kommunikationsfähigkeiten. Der Besitz der Waffe allein war der Garant, dass man sich alles nehmen konnte, was man brauchte: Geld, Frauen, Nahrung und Konsumartikel. Während des Krieges brauchten sie nur auf ihren Mund zu zeigen, um von der Bevölkerung aus Angst vor Repressalien schnellstens mit Essen versorgt zu werden. Sie hatten nie gelernt, mit Widerstand und Frustration gewaltfrei umzugehen. Diese Defizite trafen auf einen großen Teil der Jugend zu, deren soziales und kulturelles Gefüge durch die Kriegserfahrungen zerstört worden waren, und die genauso verhaltensauffällig waren wie die Ex-Kämpfer. Ihre Frustration aufgrund unerfüllter überzogener Erwartungen entlud sich in Aufständen und Protesten, die oft einem Mini-Bürgerkrieg glichen: Straßen wurden gesperrt, Autos abgefackelt, Geschäfte geplündert und Menschen verletzt. UNMIL schickte dann ihre internationale Polizei oder Truppen, um die Lage zu beruhigen. Dabei wussten die Menschen genau, dass zum Beispiel die pakistanischen Soldaten sehr zögerlich in der Anwendung von Gewalt waren, und die Nigerianer dagegen den Ruf hatten, weniger zimperlich zu sein, sodass manchmal schon allein die Ankündigung der Ankunft der Nigerianer die Unruhen beendete.

2009 gab es einen Aufstand auf der Guthrie-Kautschukplantage, die die Regierung von den Ex-Kämpfern übernommen hatte. Obwohl die Plantage gutes Geld abwarf, waren die Arbeiter seit zwei Monaten nicht bezahlt worden. Außerdem hatten sie entdeckt, dass ihr Lohn auf der Gehaltsliste mit 200 oder 300 US-Dollar angegeben war, während sie tatsächlich nur 100 US-Dollar im Monat bekamen. Die Arbeiter plünderten die Verwaltungsgebäude der Plantage, zündeten sie an und blockierten die vorbeiführende Straße nach Sierra Leone mit Baumstämmen. Die Straße war wichtig für den Handel, und es hatten sich lange Auto- und LKW-Schlangen gebildet. Als ich informiert wurde, rief ich sofort den Kommandanten der UNMIL-Polizei an. Es antwortete mir ein

30. Ein neues Leben für Ex-Kämpfer?

deutscher Polizist, der mir zunächst einmal Nachhilfe in Demokratie gab: »Wir lassen die erst mal gewähren, die Demonstranten haben ein Recht, ihr Anliegen in der Öffentlichkeit bekannt zu machen. Erst später am Tag werden wir räumen«. Das »Räumen« schaute ich mir persönlich an, und sah, wie die Nigerianer mit ihren schweren Fahrzeugen ohne mit der Wimper zu zucken über die Baumstämme hinwegfuhren, was die Protestierenden augenblicklich zum Aufgeben brachte.

Aufgrund des Gewaltpotenzials galt es, in allen Begegnungen mit den Ex-Kämpfern umsichtig zu sein. Wenn ich sie vor Ort besuchte, wurde mir manchmal ein Zettel mit einer Liste von unrealistischen Forderungen überreicht, zum Beispiel, dass die Ausbildung endlos verlängert werden sollte, damit sie ihre 30 US-Dollar monatlich weiter bekamen, oder dass wir das Programm abbrechen sollten und ihnen lieber das Bargeld geben sollten. Sie waren noch nicht so weit, sich auf die Entwicklung eigener Fähigkeiten und Nachhaltigkeit zu fokussieren. Bei einer Ablehnung ihrer Forderungen, rissen sie ihre Augen plötzlich weit au, und der Gesichtsausdruck wurde augenblicklich starr und hart. Die Schwelle zur Gewalt oder Geiselnahme war zwar gegenüber UNO-Beamten sehr hoch, trotzdem gingen wir kein Risiko ein, sondern ließen uns bei Besuchen von potenziellen Gewalttätern von einem ganzen Platoon bewaffneter UNMIL-Soldaten begleiten. Meine einheimischen Kollegen dagegen, die an der Basis arbeiteten, konnten Versammlungen mit Ex-Kämpfern nur im Schutz von UNMIL-Truppen abhalten, und selbst dann gab es Vorfälle, wobei denen sie fluchtartig den Ort verlassen mussten.

Mir fiel auf, dass man die Ex-Kämpfer als Gruppe sehr leicht für sich gewinnen und begeistern konnte, aber diese Euphorie konnte ebenso schnell ins Gegenteil umschlagen. Vielen sah man ihre Vergangenheit an ihrem verhärmten und kalten Gesichtsausdruck an. Wenn sie dann noch Macheten in der Hand hielten, die in Afrika für alle möglichen Arbeiten verwendet wurden, lief es mir manchmal kalt den Rücken herunter. Das Gleiche galt für ihre Kommandanten, die ich manchmal zu Besprechungen mit in mein Büro nahm.

Die Programme selbst hatten große Defizite, die unter den gegebenen Umständen schwer zu verbessern waren. Oft bemerkte ich bei meinen Besuchen, dass die Auszubildenden erst aktiv wurden, wenn sie mich im Anmarsch sahen. Dann schraubte ganz plötzlich ein Dutzend junger Männer an einem kleinen Motor herum, der im Gras lag.

Daneben war eine Schneiderei, wo mir jeder Lehrling ein schönes Stück fertig genähte Kleidung vorlegte, aber ich niemanden an einem Teil arbeiten sah. Stattdessen sah ich den Ausbilder, wie er den jungen Männern und Frauen das Rechnen beibrachte, da sie ja mit dem Zentimetermaß arbeiten mussten. Ein Stück weiter in der Schreinerei sah es etwas professioneller aus, abgesehen davon, dass der Schreinermeister total betrunken war.

30. Ein neues Leben für Ex-Kämpfer?

Wenn die NGOs mit der Zahlung des Unterhaltsgeldes im Rückstand waren, entweder weil sich jemand persönlich aus dem Budget Geld »geliehen« hatte, oder ein Bericht ausstand, bevor UNDP die nächste Teilzahlung vornehmen konnten, gab es gewalttätige Aufstände. Dann konnte es passieren, dass die Unterrichtsräume abgefackelt wurden. Das war besonders tragisch, wenn die Ausbildung aus Raummangel nachmittags in einer öffentlichen Schule stattfand, die dann abbrannte.

Ich kann mich aber auch an erfolgreiche Programme erinnern, zum Beispiel das in einer gut ausgerüsteten und alt gedienten Schreinerei, der ein kompetenter Lehrer vorstand. Die Lehrlinge stellen Möbel her, die im Umfeld sehr gut verkauft wurden, und somit hatten sie schon ein zusätzliches Einkommen, was ihre Motivation immens beflügelte. Man sah ihnen an, dass sie richtig glücklich waren. Meiner Meinung nach war das Geheimnis, dass der die Schreinerei altansässig und der Lehrer nicht korrupt war.

Ein anderes Mal rief mich der Ausbilder eines landwirtschaftlichen Gemüseanbauprogramms zur Hilfe. Er war gut qualifiziert, und lehrte eine biologische Anbaumethode. Die Schüler aber verlangten nach Pestiziden, weil dies zu ihrer Vorstellung von moderner Landwirtschaft gehörte. Sie fühlten sich von ihrem Lehrer betrogen und nahmen an, er hätte die Pestizide zu seinem persönlichen Gewinn verkauft. Da wieder ein Aufstand drohte, bat mich der Ausbilder, seinen Schülern, die sich auf einem von ihnen bestelltem Feld versammelt hatten, zu erklären, dass Pestizide nicht nur unnötig, sondern auch ungesund für Mensch und Natur waren. Ich kam seinem Anliegen natürlich mit Begeisterung nach.

Obwohl mehrere Evaluierungen des Reintegrationsprogamms durchgeführt wurden, kann ich von keiner behaupten, dass sie für mich besonders glaubwürdig oder aufschlussreich war. Der Berater, der dazu ausgewählt wurde – ob er nun Ausländer oder Liberianer war –, wusste genau, dass er keinen allzu negativen Bericht abliefern durfte, wenn er weiterhin Aufträge an Land ziehen wollte. Ich halte sechs oder neuen Monate Ausbildung von geringer Qualität für unzureichend, aber es war das Beste was man anbieten konnte im Rahmen des desolaten Zustands des Landes. Wir wussten ganz sicher, dass der Ausrüstungskoffer, den jeder Absolvent des Programms bei Abschluss bekam, sofort verkauft wurde, um an Bargeld zu kommen. Niemand schien das Konzept von Nachhaltigkeit zu verstehen. Man stand vor einer Wand von Hindernissen, die so nicht gelöst werden konnten. Ich fand es deprimierend, aber verständlich, dass Geschäftsleute mir sagten, dass sie niemals einen Ex-Kämpfer einstellen würden, aus Angst vor ihrer Reaktion bei einer eventuellen Meinungsverschiedenheit. Das gleiche galt für einmalige Dienstleistungen wie zum Beispiel Klempnerarbeiten, für die niemand aus der Bevölkerung einen Ex-Kämpfer anheuern wollte.

30. Ein neues Leben für Ex-Kämpfer?

Wann immer es möglich war, ließen wir große öffentliche Arbeiten, wie zum Beispiel die jährlichen Reparaturen der unbefestigten Pisten im Land nach der Regenzeit, als Arbeitsbeschaffungsmaßnahme durch manuelle Arbeit ausführen. Zusammen mit der Weltbank und dem Ministerium für Öffentliche Arbeiten engagierten wir die Bevölkerung in den Dörfern entlang der betroffenen Straßen, die dafür einen Tageslohn von drei US-Dollar am Tag erhielten. Daran nahmen Ex-Kämpfer, zurückgekehrte Flüchtlinge und auch Frauen[125] teil. Als ich Liberia verlies, waren so über sieben Millionen US-Dollar direkt als Lohn an die Menschen geflossen, die für diese Gelegenheit, sich nebenbei etwas zu verdienen, äußert dankbar waren. Solche Maßnahmen sind ideal, um Ex-Kämpfer nach der Entwaffnung von der Straße zu holen und sinnvoll zu beschäftigen, damit sie erst gar nicht auf dumme Gedanken kommen und sich in Banden zusammenzuschließen. Anstatt teure Maschinen zu finanzieren, kann man so vielen bedürftigen Menschen ein gutes Zubrot anbieten.

Allerdings sind solche Programme auch nur mit hohem Aufwand zu bewerkstelligen, schon allein die Auszahlung des Lohns in den Gemeinden war nur mit bewaffneten Eskorten der UNMIL-Peacekeeper möglich. Aber selbst da gab es einen Vorfall, als auf dem Weg in ein Dorf die ganze Kasse von Anwohnern in einem Massenansturm geplündert wurde, weil die Peacekeeper sich nicht trauten, das Feuer zu eröffnen. Die Auszahlung an die berechtigten Arbeiter verspätete sich somit, was wiederum einen Aufstand nach sich zog, bei dem Straßen blockiert wurden. Wir brachten in diesem Fall das Geld am nächsten Tag per Helikopter zu den Menschen.

Die liberianische Regierung war leider nicht daran interessiert, das Programm weiterzuführen, obwohl es mit Hilfe von Barzahlungen via Mobiltelefon durchaus möglich gewesen wäre. Böse Zungen behaupteten, dass man gutes Schmiergeld für den Kauf einer Maschine bekam. Es kursierte auch ein Gerücht, dass eine von einem Geberland gespendete Straßenbaumaschine zur persönlichen Bereicherung verkauft worden war.

Wir waren uns alle einig, dass die extreme Arbeitslosigkeit von ungefähr 85 Prozent[126] die größte Gefahr für Frieden und Sicherheit im Land war, die sich durch das Bevölkerungswachstum noch verschärfen wird. Unter der gegebenen schwachen Kapazität des Staates und der Misswirtschaft sind deshalb Unruhen und eine verstärkte Migration abzusehen.

Einige Untersuchungen ergaben, dass doch ungefähr 30 Prozent der Ex-Kämpfer nach ihrer Berufsausbildung Arbeit fanden. Jedoch sind solche Umfragen komplexen Umständen unterworfen, und ich denke, es könnten weniger

---

125 Durchschnittlich waren 30 Prozent der Beteiligten Ex-Kämpfer und 20 Prozent waren Frauen, die als besonders zuverlässig galten und oft Aufsichtsjobs übernahmen.
126 Geschätzt, aber schwierig zu erstellen, da viele in informellen Bereichen arbeiten.

sein, je nachdem, was man als Arbeit bezeichnet. Auf jeden Fall gab es immer noch viel zu viele Ex-Kämpfer, die allein oder in losen Gruppen ohne festen Wohnsitz herum marodierten. Sie lebten von kriminellen Machenschaften oder als Tagelöhner, durchsuchten den Müll, handelten mit Drogen, beraubten Passanten. Hunderte von ihnen hatten sich auf dem Friedhof im Zentrum von Monrovia eingerichtet. Da der Untergrund des Friedhofs sumpfig ist, werden die Toten oberhalb der Erde in Gräbern aus Beton bestattet, die bunt gestrichen oder mit farbigen Kacheln geschmückt sind. Die Ex-Kämpfer durchbrachen die Deck- oder Seitenplatten, warfen die menschlichen Überreste achtlos weg, und benutzten die Gräber dann als Schlafstelle, zusammen mit ihren Freundinnen, die meist obdachlose junge Mädchen waren. Der ganze Friedhof war in einem erbärmlichen Zustand: Das Gras zwischen den Gräbern war mindestens einen Meter hoch, menschliche Knochen, Gebisse, Schädel lagen zwischen Exkrementen herum, denn der Friedhof wurde auch als öffentliche Toilette benutzt. Gezielt suchten sich die Ex-Kämpfer die Gräber der Oberschicht aus und holten die teuren, protzigen Holzsärge heraus, warfen den darin liegenden Leichnam weg, und verkauften die Särge dann wieder. Sogar die Stahlstangen aus den Gräbern verscherbelten sie an Schrotthändler.

Andere Ex-Kämpfer lebten in den Skeletten der Hochhäuser, die einmal elegante Banken oder Hotels gewesen waren, wo jetzt nur noch vermoderte Betonpfeiler, Etagendecken und einige wenige Wände standen. Ihre Freundinnen im Teenageralter gebaren dort Kinder auf dem Betonboden, kaum fähig, für diese zu sorgen.

Ich traf mich regelmäßig mit Gruppen, die um finanzielle Förderung baten, und war jedes Mal verstört über die Konzepte, die mir vorgelegt wurden. Eine Gruppe gebildeter Ex-Kämpfer wollte von uns mehrere tausend Dollar, um eine Jugendkonferenz abzuhalten, ohne eine Vorstellung davon zu haben, was dabei herauskommen sollte. Ich sagte ihnen ganz offen, dass niemand so etwas finanzieren würde. Stattdessen schlug ich vor, dass ich mich für sie einsetzte, wenn sie eine verlassene Staatsfarm übernehmen wollten und dort landwirtschaftlichen Anbau betreiben wollten. Als Beispiel nannte ich den Anbau von Tomaten, die aus der Elfenbeinküste importiert werden mussten, und die fast so teuer waren wie Fleisch. Darauf bekam ich die beleidigte Antwort: »Wir sind moderne zivilisierte Menschen, wir essen nur Tomaten aus der Dose!«

Ich beobachte eine Entwicklung, die mir sehr ungesund schien, da eine ganze Generation junger Menschen ihre Zukunft in der Hilfsindustrie suchte, entweder über gut bezahlte Jobs bei den NGOs, der UNO oder anderen Organisationen, die vom Ausland aus unterstützt wurden, oder sie nahmen an irgendwelchen Projekten teil, die nicht auf Nachhaltigkeit hoffen ließen.

30. Ein neues Leben für Ex-Kämpfer?

Ein typisches Beispiel für das Dilemma, dem die Menschen ausgeliefert sind, wenn sie Zugang zu Ressourcen aus Projekten haben, aber dringend Geld für Medikamente, Schulgeld, Beerdigungen oder Hochzeiten brauchen, ist ein Vorzeigeprojekt für Ex-Kämpfer in Voinjama, im Norden des Landes, wo die FAO[127] eine Hühnerfarmkooperative finanzierte. Mit der Zeit wurde das Einkommen der Farm für persönliche Zwecke missbraucht und es war kein Geld mehr da, um Hühnerfutter zu kaufen. Dann begannen sie, die Hühner zu schlachten. Das Projekt hielt sich nur so lange, wie es von außen unterstützt wurde.

In Monrovia belagerten selbstbewusste Arm- oder Beinamputierte Ex-Kämpfer die libanesisch geführten Läden in den Einkaufsstraßen, wo sie ziemlich aggressiv bettelten. Sie hielten Türen auf und halfen beim Ein- und Ausparken. Mit Hilfe von Krücken liefen sie hinter Kunden her, und wirkten bedrohlich auf sie ein, wenn sie ihnen kein Trinkgeld gaben. Ich fragte sie nach den hochwertigen Prothesen, die sie doch alle von den Hilfsorganisationen bekommen hatten. Die Antwort war: »Wir benutzen die Prothesen nur sonntags zur Kirche, beim Betteln sind sie nur nachteilig!« Sie hatten sich im nationalen Amputiertenfußballteam zusammengeschlossen und gewannen 2008 sogar die afrikanische Meisterschaft gegen die Spieler von Sierra Leone, die ebenfalls im Bürgerkrieg ihr Bein verloren hatten. Sie erzählten stolz, dass das Team sogar schon nach Russland geflogen war, Business Class natürlich.

Die Umstände, die zu den Verstümmelungen führten, konnten ganz unterschiedlich sein. Während in Sierra Leone Tausenden von unschuldigen Zivilisten die Hände oder Arme von den Rebellen abgeschlagen wurden,[128] gab es in Liberia Fälle, in denen die Bevölkerung in einem Akt der Selbstjustiz besonders grausamen Kämpfern beide Arme abgehackt hatten. Jungen Männern, die vom NPFL-kontrollierten Gebieten nach Monrovia flohen und erwischt wurden, hackten die Rebellen ebenfalls ein Bein ab. Das Abschneiden der Ohren galt als leichte Strafe oder wurde nur so zum Spaß ausgeführt.

In seinem Buch *The Mask of Anarchy* berichtet Stephen Ellis von Säcken voller Penisse und anderen Körperteilen getöteter Kämpfer, die sie stolz ihren Kommandanten als Trophäen zeigten. Die Massenamputationen im Bürgerkrieg in Sierra Leone sollen ebenfalls von liberianischen Kämpfern inspiriert worden sein, wie die Zeugenaussage von dem Amputationsopfer Ngauja, wahrscheinlich der erste Amputierte in Sierra Leone, 2003 vor der TRC belegte. Er war Zeuge, wie zwei Männer mit einer Machete geköpft wurden. Als er als nächstes Opfer an der Reihe war, fing der Killer an, sich mit jemandem zu

---

127 Food and Agriculture Organization, das Ernährungs- und Landwirtschaftsprogramm der Vereinten Nationen.
128 Nach dem Motto »kurze oder lange Ärmel«.

30. Ein neues Leben für Ex-Kämpfer?

streiten, der meinte, er sei an der Reihe zu töten. Ein Kommandant, der »Scare the Baby« hieß, entschied, dass der Zeuge nicht getötet werden sollte. Er hörte, wie Rebellen mit liberianischem Akzent sagten: »Mann, schneid' ihm die Ohren ab, schneid' ihm das Glied ab, schneid' ihm die Beine ab.« Der Kommandant überlegte hin und her, und entschied dann, dass Ngauja eine Hand abgeschnitten werden sollte. Der Killer protestierte: »Warum erlaubst du nicht, dass dieser getötet wird?« Der Kommandant bestand auf seiner Entscheidung und entfernte sich. Der Killer fing an, Ngaujas Hand mit einer Machete abzuschneiden, aber sagte dann »Mann, der Knochen ist zu stark, lass mich einen Knüppel holen.« Während er einen Knüppel suchte, fingen die Liberianer an, das Blut auf der Machete abzulecken und sagten: »Das Blut von diesem Typ ist gut.«[129] Dann kam der Killer mit einem Knüppel zurück, zerschlug dem Zeugen Ngauja den Handknochen und schnitt dann das Fleisch mit einem Messer durch. Ngauja fiel in Ohnmacht, und als er aufwachte, waren beide Hände amputiert. Er sagte weiter aus, dass er glaubt, dass der Killer mit Absicht beide Hände amputierte, aus Wut, dass der Kommandant ihm nicht erlaubte, ihn zu töten.[130]

Ein anderes Erlebnis öffnete mir die Augen, wie man als Ex-Kämpfer ohne viel Mühe und ganz legal viel Geld verdienen konnte. Ich folgte der Einladung einer Vereinigung von Ex-Kämpfern, die gerade aus dem Flüchtlingslager Buduburam in Ghana zurückgekehrt waren. Ich hatte Buduburam, das vom UNHCR versorgte Lager für liberianische Flüchtlinge in Ghana, vor ein paar Jahren besucht, und es erinnerte eigentlich an eine ganz normale afrikanische Kleinstadt. Hätte man es nicht gewusst, man käme nicht auf die Idee, dass man sich in einem Flüchtlingslager befindet. Nur die vielen Hilfsprogramme und vielen NGOs deuteten darauf hin. Die liberianischen Flüchtlinge dort hatten eine gute Schulbildung genossen und an vielen Ausbildungsprogrammen teilgenommen, auch dank der guten Infrastruktur und Gastfreundschaft der Ghanaer.

Während sich einige Ex-Kämpfer, angeführt von einem Mann mit Rastazöpfen, wie bei einer Pressekonferenz an einen langen Tisch setzten, redete ich mit ein paar Rückkehrern aus Buduburam, und hörte Dinge, die ich im Lager selbst wohl kaum erfahren hätte. Ich wusste, dass der ghanaische Innenminister sich über die Anwesenheit von Kämpfern im Lager beschwert und Unruhen befürchtet hatte. Ich erfuhr, dass Buduburam ein Umschlagplatz für liberianische Kämpfer war, die dort für andere Kriege in Afrika als Söldner angeheuert wurden. Mir wurde von Bussen voller Kämpfern erzählt, die das Lager gen Sudan, Kongo oder sonst wo verließen. Angeblich waren liberianische Kämpfer in afrikanischen Kriegen besonders gefragt.

---

129 »This papay blood is good.«
130 TRC Final Report Sierra Leone, Appendix 5, Part 1: Amputations (68).

30. Ein neues Leben für Ex-Kämpfer?

Außer mir waren ein paar afrikanische NGOs und noch ein anderer Europäer von einer NGO anwesend. Wie erwartet, wurden wir gebetsmühlenartig dazu aufgerufen, bares Geld auf den Tisch vor uns zu legen. Ich weigerte mich hartnäckig und war stolz auf mich, dass ich das durchhielt, und gab eine Rede über Reintegration, und dass es nicht professionell sei, einfach so nach Bargeld zu fragen.

Es wurde mir schnell klar, dass diese Gruppe eine viel einträglichere Einnahmequelle entdeckt hatte, als sich nach einer Arbeit umzuschauen. In Buduburam hatten sie erfahren, dass die Welt an dem exotischen Thema »Kindersoldaten« interessiert war. UNDP hatte einen Film über sie gemacht, der sie dieses Potenzial hatte erkennen lassen. Sie suchten sich dann via Internet »Sponsoren« aus aller Welt, die die Ex-Kindersoldaten über einen direkten Kontakt unterstützten. Man kann nachvollziehen, dass es viele Spender beflügelte, unmittelbaren Kontakt zu Kindersoldaten zu halten. Es waren nicht nur Individuen, die spendeten. Eine Universität in Kalifornien und verschiedene Kirchengruppen schickten regelmäßig so viel Geld, wie sie bei weitem nicht durch Arbeit verdient hätten. Wer konnte ihnen verdenken, diese Einnahmequelle jahrelang durch gezielte Irreführung der Spender fortzuführen. Andere Nutznießer hatten sich zu ihnen gesellt, die das »Programm« professionell verwalteten.

Angesichts der Situation dachte ich mir, dass es vielleicht sinnvoller sei, den Ex-Kämpfern Anstellungen in den großen ausländischen Firmen wie Minengesellschaften oder Firestone zu verschaffen. Obwohl die Ex-Kämpfer ein Recht auf Ausbildung hatten, war abzusehen, dass diese bei den meisten nicht zu einem nachhaltigen Einkommen führen würde. Somit ging ich Klinkenputzen bei allen großen Minengesellschaften und ausländischen Investoren. Niemand sagte mir direkt ab, denn offiziell wollte man den Wiederaufbau des Landes mitfördern, aber am Ende sollte ich scheitern. Der Hauptgrund war, dass alle Arbeitgeber Angst vor Gewalt, Diebstahl, Brandstiftung und Aufständen hatten, was ich nachvollziehen konnte. Arcelor Mittal Steel, die führende Stahlfirma der Welt, die Anfangs begeistert war, sagte uns im letzten Moment ab. Obwohl ich enttäuscht war, konnte ich es ihnen nicht verdenken.

Ebenfalls verstörend waren Erfahrungen mit Journalisten, Akademikern, Psychologen und Publizisten, die mir schon in den Neunzigerjahren aufgrund ihres opportunistischen und voyeuristischen Interesses an Kindersoldaten aufgefallen waren. Das Thema war »sexy«. Sie blieben nicht lange im Land und konzentrierten sich nur auf dieses eine Thema, durch das sie sich einen Namen als Experte in der Sache machen wollten. Schon damals in Riverview gaben sie sich die Klinke in die Hand, und ich konnte bei den wenigsten echte Empathie für die Kindersoldaten erkennen. Bei meinem zweiten Einsatz in Liberia waren es die weiblichen Ex-Kämpferinnen, die das gleiche Interesse hervorriefen. Ein besonders eklatanter Fall war der einer Vertreterin einer weltweit geschätzten Menschenrechtsorganisation, die internationale Aufmerksamkeit und persönliche Karriereziele durch die übertriebene Darstellung von Mängeln bei der Reintegration von Ex-Kämpferinnen, oder WAFFs,[131] wie wir sie nannten, hervorhob.

Sie schickte uns eine Einladung zu einer abendlichen Vorführung ihres Dokumentarfilms über liberianische Ex-Kämpferinnen, der diese in ausgeprägter Opferrolle darstellten, die nie eine Chance gehabt hätten, am DDR-Prozess teilzunehmen. Der Film schürte tiefe emotionale Betroffenheit. Er war gedreht worden, ohne dass mit jemandem aus unserem Büro gesprochen worden war. Dafür kommt die NCDDR zu Wort, die nur darauf gewartet hatte, wieder zu verkünden, dass zu wenig Ex-Kämpfer demobilisiert worden waren. In dem Film wurden vier Frauen vorgestellt, die während der Vorführung anwesend waren. Sie beschwerten sich anschließend aggressiv, dass sie aus verschiedenen Gründen nicht am DDR-Prozess hatten teilnehmen können, unter anderem hätten sie nicht gewusst, dass die Abgabe einer eigenen Waffe keine Voraussetzung gewesen war. Dies allein war schon wenig glaubwürdig, angesichts der massiven Informationskampagnen im Land über UNMIL-Radio, Broschüren mit Comics und Theatergruppen. Die Aussagen der Betroffenen waren ohne Überprüfung als Tatsache hingenommen worden. Sicherlich hätte man im Nachhinein einiges frauenfreundlicher gestalten können, doch wenn 22.300 der 103.000 Entwaffneten Frauen waren, konnte man das schon einen Erfolg nennen.

Durch ihre Teilnahme an dieser Kampagne erhofften sich die Frauen Vorteile. Die Vertreterin der NGO verkündete, dass sie mit den Frauen und dem Film auf Tournee nach Europa und in die USA ging. Termine waren schon gemacht in Brüssel bei der Europäischen Union, und bei amerikanischen Fernsehsendern. Wie so oft, benutzten sich beide Seiten gegenseitig – die Kollegin der NGO würde bekannt werden und Karriere machen, und die Ex-Kämpferinnen verschwanden während der Tournee entweder um Asyl zu beantragen, oder weil sie Jobangebote bekamen.

Ich empfand das voyeuristische Interesse an den Frauen geschmacklos, wie die Anfrage von UNO-Botschaftern aus New York, die die Peacekeeping-Operationen besuchten, speziell Kämpferinnen und Ex-Sexsklavinnen treffen zu wollen. Wir lehnten dies mit Entsetzen ab. Wenn sie Frauen sehen wollten, die eine Kalaschnikow trugen, konnten sie die indische UNMIL-Polizeieingreiftruppe, die nur aus Frauen bestand, besuchen, die alle eine paramilitä-

---

131 Siehe Fußnote 121.

rische Ausbildung genossen hatten. In ihren Uniformen in blauer Tarnfarbe, hielten ihre zarten Hände mit den rot lackierten Nägeln eine Kalaschnikow, die mit einer Kette an ihren Gürtel befestigt war, sodass man sie ihnen nicht entreißen konnte. Für UNMIL war es wichtig, Frauen im Polizei- und Militärkontingent zu haben, erstens als Vorbild, und zweitens, damit sich liberianische Frauen frei fühlten, sich ihnen in Fällen von häuslicher Gewalt oder Vergewaltigung anzuvertrauen. Die Inderinnen versorgten ein einheimisches Waisenhaus und besuchten regelmäßig Schulen, wo sie Mädchen Unterricht im Kampfsport gaben. Die Vergewaltigungsrate in Liberia war extrem hoch, und junge Mädchen und Kinder waren besonders betroffen. Einheimischen Frauen boten sie Kurse im Kampfsport, Yoga und Kochen an. Die einzigen Männer in ihrer Einheit, ebenfalls Inder, waren nur für unterstützende Arbeiten wie Kochen, Putzen und Waschen zuständig. Am beeindruckendsten jedoch war die Kommandantin, eine sehr sympathische Frau, die ich auf einer Party näher kennenlernte. In ihrem hellrosa Sari und ihren zierlichen Silbersandalen hätte ich diese lebenslustige, schöne Frau niemals für die Kommandantin einer paramilitärischen Polizeieinheit gehalten.

31. Ein paar Projekte ...

Das Besondere an Liberia ist, dass die Americo-Liberianer das Hinterland kaum antasteten, im Gegensatz zu vielen Kolonialmächten, die in ihren Kolonien eine Infrastruktur aufbauten. Was wir in Liberia »Wiederaufbauprojekt« nannten, waren oft Aufbauprojekte, denn meistens war da vorher nichts. Zum Beispiel wurde klar, dass es wenig Sinn machte, eine liberianische Polizei und Justiz auszubilden und im Landesinnern zu stationieren, wenn es dort keine Polizeistationen, Gerichtsgebäude, Gefängnisse oder Wohnhäuser für die Beamten gab. Die Geberländer erlaubten Friedensmissionen nicht, Entwicklungsprojekte durchzuführen, und die anderen UNO-Organisationen und NGOs hatten andere Prioritäten als Bildung und Gesundheit. Man stelle sich nur vor, eine NGO sammelte Spenden für den Bau von Gefängnissen, deren unmenschliche Zustände wir kritisierten; aber wir hatten kein Mandat, Gefängnisse zu bauen. UNMIL wurde jedoch erlaubt, Kleinprojekte wie die Errichtung von Polizeistationen und Gerichtsgebäude durchzuführen.

Die Ausführenden waren die gleichen lokalen NGOs, die auch die Reintegrationsprogramme durchführten – mit den gleichen Schwächen. Obwohl das Geld in Teilbeträgen überwiesen wurde, kam es vor, dass die NGO mit dem Geld einfach verschwand, auch wenn sie zuvor ein erfolgreiches Projekt abgeliefert hatte. Der Grund ist immer das Eintopf-Prinzip, das überall vorherrschte: Alles Geld kam in einem Topf, aus dem man sich bediente, wenn man etwas brauchte. Wenn der Topf nicht rechtzeitig aufgefüllt wurde, lief das Projekt eben nicht weiter. Ich habe später sogar mit einem belgischen Ordensbruder gearbeitet, der seit Jahrzehnten in Afrika lebte und für die UNO Projekte ausführte, und der mich zum Wahnsinn trieb, weil er das Eintopf-Prinzip auch schon anwendete.

Selbst wenn ein Projekt zufriedenstellend abgeliefert wurde, konnte es passieren, dass zum Beispiel ein Gerichtsgebäude vom Mob aus Protest gegen die korrupte Justiz niedergebrannt wurde. Oder ein Mob versuchte, einen Kriminellen, der auf einer Polizeistation inhaftiert war, zu lynchen, weil sie wussten, dass er durch Bestechung oder Beziehungen wohl bald auf freiem Fuß war. Dazu reichte oft nur ein Gerücht. Aus Wut wurde dann auch gleich die ganze Polizeistation niedergebrannt.

Welches Schicksal sogar erfolgreiche Projekte ereilen konnte, erfuhr ich durch reinen Zufall und die Idee, auf einem Strandausflug nach Robertsport am Wochenende doch mal die von uns erbaute Polizeistation zu besuchen, die direkt an einen Traumstrand mit weißem Sand gebaut war. Als ich den Motor vor dem Gebäude abstellte, kam schon ein Polizist fröhlich strahlend auf mich zu, dem ich erklärte, dass ich für die Abteilung arbeitete, die die Polizeistation erbaut hatte. Ich sah, dass er ganz rote Augen hatte, und offensichtlich betrunken war. Während ich noch im Auto saß, fing er an, wild vor dem offenen Fenster zu gestikulieren: »Oh Mama,[132] bitte, ich muss nach Monrovia. Ich kann hier nicht bleiben. Bitte gib mir Geld, dass ich nach Monrovia zurückfahren kann, Mama, bitte, bitte.« Er hatte wohl ebenfalls die Hinterlandallergie, die in Monrovia endemisch war. Unbarmherzig stieg ich aus, um mir die Polizeistation anzuschauen, und sah als Erstes, dass die Pumpe auf dem Wasserturm fehlte. »Die ist geklaut worden«, strahlte der Polizist mich an. »Und da wir kein Budget haben, können wir keine Neue kaufen.« Vor dem Eingang stand ein Polizeigeländewagen mit der Aufschrift »Schenkung von UNO«. Aber die Räder fehlten, und beim Blick ins Wageninnere sah ich, dass dort alles ab- und ausgebaut worden war, was nicht niet- und nagelfest war, sogar der Rückspiegel fehlte (siehe Abbildung 35). »Wo sind denn die Räder?«, fragte ich. »Oh Mama, ich hatte einen Platten, und so hab' ich die Räder in die Werkstatt gebracht. Da wir kein Budget haben, kann ich die Werkstatt nicht bezahlen und bekomme die Räder nicht zurück. Kannst du mir nicht das Geld geben, um die Räder auszulösen?«

Ich ging ins Gebäude bemerkte, dass es keinen Strom gab. »Wo sind denn die beiden Stromgeneratoren, die ihr bekommen habt?« »Oh Mama, die haben wir in dieses Büro hier eingeschlossen, damit man sie nicht auch noch stiehlt. Aber weil ihr so billige chinesische Schlösser eingebaut habt, ist der Schlüssel abgebrochen und die Tür ist blockiert, deshalb kann ich dir leider die Generatoren nicht zeigen.« Ich war sprachlos. Alles, was sich bewegen ließ, war innerhalb von ein paar Wochen verkauft worden. Der arme Polizist beschwerte sich auch, dass er schon seit Monaten auf sein Gehalt wartete.

Die Polizei war schon immer eine der korruptesten Institutionen Liberias gewesen. Ich wusste von den Kollegen der militärischen Informationsabteilung,[133] dass einige der hochrangigen Polizisten Teil eines mafiösen Netzwerkes waren. Ellen Johnson-Sirleaf hatte bei ihrem Amtsantritt aus Angst vor Intrigen eine völlig unsachkundige Frau zur Polizeichefin ernannt, der sie aber vertraute. Ich erinnere mich, dass UNMIL für den Nationalfeiertag, der im Hinterland zelebriert wurde, Geld für den Einsatz der Polizei zur Ver-

---

132 In Liberia werden alle Frauen, die nicht mehr als junge Mädchen gelten »Mama« genannt, ältere Frauen sogar »Old Mama«, das »O'ma« ausgesprochen wird, weil im liberianischem Englisch meist die letzte Silbe nicht ausgesprochen wird. Das ist aber keine Abwertung, im Gegenteil, Alter wird in Afrika gewürdigt.
133 Eine Abteilung, die aus Beamten von Militärgeheimdiensten verschiedener Länder bestand.

fügung gestellt hatte, was Transport, Verpflegung und Unterkunft betraf. Doch während der Feierlichkeiten fielen die Polizisten reihenweise in der Hitze um, weil sie weder etwas zu essen noch zu trinken erhalten hatten. Auch mussten sie selbst sehen, wie sie nach Monrovia zurückkamen. Die Polizeichefin fand auch nichts dabei, eine Kantine als ihr persönliches Privatunternehmen mitten im Hof des Polizeihauptquartiers aufzumachen. 2013 wurde sie zusammen mit vier anderen vom Gericht für beschuldig befunden, knapp 20.000 US-Dollar, die für Polizeiuniformen vorgesehen waren, gestohlen zu haben.

Jeden Freitagnachmittag schossen Straßenkontrollen wie Pilze aus dem Boden, weil die Polizisten »Biergeld« für das Wochenende brauchten. Die Bevölkerung, vor allem Taxifahrer und Warentransporteure, hatten es so satt, ständig zur Kasse gebeten zu werden. Wütend und ohne Anzuhalten warfen sie Geldscheine im Vorbeifahren vor die Füße der Polizisten.

Die deutsche Polizei, die sich auch an der Ausbildung der Polizisten beteiligte, erzählte mir, dass es zwar einige unter den neuen jungen Polizisten gab, die gute ehrlich Arbeit leisten wollten, aber an ihren korrupten Vorgesetzten scheiterten. Die Ausbildung war eine Sisyphusarbeit. Wie sollte man Polizisten Protokollaufnahme und Aktenablage beibringen, die kaum lesen und schreiben konnten! Ein deutscher Polizeibeamter, der die Polizeichefin gebeten hatte, jemanden für ein Spezialtraining im Nahkampf bereitzustellen, sah sich daraufhin einer extrem übergewichtigen älteren Frau gegenüber, die sich keuchend das Treppengeländer hochgezogen hatte.

Hilflos stand man auch der Beschwerde einer lokalen Verwaltung im Hinterland gegenüber, die dafür plädierte, ein Kontingent frisch ausgebildeter Polizisten, die gerade dort stationiert worden waren, zurückzuholen, da sie angeblich Diebstähle, Vergewaltigungen und andere Delikte begingen.

 Ein amerikanischer Oberst kommentierte die Entsendung von einem US-Marinekontingent, um 2.000 liberianische Soldaten auszubilden, kritisch. Er meinte, die internationale Gemeinschaft hätte die Liberianer verhätschelt anstatt »tough love« [strenge Liebe] zu praktizieren. Trotz einer Investition von einer Viertel Milliarde US-Dollar war die liberianische Armee noch nicht einmal fähig gewesen, ihre jährliche Parade zu organisieren. Seiner Meinung nach wäre das Geld besser in die Ausbildung von Polizeikräften und den Aufbau von Bezirksgerichten investiert worden, um wenigstens annähernd den Anschein eines Rechtsstaates zu machen und ausländische Investoren anzulocken.

Es war auch das Lieblingsprojekt der Präsidentin, der Allan Doss Peace Park, der nach einem der UNO-Sondergesandten benannt werden sollte. Sirleaf wollte ihrem früheren Vorgesetzten bei UNDP in New York für seine Verdienste in Liberia ein Denkmal setzen, und hatte dafür ein Stück Land vor dem Bezirksamt im Vorort Paynesville zur Verfügung gestellt. UNMIL konnte dies schwer ablehnen, und konzipierte ein Projekt, bei dem Bäume gepflanzt werden sollten, um UNMILs ökologischen Fußabdruck zu neutralisieren. Ich gehörte zu der Projektgruppe, die sich regelmäßig unter dem Vorsitz eines Kollegen traf, dessen spezifischer Akzent die Vokale so stark verkürzte, dass das Projekt »Piss Park« anstatt »Peace Park« ausgesprochen wurde. Ich drückte von vornherein meine Zweifel zum Gelingen eines Projekts aus, das die Menschen, die dort wohnten, nicht einbezog. Genauso sah es ein Ingenieur aus Sri Lanka, der in Sierra Leone eine ähnliche Erfahrung mit der Errichtung eines Sportplatzes für Jugendliche gemacht hatte, der nach der Fertigstellung samt Beleuchtung vollständig geplündert worden war.

Wir fuhren zum dafür vorgesehenen Gelände, wo Bäume, Sträucher und Blumen gepflanzt und Bänke und Toiletten errichtet werden sollten. Der Park sollte beleuchtet werden und die Präsidentin selbst wollte dem Sondergesandten ein Denkmal bauen, also übernahm sie den ersten Spatenstich im April 2008. Die Pflanzungsarbeiten gingen schnell voran und es wurde schon ein Einweihungstermin festgesetzt. Doch eines Morgens bot sich ein Bild der Verwüstung: Alle Materialien und Bänke waren gestohlen, Pflanzen und Baumsetzlinge waren herausgerissen und mitgenommen worden. Wir baten um Projektbewachung durch das nigerianische UNMIL-Militär, wenigstens bis zur Einweihung. Alles schien gut zu laufen, bis wir benachrichtigt wurden, dass das Gelände wieder über Nacht vollkommen geplündert worden war. Die Nigerianer erklärten daraufhin, dass sie das ohne nächtliche Beleuchtung leider nicht verhindern konnten. Daraufhin stellte UNMIL ihnen einen Generator zur Verfügung, um eine Beleuchtung anzuschließen. Der Einweihungstermin wurde derweil erneut verschoben.

Noch dazu war jetzt das Geld für das Projekt ausgegangen, alles musste neu gekauft werden und ein Kinderkarussell wollte man auch noch haben. Jemand kam auf die verzweifelte Idee, unter den Kollegen Geld zu sammeln, damit das Projekt neu durchstarten konnte. Somit ging eine Spendentüte unter den Mitarbeitern um. Ungläubig mussten wir feststellen, dass kurz vor der Einweihung das Gelände wieder vollständig geplündert worden war. Die Nigerianer, die den Generator wohl verkauft hatten, erklärten allen Ernstes, dass er ihnen tagsüber gestohlen worden war, und sie deshalb nachts wieder nichts sehen konnten. Als ich Liberia sechs Monate nach dem Spatenstich verließ, war das Projekt noch immer in der Schwebe.

32. Feldtrips

Feldbesuche waren für mich eine willkommene Abwechslung zur Büroarbeit und zu den vielen Besprechungen. Wenn der Zielort nicht in der Nähe von Monrovia lag, war es am effektivsten, die UNMIL-Helikopter zu nehmen. So kürzte sich die Reisezeit erheblich ab und man konnte Übernachtungen vermeiden, und Orte, die in der Regenzeit ganz abgeschnitten waren, wurden zugänglich. Die archaisch aussehenden Fluggeräte und ihre Crews kamen aus der Ukraine. Es hieß, dass die Piloten vor jedem Flug einer Alkoholkontrolle unterzogen wurden. Innen war es laut und heiß, außerdem gab es keine Toiletten. Etwa ein Dutzend Personen fanden bequem Platz auf den beiden seitlichen Bänken. Vor dem Abflug machte ein Co-Pilot im weißen Rippenunterhemd und kurzer Khakihose mit Pistolengürtel die Sicherheitsansage, die normalerweise sehr kurz gehalten war: »When problem go out.« Dann vibrierte, rüttelte und schüttelte es, bis wir in der Luft waren. Von oben offenbarte sich die wirkliche Schönheit des Landes, mit seinen Flüssen, Sümpfen, Lagunen inmitten grüner Wälder und entlang nie enden wollender menschenleerer Sandstrände. Wir durften die runden Fenster während des Fluges öffnen, weil es entsetzlich heiß war. Doch man sah auch die Wunden, die die Holzfäller in den Wald geschlagen hatten, das waren tote Flächen, wo einfach nichts mehr wuchs. Es tat einem im Herzen weh, wenn man daran dachte, dass all diese Schönheit den ausländischen Investoren zum Fraß vorgeworfen wurde.

Wenn man nach Harper flog, wohin Überlandfahrten noch eher an eine Expedition erinnerten, nahm man besser das kleine UNO-Flugzeug mit circa 40 Plätzen, das regelmäßig dorthin pendelte. Ich hatte vor, mir dort ein paar Ausbildungsprojekte anzuschauen, und flog zusammen mit zwei jungen amerikanischen Soldaten, einer Frau und einem Mann, die meine Büronachbarn waren und mit denen ich mich angefreundet hatte, als plötzlich die südafrikanische Pilotin eine Durchsage machte: »Wir haben die Nachricht bekommen, dass der Funkkontakt zu einem Passagierflugzeug von South African Airways hier in der Nähe abgebrochen ist. Da es keine anderen Flugzeuge in der Gegend gibt, werden wir die Suche aufnehmen. Wir werden jetzt unsere Reiseflughöhe senken und innerhalb eines Radius' kreisen, in dem die Maschine abgestürzt sein könnte. Bitte schaut rechts und links aus dem Fenster und signalisiert, wenn ihr etwas seht!« Das Flugzeug sank und alle schauten gebannt aus dem Fenster. Ich sah da unten die Küste und einige Frachtschiffe auf dem Meer. »Das ist das Wrack!«, schrie jemand aus der linken Sitzreihe. Sofort stürmten alle aus den rechten Sitzreihen nach links um nachzuschauen. Dann ging das umgekehrt, alles stürmte von links nach rechts, weil jemand wieder ein Schiff für ein Flugzeugwrack hielt. Ich schrie von hinten: »Zurück, hinsetzen, sonst kippen wir um« Es war entsetzlich! Zwei Reihen vor mir verfiel eine liberianische Kollegin in ein merkwürdiges Ritual, sie stieß einen Singsang aus und schlug mit dem Kopf nach vorn gegen die vordere Sitzreihe. Dann schrie sie laut und mit wildem Blick: »Warum können wir nicht einfach weiterfliegen, was geht uns die andere Maschine an?« Der mexikanische Stewart beruhigte sie. Dann kam die Durchsage, dass wir nicht mehr genug Treibstoff haben, um Harper zu erreichen, und deshalb in Greenville landen müssen.

Wir landeten auf einer unbefestigten Piste in Greenville, die erst von UNMIL-Peacekeeping- Ingenieuren geschaffen wurde, da man in der Regenzeit schon mal 24 Stunden brauchte, um den Ort zu erreichen. Der Flughafen war ein Stück rotbraune Erde, das von Busch umgeben war. Da standen ein weißes Zelt, das als Wartesaal diente, ein Toilettenwagen und ein paar technischen Gerätschaften, alle weiß mit schwarzem UN-Aufdruck. Im Schatten unter einem Strauch kauerten äthiopische Peacekeeper und spielten Musik auf ihren traditionellen leierartigen Saiteninstrumenten. Eine unwirkliche Situation, die es wohl kaum außerhalb der UNO gab.

Greenville war ein kleiner Ort, eher ein Dorf, das auf einer Lagune zwischen dem Delta des Sinoe Flusses und dem Meer lag. Es wurde 1838 von der »Mississippi Colonization Society« als Teil der »Mississippi-in-Africa«- Ansiedlung gegründet. Alle Orte an der Küste, von Monrovia über Robertsport, Buchanan, Greenville und Harper, waren nicht organisch gewachsen, sondern wurden als americo-liberianische Kolonien gegründet. Greenville wurde nach dem Richter James Green benannt, einer der ersten Plantagenbesitzer im Mississippi Delta, der die Rückführung der Ex-Sklaven sponserte, und viele seiner eigenen Sklaven freiließ. Umliegende Orte heißen immer noch Lexington oder Louisiana, einfache Unterkünfte hier heißen »Mississippi Inn« oder »Think of Yourself« – »Denk an dich selbst«, und essen kann man im »Mississippi Blue«. Abends bekam dieser Ort einen schmuddeligen Anstrich, wenn aufdringliche Prostituierte in schummrigen Schuppen auf Freier warten, denn Greenville hat einen kleinen Hafen, wo Tropenhölzer, Palmöl und Kautschuk verschifft werden. Später holte uns einer der Helikopter ab, um uns nach Harper zu bringen, ein ebenso unwirklicher Ort, über den ich schon berichtet habe. Dort erfuhren wir am nächsten Tag, dass das südafrikanische Flugzeug nicht abgestürzt war, sondern dass der Funkkontakt abgerissen war.

Zu allen anderen Orten fuhr ich vorzugsweise über Land, trotz der katastrophalen Zustände der Straßen, von denen die meisten ungeteerte Pisten waren, die in der Regenzeit sogar teilweise unpassierbar wurden. Nach Voinjama im Norden, zum Beispiel, brauchte ich einen ganzen Tag für die Hin- und einen für die Rückfahrt und war froh, wenn mir dazu Kofi, der immer gutgelaunte Fahrer aus Ghana, zugeteilt wurde. Bei der ersten Fahrt mit Kofi saß ich früh morgens schon im SUV, als er noch telefonierte. Er erzählte jemandem in liberianischem Englisch, dass »die alte Mama« schon in seinem Auto säße. Ich musste lache, und dachte daran, dass ich früher in Liberia nur »Mama« gerufen wurde, und jetzt eine »O'Ma«[134] war, eine »old Mama«, ein Zeichen des Respekts.

Es war nicht nur Kofis Jovialität, die immer zur besten Stimmung beitrug, sondern auch seine Musikkassetten. Er hatte immer die allerneuesten Hits der Kirchenlieder-Hitparade dabei, die es jede Woche gab. Es waren die heißesten Rhythmen einer mitreißenden liberianischen Musik, aber mit religiösen Texten. Es war die Musik, die in den Kirchen live gespielt wurde und zu der die Gläubigen den ganzen Sonntagmorgen in den Kirchen tanzten.

Nach Voinjama fuhren wir über das 60 Kilometer entfernte Gbarnga auf einer gut geteerten Straße. Liberias zweitgrößte Stadt war damals von Charles Taylor zu seiner Hauptstadt ernannt worden, und unterstand jetzt dem UNMIL-Militärkontingent aus Bangladesch. Hier wollten wir zu Mittag essen, denn die Küche der Bangladeschi war einfach hervorragend. Um die Soldaten bei Laune zu halten hatten die Kontingente oft ihre besten Köche aus der Heimat mitgebracht. Kofi bekam sein Essen bei den Soldaten, und ich wurde in die Offiziersmesse eingeladen, und später zum Rundgang durch das Lager. Die Soldaten hatten Blumenbeete angelegt, bauten Gemüse aus ihrer Heimat an und kümmerten sich um kleine Antilopen, die in Fallen geraten waren. Für die Bevölkerung boten sie Kurse im Schreinern und anderen Fertigkeiten an. Zum Dank hatten die Menschen in Gbarnga die ganzen Wände ihres Gemeinderaums mit Szenen von Bangladeschi-Peacekeepern bemalt.

Mit einem Projekt jedoch hatten sie Schwierigkeiten. Oft wollen Militärs, ob es nun die Amerikaner in Afghanistan oder die UNMIL-Truppen in Liberia waren, Hilfsprojekte durchführen, entweder aus Eigeninteresse oder um einfach nur zu helfen, wie in diesem Fall. Wir sahen das immer mit Skepsis, weil das Militär dazu nicht die Expertise hat. In Gbarnga bauten die Bangladeschis schlichte Häuser für die Ärmsten der Armen, unter ihnen alleinstehende Frauen mit Kindern und zurückgekehrte Flüchtlinge. Sie machten den Fehler, die ersten Häuser selbst zu bauen und dann die Administration nach Bedürftigen zu fragen. Die hatte sich bestechen lassen und die Häuser gut situierten Leuten zugesprochen, die sie dann vermieteten, oder sie hatten ihre Verwandten einquartiert. Normalerweise hätte man sie vor Baubeginn die Liste mit Bedürf-

---

134 Im liberianischen Englisch wird die letzte Silbe eines Wortes meistens nicht ausgesprochen, und um die Sprache melodischer zu machen, wird manchmal am Ende ein »o« angehängt.

tigen erstellen lassen sollen, die dann durch Hausbesuche überprüft werden musste. Dann sollte denen, die selbst anpacken konnten, mit Baumaterial geholfen werden, sodass sie sich, wie das traditionell immer schon der Fall war, gegenseitig beim Bau helfen konnten. Sobald ihre Häuser dann standen, hätten sie als Gegenleistung für das Baumaterial die Häuser für diejenigen bauen sollen, die dazu nicht in der Lage waren.

Bevor wir zur Weiterfahrt aufbrachen, fuhren wir noch bei einem Zoe vorbei, wo Kofi seine »Medizin« abholte. Das war eine Flasche mit Flüssigkeit, in der nicht identifizierbare Dinge eingelegt waren. Dann besuchten wir noch sein persönliches Schweineprojekt. Er hatte sich zwei Schweine zum Züchten gekauft, um die sich ein Ex-Kämpfer kümmerte. Wir ließen die Schweine aus ihrem Betonstall heraus, die es genossen, im Gras zu laufen. Sie ließen sich auf den Rücken fallen und von uns den Bauch kraulen. Leider mussten sie dann wieder in ihren kleinen Stall zurück. Anders als seine liberianischen Kollegen baute Kofi auf Landwirtschaft, und kaufte sich von seinem Einkommen immer etwas Land in Ghana dazu. Somit hatte er eine gesunde Existenzgrundlage, wenn UNMIL abzog, und er seinen Job verlor. Auch in Liberia hatte sich Kofi Land angemietet, auf dem er Gemüse und Kochbananen anbauen ließ. So hatte er sich ein zweites Standbein mit seiner kleinen Farm aufgebaut, von dessen Ernte er uns regelmäßig etwas mit ins Büro brachte. Er meinte lachend, dass die Liberianer gar nicht wüssten, wie viel Geld man mit so einer Farm verdienen könnte.

Wir hatten noch 200 Kilometer Piste in zum Teil schlechten Zustand vor uns. Ich liebte es, langsam zu fahren, dann konnte ich das Land riechen und fühlten. Der Großteil führte durch tropische Wälder und Busch. Manchmal taten sich hohe Wände von undurchdringlichem Grün an beiden Seiten der Piste auf. Ab und zu sah man kleine Ortschaften am Straßenrand. Wie eintönig und grau war dagegen eine Fahrt auf einer Autobahn in Europa. Außer der Natur zum Anfassen war ein eklatanter Unterschied, dass sich in Afrika das ganze Leben draußen und auf der Straße abspielte.

Wenn man hoffte, lebende Tiere zu sehen, wurde man enttäuscht, denn abwechselnd hingen Affen, Stachelschweine, Rohrratten[135] und andere wilde Tiere tot und kopfüber am Straßenrand, um als Braten verkauft zu werden. »Bushmeat« (Buschfleisch) nannte man das Fleisch aus freier Wildbahn. Die einzigen lebenden Tiere, die wir sahen, waren überdimensionale fette Maden und Riesenschnecken. Die daumendicken lebenden weißen Maden lebten in den Palmen, sie waren eine gute Eiweißquelle und wurden entweder lebend

---

135 Hier sind nicht die Ratten in der Stadt, sondern die Riesenratten, die sich von der Natur ernähren –»grasscutters« – gemeint. Es gibt sie wild, aber sie werden auch gezüchtet.

oder gegrillt verzehrt. Junge Mädchen boten afrikanische Riesenschnecken in Plastikschüsseln an, eine lokale Delikatesse, während diese Tiere in Europa von Liebhabern in Terrarien gehalten werden.

Das Auffälligste an den Ortschaften war der Schilderwald an den Straßenrändern, der fast grotesk wirkte. Jedes Schild stand für ein Hilfsprojekt, das hier irgendwann einmal stattgefunden, aber keine sichtbaren Spuren hinterlassen hatte. Da stand dann »Donation from Japan, executed by UNDP in cooperation with Help-the-Children and the Ministry of Education«.[136] Jeder, der irgendwie am Projekt mitwirkte, musste erwähnt werden. Jetzt rosteten die vielen Schilder vor sich hin. Der Fahrer meinte dazu lachend: »Mama, notting der, notting«, was hieß, dass da nichts war. Ich bat Kofi, an einem blauen Schild der UNO-Ernährungs- und Landwirtschaftsorganisation zu halten, das hier ein Reisanbauprojekt ankündigte. Ich stieg aus und fragte die Anwohner nach dem Projekt, und bekam als Antwort »Da projä fini«, was hieß, dass das Projekt beendet ist. Ich vermisste immer wieder das geringste Bewusstsein dafür, dass Projekte nachhaltig sein sollten.

Man quälte sich stundenlang durch matschige rote Erde und fuhr durch Löcher, in denen das Fahrzeug bis zum Fensterrand verschwand. Regelmäßig blockierten steckengebliebene Fahrzeuge die Piste, umgeben von einem Dutzend Männer, die versuchten, sie aus knietiefem Schlamm freizuschaufeln und mit Hilfe von Brettern, die unter die Räder geschoben wurden, das Durchdrehen der Räder zu verhindern. UNMIL-Abschleppfahrzeuge standen überall bereit, und so wagten sich die Fahrzeuge ohne Hemmungen durch jedes Schlammloch, denn sie wussten, dass UNMIL sie rausholen würde, weil sie aus Sicherheitsgründen die Straßen freihalten mussten. Antiquierte Lkws und überladene Transporter mit Reifenpannen oder Motorschäden standen am Straßenrand, manchmal tagelang. Daneben hockten regungslos und mit toten Augen völlig ausgelaugte Passagiere, die bis zum Hals mit Schlamm beschmiert waren.

Die Passagen, die aus rotbraunem Matsch und tiefen Kratern bestanden, beanspruchten Kofis professionelle Fahrkunst. Die bewährte Taktik war, dass man vor dem problematischen Abschnitt anhielt, um alles, was sich im Wagen bewegen konnte, zu verstauen, und sich so fest wie möglich anzuschnallen. Dann wartete man, bis der Wagen vor einem ganz durchgefahren war, gab kräftig Gas und hielt auf keinen Fall an, bis der problematische Abschnitt ganz durchfahren war. Ich konnte das am besten aushalten, indem ich die Augen dabei schloss. Trotz extrem strammem Gurt schlug man hart hin und her. Es war brutaler als Achterbahnfahren.

---

136 Finanziert von Japan, ausgeführt von UNDP in Zusammenarbeit mit »Help-the-Children« (fiktive NGO) und dem Bildungsministerium.

32. Feldtrips

Es konnte passieren, dass man auf ein riesiges unpassierbares Loch traf, dass offensichtlich mit Absicht ausgehoben worden war. An einer Seite war dann eine schmale Umgehung angelegt, die Ex-Kämpfer mit einem Seil abgesperrt hatten. Sie hatten ihre Gewohnheiten aus dem Krieg beibehalten, den Menschen Geld durch Straßensperren abzupressen. Wir meldeten solche Vorfälle sofort per Funk ans nächste UNMIL-Militärlager, die solche Blockaden auflösten.

Die Überquerung der endlos vielen großen und kleine Flüsse und Rinnsale, deren Brücken im Hinterland oft aus nicht mehr als ein paar Baumstämmen bestanden, war abenteuerliche Zentimeterarbeit. UNMIL-Militäringenieurseinheiten mit ihren Spezialfahrzeugen und Erdhobeln waren ständig damit beschäftigt, das liberianische Straßennetz instand zu halten, Brücken zu reparieren oder provisorische Eisenbrücken anzubringen. Sobald die Erde nivelliert worden war, schütteten sie zum Schluss noch Schotter darauf, damit sie nicht sofort wieder verschlammten. Ein ständiges Problem bereiteten uns die Anwohner, die den Schotter einsammelten und am Straßenrand in Häufchen als Baumaterial verkauften. Wir appellierten dann an die Bevölkerung über UNMIL-Radio, dass es doch in ihrem eigenen Interesse sei, wenn die Piste passierbar bliebe.

Voinjama mit seinen 25.000 Einwohnern sah wie ein Dorf aus. Es gab keine geteerte Straße. Die Menschen verdienten ihr Geld mit Handwerk, Verkauf von Waren oder Landwirtschaft. Wir sprachen mit den Bauern außerhalb des Ortes, die, obwohl jeder individuell Land besaß, in Gruppen einen Tag auf dem Feld des einen und den nächsten Tag auf dem Feld des anderen arbeiteten. Sie ernteten Reis und Maniok, von dem die Wurzel sowie die grünen Blätter als eine Art Spinat gekocht wurden. Außerdem ernteten sie die roten Palmnüsse, aus denen sie das beliebte Palmöl gewannen, das mehr als reichlich in ihrer Küche verwendet wurde. Wie überall in Afrika wurde hier auch Palmwein aus dem milchigem Saft der Palme gewonnen, der sofort fermentiert, wenn er aufgefangen wird. Je länger er fermentiert, desto höher der Alkoholgehalt. Die Gruppe Bauern fragten mich sofort nach Reis, natürlich dem importierten Reis aus den USA. Was hatte die internationale Gemeinschaft nur angerichtet, dass Bauern mit satten Ernten ganz selbstverständlich um Verteilung von importierten Lebensmitteln fragten.

Wir schätzten uns glücklich, im Militärlager des pakistanischen UNMIL-Kontingentes übernachten zu können. Das war der Vorteil einer UNO-Mission – anstatt in irgendwelchen armseligen und notdürftig renovierten UNO-Gästehäusern übernachten zu müssen, bestanden die UNMIL-Militärlager aus Wohncontainern oder einer Mischung aus Zelten und Wohncontainern, sehr einfach ausgestattet, aber klimatisiert und sauber. Es gab reine Dusch- und

Toilettencontainer, so etwa wie bei uns auf Festivals. An alle Standorten gab es Internetverbindung und Satellitenempfang, BBC-und CNN-Fernsehen. Doch nicht nur das Übernachten war so viel komfortabler, es war auch das Essen. Ob bei den Bangladeshi, den Pakistani, den Nigerianern oder im Lager des chinesischen Ingenieurskontingents, überall gab es fantastisches Essen. Um in den einheimischen Märkten nicht die Preise hochzutreiben und eine Vielfalt anzubieten, wurde regelmäßig Tiefkühlkost an allen Stationen im Land angeliefert. Trotzdem hatten die UNMIL-Militärs Gewürze und andere Waren aus ihrer Heimat mitgebracht, oder bauten selber Gemüse an. Das Essen in den pakistanischen Lagern war besser als in jedem indischen Restaurant. Die Gastfreundschaft der Pakistani hatte zur Folge, dass zu jedem Anlass ihr Essen angeboten wurde, nach einer Besprechung, einer offiziellen Party oder einer Militärparade. In den Lagern, in denen es aussah wie in einem Mini-Pakistan, gab es tief in den Boden gegrabene Tandoori-Öfen, die von bärtigen Turbanträgern im traditionellen Shalwar Kameez (traditionelle Kleidung aus langem Hemd und einer Hose) bedient wurden. Naan und Chapatis wurden schon zum Frühstück serviert.

Das Küchenteam kochte sogar mitten im Busch, sodass wir nach einem gemeinsamen Feldtrip, noch bevor wir mit dem Helikopter zurückflogen, gemeinsam diese Delikatessen genießen konnten. Nach dem Essen klopfte ein Küchenhelfer an die Töpfe, worauf Kinder aus dem Busch mit Behältern auftauchten, um sich die Reste mitzunehmen. Ebenso wurde das übriggebliebene Essen im Lager an die Bevölkerung verteilt, die sich mit ihren Töpfen hinter der Küche in einer Schlange aufstellte. Das war aber nach den UNO-Regeln verboten, denn die Reste mussten normalerweise in der Erde vergraben werden. Der Grund dafür war, dass es öfter vorkam, dass Lebensmittelvergiftungen vorgetäuscht wurden und horrende Entschädigungsansprüche an die UNO gestellt wurden. Die Pakistani konnten das aber nicht übers Herz bringen und verteilten trotzdem ihre kostbaren Reste.

Viele der Soldaten waren Pashtunen und stammten aus der Gegend an der afghanischen Grenze, mit denen ich ein paar Worte in Pashto, die mir aus Pakistan und Afghanistan im Gedächtnis geblieben waren, austauschen konnte. Im Lager in Monrovia gab es sogar einen Teppichladen, und vor einem anderen Lager präsentierten sich die Pakistani stolz als Atommacht, indem sie links und rechts vom Eingangstor Attrappen von Atomraketen aufgestellten. In jedem pakistanischen Lager hatte man eine kleine hübsche Moschee gebaut, und überall gab es Terrassen und lauschige Plätze mit Sofas und Sesseln im Freien für Besprechungen mit den Offizieren. Hübsche Bambuszäune trennten die verschiedenen Bereiche, und säuberlich abgesteckte Blumenbeete säumten die Fußwege, auf denen sogar die Kieselsteine abwechselnd blau, rot oder gelb gefärbt waren. Die sorgfältige Ausschmückung des Camps war eine Beschäftigungstherapie für die Soldaten, die außer regelmäßigen Patrouillen meist nicht viel zu tun hatten. Das war auch ein Grund dafür, warum es so viele Militärparaden mit Ordensverleihungen gab. Gleichzeitig war es eine wichtige Anerkennung für die Soldaten. Wir Zivilisten, speziell im Managementbereich, wurden dazu aufgerufen, bei den Paraden präsent zu sein. Der Aufwand war erheblich und brauchte viel Vorbereitungszeit. Die Proben für die Paraden in Monrovia wurden direkt unter meinem Bürofenster abgehalten, mit Marschmusik und der Hymne von Liberia sowie von der UNO, die ich noch im Schlaf erkennen würde. Bei den Paraden marschierten Soldaten aller Nationen, Soldatinnen aus Ghana im Stechschritt, und die Pakistani übertrafen mal wieder alle Erwartungen mit ihrer Dudelsackband in ihren beeindruckenden bunten Kostümen. Spezialeinheiten der Mongolen führten ihre Geschicklichkeit im Kampfsport vor, in schwarzem Outfit mit eng anliegendem Kopftuch und geschwärzten Gesichtern. Zum Schluss schlugen sie auf ihrem Kopf eine Flasche kaputt, ohne mit der Wimper zu zucken. Dagegen waren die Chinesen graziler. Ihre Vorführung glich einem kommunistischen Ballett mit roten Fahnen und Bändern. Die Polizei aus Fiji führte Stammestänze auf. Die Pakistani führten uns ihre militärischen Fertigkeiten im Kampf gegen den Terrorismus vor, bei denen ihre Soldaten an Seilen aus Hubschraubern heruntergelassen wurden dann auf imaginäre Terroristen schossen, wobei gelbe, rote und blaue Staubwolken aufgewirbelt wurden. Wie auf einer Karnevalsparade zogen dann LKWs vorbei, auf deren offenen Ladeflächen Kultur und Musik aus den verschiedenen Provinzen Pakistans vorgeführt wurden. Auf dem letzten Wagen fuhren trommelnde und tanzende Liberianer. Ich musste schmunzeln, als ich sah, dass die Liberianer unter ihrer spärlichen traditionellen Kleidung ihren Körper teilweise mit Sackleinen bedeckt hatten. Während kulturelle Unterschiede bei oberen Rängen weniger ausgeprägt sind, beschwerten sich die einfachen pakistanischen Soldaten aus konservativ muslimischem Milieu darüber, dass die Einheimischen sich nackt im Fluss wuschen. Die Kulturen, die hier zusammentrafen, konnten unterschiedlicher nicht sein.

Bevor wir Voinjama verließen, schauten wir noch bei der Registrierung der Ex-Kämpfer vorbei, die die letzte Möglichkeit wahrnahmen, sich für ein Ausbildungsprogramm einzuschreiben. Die Kollegen, die zusammen mit dem NCDDR die Berechtigung der Bewerber überprüften, wiesen Fälle von Betrugsversuchen zurück, zum Beispiel wenn die Fotos zerkratzt waren, weil die Ausweise weiterverkauft worden waren. Leider waren die Peacekeeper, deren Anwesenheit aus Sicherheitsgründen notwendig war, an diesem Morgen verspätet, und so wagten es die Betroffenen lautstark zu protestieren. Wir entschieden schnell, diese Betrugsfälle anzuerkennen, denn das Risiko, dass ein Mob uns angegriffen hätte, war zu groß.

Eine ganz andere Geschichte, auf die mich unterwegs eine Kollegin einer NGO aufmerksam machte, war schockierend. Gleichzeitig verdeutlichte sie die Herausforderungen in einem Land, das seine Bevölkerung von je her auf das Gröbste vernachlässigt hat. Die NGO, die einkommesschaffende landwirtschaftliche Projekte anbot, hatte einer jungen alleinstehenden Frau mit fünf Kindern und ohne Einkommen vorgeschlagen, an dem Projekt teilzunehmen. Sie wollten ihr helfen, selbst einen Gemüsegarten anzulegen. Die Frau lehnte ab, denn sie hätte genug zu essen, und brauche kein Projekt. Es fiel aber auf, dass einige der Kinder dieser Frau hellere Haut und zum Teil fremde Gesichtszüge hatten. Es kam dann heraus, dass die Frau jeden Tag zum Lager der Peacekeeper ging, und mit gefüllten Töpfen heimkam. Da die einfachen Soldaten das Lager nicht ohne Erlaubnis verlassen durften, lehnte sie sich mit dem Rücken an den Zaun und beugte sich vor, sodass die Peacekeeper Sex mit ihr durch den Zaun haben konnten. Als Gegenleistung bekam sie reichlich Essen über den Zaun gereicht.

Es gab auch einen Fall, wo eine ältere korpulente Frau jeden Tag Sex mit einer Reihe von einfachen UNMIL-Soldaten in einer Ruine hatte, die ihr jeder einen US-Dollar zahlten. Als die Sache publik wurde und UNMIL einschritt, protestierte die Frau vor dem UNMIL-Hauptquartier:»Ich habe nie im Leben so gut verdient, ich bin nur eine einfache Marktfrau. Jetzt mache ich 25 US-Dollar am Tag, zum ersten Mal in meinem Leben geht es mir richtig gut, und die UNO macht es mir jetzt kaputt!«

Sexuelle Ausbeutung durch UNO-Peacekeeper macht seit Jahren immer wieder Schlagzeilen, und schockierende Skandale kamen zutage. Seitdem hat die UNO eine Menge an Maßnahmen getroffen, sexuelles Fehlverhalten einzudämmen und zu ahnden. Das hieß natürlich nicht, dass das sexuelle Verhalten von Tausenden von Soldaten und zivilen Mitarbeitern effektiv kontrolliert werden konnte, aber UNMIL hatte alles getan, was getan werden konnte. Zudem ist zu bedenken, dass UNMIL zwar Soldaten aufgrund sexuellen Fehlverhaltens mit der Empfehlung einer gerichtlichen Ahndung in das Heimatland zurückschicken konnte, doch ob der Täter von seinem Land zur Rechenschaft gezogen wurde, war nicht unter der Kontrolle der UNO. Im Gegenteil, es gab Fälle, wo einige Länder versuchten, schwere sexuelle Vergehen in Situationen, in denen die Beteiligten von ihren Familien getrennt waren, zu entschuldigen und der UNO drohten, in Zukunft keine Truppen mehr entsenden zu wollen. Es gab Stimmen, die behaupteten, dass »Männer das eben brauchen«.

UNMIL meinte es ernst: Jede Abteilung hatte einen Beauftragten für sexuelles Fehlverhalten, der geschult war, Beschwerden diskret entgegennahm und an eine spezielle Ermittlungsabteilung weiterreichte. Ich selbst war Beauftragte für meine Abteilung und nahm an speziellen Schulungen teil, die zum Teil sehr unterhaltend waren.

32. Feldtrips

»Jeder überlegt jetzt mal, wann er zuletzt Sex hatte!«, begann der australische Polizeibeamte, der als Ermittler an UNMIL abgestellt worden war und die Schulung leitete. Ein peinliches Schweigen folgte im Saal, wo alle Nationalitäten, Männer und Frauen, Soldaten und Zivilisten beieinander saßen. Neben mir saß ein pakistanischer Soldat mit langem Bart aus Pakistans konservativster Provinz nahe der afghanischen Grenze, wo man das Wort »Sex« nicht in den Mund nimmt. »Schließt die Augen und denkt daran, wie es das letzte Mal war, wo es war!« fuhr der australische Ermittlungsbeamte fort. »War es im Bett? War es auf dem Küchentisch? Habt ihr schon auf dem Weg eure Kleider ausgezogen und in die Ecke geworfen? So, und nun machen wir alle die Augen wieder auf. Wer von euch möchte anfangen, darüber zu berichten?« Nachdem es für eine Weile niemand antwortete, erklärte der Ermittler: »So, ich wollte euch nur mal klarmachen, wie schlimm das für ein Opfer ist, den Vorgang genau zu beschreiben, damit ihr Verständnis für sie habt, wenn sie sich an euch wenden! Ich möchte auch von euch wissen, ob sexuelle Begierde ein Notfall ist, der sofort behandelt werden muss? Braucht man da einen Krankenwagen mit Blaulicht?« »Nein!«" antwortete der Soldat neben mir mutig. Eine andere Trainerin war eine kenianische Lehrerin, die monierte, dass die Beschwerden, die sie bekamen, die Dinge nicht wirklich beim Namen nannten. »Wir sagen Vagina und Penis, und nicht ›das Ding‹! Ich möchte nur noch explizite Berichte erhalten.« Weiter dozierte sie darüber, was als Belästigung galt und was nicht. »Ich zum Beispiel habe ein sehr ausladendes Gesäß. Aber heißt das auch, dass man das anfassen darf? Heh? Darf man da anfassen?« »Nein!«, schallte es einstimmig aus dem Saal. Nach drei Tagen Schulung bekamen wir alle unser Zertifikat, das uns als Anlaufperson für sexuelles Fehlverhalten bestätigte.

Ein Ort, den ich mehrfach besuchten sollte, um Ex-Kämpfer in der Ausbildung zu treffen, war Buchanan, das mit seinen 35.000 Einwohnern an der Küste 110 Kilometer südlich von Monrovia lag, und über eine Piste erreicht werden konnte. Benannt nach dem zweiten Gouverneur von Liberia, war hier 1832 die erste Siedlung von schwarzen Quäkern aus den USA gegründet worden.

Buchanan ist durch seinen Hafen geprägt, denn hier endet die über 200 Kilometer lange Bahnlinie, die das Eisenerz von den Minen in der Provinz Nimba heranbringt, das von hier verschifft wird, ebenso wie Palmöl und Kautschuk. Viele der Bewohner leben vom Fischen. Buchanan hat einen langen Strand von atemberaubender Schönheit, vor dem sich lichter Palmenwald mit einem weichen Teppich aus kurzem Gras entlangzieht. Der Strand wird nur von dunklen, glatten Felsansammlungen unterbrochen. Die einzigen Menschen weit und breit waren hier ein paar Bootsbauer, die Einbäume aus Baumstämmen schnitzten.

Übernachten konnte man hier in den einfachen Häusern eines Compounds der Minengesellschaften. Das Frühstück beim UNMIL-Bataillon aus Ghana, kurz Ghanbatt benannt, war schon abenteuerlich. Man saß im Freien unter einem Dach auf Holzbänken an einem langegezogenen Tisch inmitten von schwer bewaffneten Männern aus aller Herren Länder und aß am frühen Morgen Fischstäbchen aus der UNMIL-Tiefkühlration an einem Ort, an dem es an vielem, aber nicht an frischem Fisch mangelte.

Eine Delegation der Botschafter des Weltsicherheitsrates hatte ihren Besuch angekündigt, und Plan A sah ihren Besuch in Buchanan vor, um die Ausbildungsprogramme der Ex-Kämpfer zu besuchen. Ich sollte dies vorbereiten und fuhr diesmal im Auto der UNDP- Kollegen mit. Die Fahrt werde ich nicht vergessen, weil der Fahrer unter Beifall und Gejohle seinem Kollegen plötzlich beschleunigte und im Zickzack fuhr, um eine Horde Affen zu überfahren, die gerade die Straße überquerten. Ich sollte mich nie daran gewöhnen, dass Tiere nur als Fleischlieferanten gesehen wurden.

In Buchanan waren die UNMIL-Peacekeeper aus Ghana damit beschäftigt, für den Besuch ihre Checkpoints frisch in Weiß und UNO-Blau zu streichen und zu reparieren und renovieren, was den Besuchern ins Auge stechen könnte, einschließlich ihres Versammlungsraums, wo das Briefing für die Botschafter stattfinden sollte. Beim Besuch der Ausbildungsstätten konnte ich mich wieder dem Anscheins nicht erwehren, dass hier so manches gestellt worden war. In der Schneiderwerkstatt waren die genähten Kleidungsstücke wieder alle fertig, und es war enttäuschend, dass keiner der Lehrlinge die Tätigkeit nach Abschluss der Ausbildung weiterführen wollte. Sie wollten »Markt« machen, das heißt, man kauft etwas in einer größeren Menge ein und verkauft es in kleinen Einheiten weiter. Das ging sogar soweit, dass eine kleine Dose Tomatenmark in kleinen Portionen aufgeteilt und weiterverkauft wurde.

Wir fuhren ins Herz der Stadt, zum Hafen, wo ich vor den imposanten Überresten von riesigen Stahlanlagen stand. Stephen Ellis berichtet in seinem berühmten Buch über Liberia,[137] dass ECOMOG, als sie Buchanan einnahmen, die ganze Anlage zur Eisenerzverarbeitung abbauten und als Alteisen verkaufte, und somit ihrem Spitznamen »Every Car Or Moving Object Gone« treu blieben.

Im Hafen lag ein riesiges, komplett verrostetes russisches Frachtschiff fast auf der Seite. Aus seinem Innern drang gespenstisches Klopfen, aber man musste lange warten, bis aus irgendeinem Loch ein Kopf herausragte. Das waren Ex-Kämpfer, die ihr Geld damit verdienten, die Schiffsteile als Alteisen zu verkaufen. Vielleicht wäre es realistischer, den Botschaftern diese Aktivität zu zeigen.

---

137 *The Mask of Anarchy*, Stephen Ellis, Hurst and Company, London.

32. Feldtrips

Ich besuchte auch eine kanadische Firma, die Holzpellets herstellte, um zu sehen, ob ich ein paar Jobs für Ex-Kämpfer aushandeln konnte. Das Gelände sah so aus, als ob mitten in der Natur ein Stück Grün rechteckig herausrasiert worden war. Darauf stand eine Werkshalle, vor der ein Dutzend nagelneuer Lkws in Reih und Glied parkten, die aussahen, als wären sie noch nie gefahren worden. Der Manager war nur an zwei armamputierten Männern interessiert, die für Öffnung und Schließung des Eingangstores zuständig sein sollten. Ich lehnte diese Art und Weise zu zeigen, dass man an der Rehabilitation des Landes mithalf, ab.

Ich fand es immer wieder surreal, mitten in der Natur plötzlich Gerätschaft überdimensionalen Ausmaßes zu sehen. Hier entnahmen ausländische Investoren dem Land Rohstoffe, ohne dass die Bevölkerung davon profitierte. Aus humanitären Gründen bauen diese Investoren dann eine Schule und ein paar Brunnen, die eher ein Feigenblatt für die komplette Vernachlässigung und oft auch Ausbeutung der Bevölkerung waren.

Endlich kamen die Botschafter, die wir nach ihrem Briefing sofort in vier Helikoptern nach Buchanan schickten. Nach ein paar Minuten Flug entschieden die Piloten aufgrund des schlechten Wetters und massivem Regen, umzukehren. Das passierte in der Regenzeit oft. Nach wochenlanger Vorbereitung waren die Kollegen in Buchanan sehr enttäuscht. Plan B für ein Monroviaprogramm wurde aktiviert, bevor die Botschafter zur nächsten UNO-Mission in die Demokratische Republik Kongo flogen, von wo uns die Geschichte über ihr trauriges Missgeschick erreichte. Sie hatten in einem kleinen UNO- Passagierflugzeug in der Hauptstadt Kinshasa gesessen und ins Landesinnere fliegen wollen, als einer der UNO-Bodyguards durch einen Leerschuss sicherstellen wollte, dass seine Waffe ungeladen war. Doch sie war geladen, und das Projektil traf ins Herz der Technik des Jets, der dadurch fluguntauglich wurde. Als eine Ersatzmaschine gechartert werden sollte, kam heraus, dass die UNO eine ausstehende Rechnung noch nicht gezahlt hatte, und man deshalb keine weitere Maschine zur Verfügung stellen wollte. Verpflegung war auch nicht vorhanden, da ein Mittagessen am Zielort vorgesehen war. So musste nach stundenlangem Warten ohne Proviant eine beschwerliche Reise in einem Überlandbus angetreten werden. Kurz vor Abfahrt hatte jedoch ein Kollege Salate für die hungrigen und genervten Botschafter aufgetrieben. Aber im Kongo isst man keinen Salat aus unbekannter Quelle ungestraft. Und so musste der Bus ständig anhalten, damit die Herren sich im Straßengraben erleichtern konnten.

Eine Fahrt nach Careysburg war ein Highlight auf der Rückfahrt von meinem Diensttrip oder auch einem Ausflug am Wochenende. Der Ort lag knapp 30 Kilometer vor den Toren der Hauptstadt. Er war 1856 nach dem ersten amerikanischen Baptistenmissionar und Gründungsmitglied der ersten Siedler benannt worden, und von Ex-Sklaven aus den USA und Barbados besiedelt. Das Land hatte man einheimischen Chiefs abgekauft. Der Ort wurde gewählt, weil er kühler und gesünder war, als das von Sümpfen umgebene Monrovia, und es gab keine Moskitos. Es ist heute immer noch ein sehr americo-liberianischer Ort, wo wohlhabende Nachkommen der Siedler große Farmen unterhalten, wo eine Vielfalt an Nahrungsmitteln angebaut und allerlei Tiere gehalten werden. Einige schlachteten am Wochenende ein Schwein und mutierten dann zu einem Restaurant, was viele Ausflügler aus Monrovia anzog. Auf dem Grundstück einer dieser Farmen fand ich die Überreste eines französischen Pavillons im Garten. Das erinnerte mich an die deutschen Farmer, die in Namibia gesiedelt hatte, und dort auch ein so unafrikanisches Leben führten. Der laut *Economist* angeblich reichste Mann Liberias, Benoni Urey,[138] hatte sich hier ein kleines Farmimperium gebaut, mit einer bemerkenswerten rosa Villa, einer Fisch-, Hühner- und Schweinezucht, Pferden, einem Privatzoo mit zwei liebenswerten Schimpansen. Das Restaurant servierte Wachteln von der Farm und bot auch Übernachtungen an.

Ich hatte mich mit einem Ehepaar angefreundet, einem Ägypter und seiner politisch aktiven americo-liberianischen Ehefrau, die hier sehr viel Land geerbt hatte, und aus den USA zurückgekehrt war, um mit ihrem Mann eine Biofarm aufzubauen. Wenn ich bei ihnen auf dem Rückweg aus dem Landesinnern eine Pause machte und einen frischen Espresso angeboten bekam, hatte ich das Gefühl, wieder in der Zivilisation zu sein. Mein Fahrer nahm diese Gelegenheit wahr, unseren Wagen zu waschen, denn die Straße bis Monrovia war geteert und somit würden wir im sauberen Auto zurückkommen, was dem Fahrer sehr wichtig war. Es war eine Eigenart, die ich auch in anderen afrikanischen Ländern beobachtete, dass das Auto immer sauber sein musste. Die Fahrer schämten sich, mit einem vollgeschlammten SUV in Monrovia einzufahren. Für uns Ausländer war es genau umgekehrt, man sollte ruhig sehen, dass man im Landesinnern unterwegs gewesen war und nicht nur in seinem Elfenbeinturm in Monrovia saß.

Das Ehepaar baute Pfeffer und Gemüse an, hielt Hühner, Perlhühner und andere Tiere, vergrößerte und diversifizierte sich ständig, und bezog auch die umliegenden Bauern mit ein. Ihre Farmangestellten hatten ihre eigene kleine Siedlung auf dem Gelände. Sie betrieben auch eine Werkstatt für Baumaterialien und erklärten sich bereit, ein paar Ex-Kämpfer aus unserem Programm auszubilden, zogen das Angebot dann allerdings zurück, weil sie Sorge hatten, dass ihnen die Farm angezündet werden könnte. Ich hatte dafür Verständnis.

---

138 Siehe auch Seite 67.

32. Feldtrips

Außer den Farmarbeitern lebten dort aber noch Hunderte von Vertriebenen, die während des Krieges hier Schutz gesucht hatten. Anscheinend fühlten sie sich hier wohl und die Besitzer gaben die Hoffnung auf, dass die Menschen jemals zurückgingen. Um ein Bleiberecht zu erwirken, hatten sie auf dem Grundstück mehrere Gräber errichtet, denn laut Gesetz durfte man Menschen nicht von Land vertreiben, wo ihre Ahnen begraben waren. Das Gesetz war bestimmt sinnvoll, wurde aber manchmal von den Vertriebenen missbraucht. Niemand hätte gewagt, nachzuschauen, ob die Gräber echt waren. Unterschwellig schwang da der sensible Konflikt zwischen den liberianischen Ethnien und den americo-liberianischen Großgrundbesitzern mit. Der Ägypter kaufte jeden Morgen süße Krapfen von den Frauen der Gruppe, verteilte sie dann großzügig an alle, die ihm über den Weg liefen, und behielt nur einen Teil für sich. Somit, erklärte er mir, stellte er sicher, dass er nicht vergiftet wurde.

Entspannt ging es in Robertsport zu, ein Geheimtipp für Surfer oder solche, die fernab vom Tourismus einen Traumstrand in wundervoller Natur genießen wollen. Hier gibt es noch mehr Fischer als Ausflügler am Strand, denen man helfen kann, die Netze einzuziehen. Oder man kann den Regenwald erforschen. Es gibt sogar ein einfaches Zelthotel mit Betten, die Nana Lodge. Glücklich war die Handvoll Kollegen, die hier stationiert waren. Ein junger Russe konnte gar nicht glauben, dass er dafür noch gut bezahlt wurde. Er schwamm im Meer und angelte, und Mädchen gab es auch wie Sand am Meer. Er wollte nie wieder nach Russland zurück, und plante, sich nach UNMILs Rückzug einen Job bei einem ausländischem Investor in Liberia zu suchen.

Wie alle Orte an der Küste war dieser ebenfalls von Americo-Liberianern gegründet worden. Noch überall fand man ihre typischen Häuser, die denen in den Südstaaten der USA nachempfunden waren, sowie Betonstraßen. Angeblich mussten sich die Einheimischen die Füße waschen, bevor sie die Siedlung der Americo-Liberianer betraten. Jetzt waren die Häuser voll besetzt mit Vertriebenen und sahen entsprechend verlottert aus. Ein Mann, der uns von weitem sah, hörte nicht auf, sich seinen Bauch zu reiben, weil er uns zeigen wollte, dass er Hunger hatte, hier im Paradies der Fülle.

Um die Einheimischen zu unterstützen, arrangierten wir uns mit ihnen, uns zum Abendessen einen Fisch zu braten. Welche Enttäuschung, als der Fisch zu Krümeln aufgehäuft serviert wurde! Am nächsten Abend wollten wir unser Abendessen in der Nana Lodge zu uns nehmen, denn das Essen war gut und wir hatten am morgen frisch geschlachtete Perlhühner und frischen Fisch in der Küche verschwinden gesehen. Aus unseren Zelten hörten wir eine laute Gruppe Menschen in Feierlaune anrücken und gingen bald darauf ebenfalls runter zum Restaurant am Strand. Der Manager hielt uns am Eingang auf und entschuldigte sich, es gäbe nichts mehr zu essen, die Sippe eines Regierungsbeamten wäre in das Restaurant eingefallen und hätte alles leergegessen. Wir konnten die lautstarke Gruppe sehen, wie sie sich jetzt die Gläser füllten. Alles, was ich von ihrem Gegröle verstehen konnte, war: »Schließlich sind wir doch kleine Amerikaner.« Ich fragte mich, ob die wohl etwas bezahlt hatten.

Das Beispiel zeigt, dass die Staatsbeamten eher ein Hindernis als ein Förderer von kleinen Unternehmen und den damit verbundenen Arbeitsplätzen waren. Ähnliches hatte ich bei meiner Ankunft erlebt, als eine Gruppe Thailänder Frisör- und Massagesalon, sowie ein Restaurant betreiben. Es war ein Highlight, sich samstags stundenlang zum anständigen Preis so richtig durchmassieren zu lassen. Das thailändische Restaurant hatte sich gezwungen gesehen, zu schließen: Wiederholt waren Regierungsbeamte mit ihren Familien zum Essen gekommen und hatten gedroht, das Gesundheitsamt vorbeizuschicken, falls sie es wagen sollten, ihnen eine Rechnung auszustellen. Es dauerte nicht lange, bis die anderen Einrichtungen auch schließen mussten.

33. Professor Sachs – der weiße Retter

Es gibt wohl keinen berühmteren Entwicklungsexperten als Professor Sachs, weltbekannter Wirtschaftswissenschaftler der Columbia-Universität, mit einem Doktortitel der Harvard-Universität, ein Experte für Armutsbekämpfung, und Berater von UNO-Generalsekretären. Er schrieb Bücher, bekam unzählige Auszeichnungen und ein Dutzend Ehrendoktortitel. Sein Scheitern nach dem kalten Krieg, die kommunistische Wirtschaft in Polen und Russland mit drakonischen Maßnahmen in eine freie Marktwirtschaft umzuwandeln, führte er auf Korruption und Kriminalität zurück, und darauf, dass seine Anweisungen nicht befolgt wurden.

Berühmt wurde er wieder im Jahr 2000 als Vater der UNO-Millennium-Entwicklungsziele, die bis zum Jahre 2015 die Armut auf der Welt halbieren sollten. Dazu wurden für alle Mitgliedstaaten verpflichtenden Entwicklungsziele gesetzt, die messbar nachverfolgt werden konnten. Nach sehr mäßigen Erfolgen wurden diese 2015 durch die »Ziele für Nachhaltige Entwicklung« ersetzt, die die extreme Armut[139] auf der Welt bis 2030 ausmerzen sollen.

2008 landete Sachs mit einem ihm zur Verfügung gestellten Privatjet von Mali aus in Liberia und traf sich als erstes mit uns UNO-Mitarbeitern. Ich saß mit am Tisch in einem Konferenzsaal, als Sachs strahlend hereinkam. Seine Augen leuchteten auf, als er sein Buch signieren durfte, das ihm ein Kollege hinhielt. Wir hatten uns gefragt, was er wohl wissen wollte, und hatten uns vorbereitet. Aber zu unserem Erstaunen stellte er uns keine einzige Frage, sondern hielt einen langen Vortrag. Geld sei kein Thema, Geld gäbe es genug auf der Welt. Er kenne jede Menge sehr reiche Leute, und die würden sofort viel Geld geben, wenn er ihnen sagen würde, dass sie damit Menschenleben retten könnten, zum Beispiel, indem sie damit Malaria ausrotten. Er war vollkommen überzeugt, dass alles mit Geld zu schaffen sei. »Ich weiß, ihr wollt über Korruption reden, aber wollen wir erst alle Korruption der Welt beenden, bevor wir anfangen zu helfen? Ich habe vom Flugzeug aus gesehen, wie fruchtbar und grün Liberia ist, mit riesigen Flüssen, einer langen Küste mit Traumstränden, ein wunderschönes Land, da ist es für mich klar, dass der Tourismus die Zukunft Liberias ist. Überhaupt keine Frage! Ich sehe hier überhaupt kein Problem« Die Gesichter der Kollegen wirkten versteinert. Niemand wollte etwas sagen, etwas fragen. Und ich dachte an den Haufen Fischkrümel in Liberias Touristenziel Nummer Eins, Robertsport.

---

139 Die Weltbank definiert extreme Armut als Einkommen unter der internationalen Armutsgrenze von 2,2 US-Dollar pro Tag (2018).

Sachs sprach über Wirtschaft, Fakten, Analysen, Studien, Gutachten, Datenerhebungen. Er liebte Daten, er lebe von Daten, wie er sagte. Seine Lösung für ganz Afrika war das Millenniumdorf: In jedem Land sollte erst ein, später mehrere rückständige Dörfer irgendwo mitten im Land ausgesucht werden. Diese sollten alles bekommen, was sie brauchten, um sich zu entwickeln: volle Strom- und Wasserversorgung, gut ausgestattete Schulen mit Computern, Internet und kompetenten Lehrern, gute medizinische Versorgung, Straßen, Brücken und Hilfe zur effizienteren Landwirtschaft, wie Kunstdünger und verbessertes Saatgut.»Dann, nach fünf Jahren Projektzeit, wenn die Menschen gesund wären, eine Schulbildung hätten und die Möglichkeit, Geld zu verdienen, sollte das Dorf von ganz allein wirtschaftlich autonom werden, und Wohlstand und Entwicklung würden sich über seine Grenzen hinaus von ganz allein ausbreiten. Der Wohlstand zöge dann immer weitere Kreise. Wenn wir dann mehrere Millenniumdörfer bauen, wird der Kontinent sich flächendeckend von allein entwickeln!« versicherte er. Liberia hatte ein Dorf ausgesucht: Kokoya, das Sachs nun besuchen wollte. Die Bewohner konnten ihr Glück kaum fassen und hatten für ihn ein großes Fest vorbereitet. Professor Sachs aber hatte Angst, in den UNO-Helikopter zu steigen, und so musste der Besuch des Dorfes abgesagt werden.

Er traf sich dann mit der Finanzministerin, die seinen Ideen gegenüber Skepsis äußerte, und sprach danach mit Präsidentin Sirleaf. Die, so hörte man hinter vorgehaltener Hand, empfand Sachs' forschen Auftritt als arrogant. Es fehlte diesem Mann, der nie in einem Entwicklungsland gelebt hatte, wohl an kultureller Einfühlungsgabe. Die Afrikaner empfangen geduldig viele weiße Afrikaretter, und sind einfach zu diplomatisch und höflich, um ihnen direkt ihre Meinung ins Gesicht zu sagen, vor allem, wenn an ihnen Geldversprechen hingen. Wenn jemand gar nichts sagt und nur lächelt oder nickt, dann ist das im Allgemeinen schon als ein NEIN zu werten.

Sieben Jahre später sollte das liberianische Millenniumdorfprojekt, für das Norwegen über 5 Millionen US-Dollar gegeben hatte, als völlig gescheitert angesehen werden. Die Menschen im Dorf waren tief enttäuscht, hatte man ihnen doch weitreichende Versprechungen gemacht. Es gab keine Schule mit Bibliothek und Labor, und auch keinen Strom, keine geteerte Straße, kein Internet. Das neue Saatgut und andere landwirtschaftliche Mittel waren immer noch im Lager.

Obwohl es die üblichen geschönten Berichte gab, musste UNDP zugeben, dass sie die Projektziele nicht erreicht hatten. Ein Mitarbeiter meinte, das Projekt hätte ausgelagert werden sollen wegen der vielen bürokratischen Hürden, die UNDP hatte. Andere machten die einheimische Administration für das Scheitern verantwortlich. Die aber widersprach und meinte, das Geld hätte nicht gereicht.

33. Professor Sachs – der weiße Retter

Die Journalistin Nina Munk, die das Projekt der Millennium-Dörfer über sechs Jahre zunächst mit Begeisterung verfolgte, schlussfolgert in ihrem Buch[140] von 2013, dass das grundsätzliche Problem des Millennium-Dorf-Konzepts war, dass es von weit entfernt wohnenden Akademikern mit unzureichendem Verständnis für die einheimische Kultur entwickelt worden war. Zum Beispiel ließ man Mais anbauen, wo die Menschen historisch nie Mais aßen, oder man ließ Tiere züchten, für die es keinen Absatzmarkt gab. Sie beschreibt die Lage der Dörfer nach Beendigung der Projekte als bedrückend.

Ein beschämender Punkt, den ich hier hervorheben möchte, ist der, dass durch den ganzen Hype und die hochkarätigen Begeisterung die Kollegen vor Ort sich nicht trauen, Kritik zu üben. Sie wissen, dass solche Konzepte nicht aufgehen. Aber wenn mehr als 200 Institutionen und Konzerne weltweit über 600 Millionen Dollar stiften, Angelina Jolie, Brad Pitt, Madonna und andere berühmte Persönlichkeiten Milleniumdörfer besuchen und die Werbetrommeln rühren, Tommy Hilfiger eine eigene Kollektion mit afrikanischem Design entwirft – welcher Kollege, dessen Karriere auf dem Spiel steht, will dann Spielverderber sein und prophezeien, dass das alles nicht funktionieren wird?

---

140 *The Idealist: Jeffrey Sachs and the Quest to End Poverty* (2013).

34. Das Gegenstück zu Sachs: Schwester Barbara

Mir scheint, dass ein Leben in weniger starrend flexibleren Gesellschaftsformen es Menschen erlaubt, ihr volles Potenzial zu entwickeln und über sich hinauszuwachsen. Ein Beispiel dafür ist Schwester Barbara, Ordensschwester der Franziskaner aus den USA. Eine Frau wie ein Fels, unverwüstlich und immer fröhlich, trägt sie keine Ordenstracht, sondern bescheidene Kleidung, passend zu ihrem Männerhaarschnitt. Lautes Lachen und gute Laune sind ihr Markenzeichen. Nach dem, was sie erlebt hat – ein Leben im Busch, Bürgerkrieg, Ebola, und das alles immer an vorderster Front –, ist ihr Schlusswort bei ihrem TED-Talk in Monrovia: »Wohin ich auch geschickt werde, ich bin präsent, ich bin, heute, hier und jetzt.«

Von Beruf Krankenschwester und Hebamme, kam sie 1977 nach Liberia und ist nach über 40 Jahren immer noch da. Zunächst arbeitete sie tief im Landesinnern in Nimba, wo sie Hebammen ausbildete. Der Erzbischof von Monrovia bat sie dann, eine Schule für Krankenschwestern in Monrovia zu eröffnen, was ihr 1989 auch gelang, nur zwei Wochen vor Kriegsbeginn.

Während des Krieges arbeitete sie für die NGO *Médecins Sans Frontières*[141] im Operationssaal für Notfälle, und begleitete Hilfstransporte für die leidenden Menschen im Landesinneren, die sie geschickt durch die Checkpoints der furchteinflößenden Rebellen manövrierte. Später in Monrovia kümmerte sie sich um Waisenkinder und Kinder, die im Krieg von ihren Müttern getrennt worden waren, um sie wieder mit ihren Familien zusammenzubringen. Dann führte sie ihre Schule für Krankenschwestern weiter. Heute ist sie unter anderem Dekanin der Fakultät fürs Gesundheitswesen in Monrovia. Während der Ebolakrise 2014/15 kam ihr ein zentrale Rolle an vorderster Front zu. Während dieser Zeit musste sie zweimal in eine 21 Tage lange Observierungsquarantäne, die für alle die obligatorisch war, die mit Menschen in Kontakt gewesen waren, die an Ebola gestorben waren.

Ich traf Schwester Barbara das erste Mal im Hause einer Kollegin, wo der wöchentliche Pokerabend stattfand. Sie drehte die Musik auf und schwang ihre breiten Hüften zum Tanz, ein Zeichen, dass sie wirklich schon lange in Liberia war. Schwester Barbara spielte nicht nur Poker, sondern trank auch Whisky und spielte leidenschaftlich Baseball.

Wer Schwester Barbara in Aktion sehen will, sollte sich den Youtube-Dokumentarfilm *Liberia, an Uncivil War* anschauen, der den Bürgerkrieg von 2003

---
141 Ärzte ohne Grenzen.

dokumentiert, als LURD-Rebellen in Monrovia aufmarschieren, um Charles Taylor zu stürzen. Der Film zeigt, wie sie den Vormarsch der Rebellen über die BBC verfolgt, die Flüchtlingsbewegung nach Monrovia voraussieht, und wie sie dann energisch die Notunterkünfte managt.

Schwester Barbara wusste einige Geschichten zu erzählen. Zum Beispiel, wie sie durch Beziehungen im Rebellengebiet einen Passierschein für mehrere nigerianische Kinder bekam, die sonst interniert worden wären. Am Checkpoint interessierten sich die Rebellen absolut nicht für den Passierschein der Kinder, sondern verlangten einen Passierschein für das Huhn, das eines der Kinder dabei hatte. Somit mussten sie nochmal über eine Stunde zurückfahren, um sich einen Passierschein für das Huhn besorgen.

Sie erzählte während eines TED-Talks eine Geschichte aus dem Krieg, als sie anfing, ihren Glauben zu verlieren, nachdem die Menschen ihr von den Grausamkeiten erzählten, die ihnen die Rebellen angetan hatten. Sie erzählt auch von einer Frau, die mit geschwollenen und infizierten Füßen mit nässenden Wunden bei der Nahrungsmittelverteilung anstand, an jeder Hand ein Kind, nach über 100 Kilometern Fußweg. Eines der Kinder war ihr eigenes, das andere hatte sie unterwegs aufgegriffen, als sie es etwas abseits des Weges hatte schreien hören. Sie fand das Kind allein in einem Haus voller Leichen und nahm es mit. Schwester Barbara fragte die Frau: »Wie ist das möglich?« und bekam die Antwort: »Gott war da.« Dieses Erlebnis half ihr, nicht zu verzweifeln.

Man hat gegenüber dieser Heldin, die im Krieg ihr Leben und Vergewaltigungen riskiert hat und sich mehr als einmal verstecken musste, immer ein bisschen ein schlechtes Gewissen, denn wenn es brenzlig wir, und wir vielleicht gerade gebraucht werden, bringt uns die UNO in Sicherheit. Für uns, die Botschafter und NGOs, ist es selbstverständlich, dass wir nicht unser Leben aufs Spiel setzen. Die Ordensmissionen sind die, die bis zuletzt bleiben. Schwester Barbara selbst wurde zwar zweimal evakuiert, war aber auch oft in gefährlichen Situationen auf sich allein gestellt, als sie sich um Menschen kümmerte, die ihre Hilfe brauchten. Vielleicht haben diese frommen und mutigen Ordensleute einen Deal mit ihrem Gott. Dass der sie auch nicht immer schützen kann, zeigte sich jedoch, als 1994 fünf amerikanische Nonnen auf grausame Weise von NPFL-Rebellen ermordet wurden.

35. Eine ziemlich große Enttäuschung

Ich muss zugeben, zunächst auch dem Hype der Glorifizierung von Ellen Johnson-Sirleaft verfallen zu sein. Sie wurde der Liebling der internationalen Gemeinschaft, eine Ikone der Hoffnung, ein Beweis, dass doch noch alles gut werden kann mit einer Präsidentin, die als Harvard-Absolventin internationale Karriere gemacht hat, und gut vernetzt ist mit den Mächtigen der USA. Als Liebling der internationalen Gemeinschaft bekam sie beispiellose Unterstützung. Auf der Weltbühne unterwegs, wurde sie überall bejubelt, nahm Preise entgegen.

Die Großen der Welt kamen zu Besuch und huldigten Sirleaf. Im Juli 2006 besuchte Ex-UNO-Generalsekretär Kofi Annan Liberia, und im Oktober 2007 stattete Merkel Sirleaf einen Freundschaftsbesuch ab. Die deutsche Presse überschlug sich mit Lob für die Präsidentin. Merkel brachte 30.000 Moskitonetze als Gastgeschenk mit, die niemand in der Bevölkerung haben wollre. Liberia ist ein Land mit starken traditionellen Glaubensvorstellungen, und die Bevölkerung glaubte, dass die Netze die Seele daran hindern, in der Nacht zu reisen. Gleichzeitig erfuhr man aus der Presse, dass Merkels Begleiterin, die Entwicklungsministerin Wieczorek-Zeul, die deutsche Entwicklungshilfe für Liberia um weitere vier Millionen auf 18,4 Millionen aufstocken ließ. Der Rest der Welt war ebenfalls großzügig, unter anderem hatten die USA seit 2003 Hilfsgelder in Höhe von einer Milliarde US-Dollar gespendet.[142] Ausländische Firmen investierten Milliarden, insbesondere China, das bis 2010 insgesamt zehn Milliarden in Liberia investiert hatte.

Im Februar 2008 besuchte US-Präsident George Bush Liberia ebenfalls. Die Vorbereitungen in der Stadt waren beachtlich. Die Straße vom Flughafen bis zum Amtssitz der Präsidentin, die einzige, die Präsident Bush zu Gesicht bekommen würde, erhielt eine neue Asphaltierung, und war damit die einzige schlaglochfreie Straße in Monrovia. Ruinen am Straßenrand wurden abgerissen und die verschimmelten Fassaden der restlichen Gebäude wurden mit dünner weißer Farbe übertüncht, die den schwarzen Moder aber durchscheinen ließen. Problematischer verlief die Zwangsräumung der vielen Straßenverkäufer mit ihren Ständen auf den Bürgersteigen, die oft die einzige Einnahmequelle für die Menschen waren. Durch Zufall wurde ich selbst Zeugin, wie die Bürgermeisterin den Marktfrauen mit dem Bagger drohte. Die Straße wurde, obwohl nur für kurze Zeit, das, was man Potemkinsche Dörfer[143] nennt. Ganz nebenbei bekam ich auch

---
142 US-Botschaft in Liberia, 25. Februar 2015.
143 Der Ausdruck wird für die Vorspiegelung falscher Tatsachen benutzt und geht auf die zweifelhafte Geschichte in Russland zurück, dass Feldmarschall Potemkin künstliche

35. Eine ziemlich große Enttäuschung

mit, dass die Anführer einer Gruppe Bürger, die mit Plakaten am Straßenrand dafür plädierten wollten, dass Sirleaf als Kriegsverbrecherin vor Gericht gestellt würde, für die Dauer des Besuches von der Polizei »festgehalten« wurden.

Im April 2008 kam der UNO-Generalsekretär Ban-Ki-Moon zu Besuch, den wir um sieben Uhr morgens im Konferenzraum empfangen mussten. Er kam nicht als besonders scharfsinnig herüber, und seine Rede machte deutlich, wie weit weg von der Realität manche der höchsten Entscheidungsträger sind. Von der Zerstörungen, die er auf der Fahrt vom Flughafen gesehen hätte, sei er schockiert gewesen. Er sprach uns auch seine Bewunderung dafür aus, jeden Morgen so früh anzufangen. Denn da er nun schon weiß Gott wie lange bei der UNO war, wüsste er, wann die Leute gewöhnlich zur Arbeit erschienen.

Im August 2009 kam Hillary Clinton zu Besuch und war voll des Lobes für Sirleaf als Vorreiterin in der Korruptionsbekämpfung.

Gemeinsam mit zwei anderen Frauen erhielt Sirleaf 2011 den Friedensnobelpreis für ihren Beitrag zum Frieden und zur Förderung von Frauenrechten. Eine der Frauen war die Jemenitin Tawakkol Karman, die andere Leymah Gbowee, die herausragende liberianische Friedensaktivistin und Frauenrechtlerin (siehe Seite 145). Viele Liberianer fragten sich, wie Sirleaf angesichts ihrer Verstrickung in den Bürgerkrieg nominiert werden konnte. Auch Leymah Gbowee distanzierte sich später von Sirleaf.

Die Präsidentin hatte für die UNO und die Weltbank gearbeitet und wusste genau, wie sie sich politisch korrekt verhalten musste. So flog sie nicht mit dem Privatjet durch die Welt wie ihr Nachfolger und protzte auch nicht offen wie ihre Vorgänger. Sie förderte die Pressefreiheit und es gab quasi keine politischen Gefangenen. Sie gab sich als Ikone der Frauenrechte, des Friedens und der Rechtsstaatlichkeit. Man schien ihr alles zu verzeihen, auch, dass sie das Gesetz, das Homosexualität kriminalisierte, verteidigte, und die weibliche Genitalverstümmelung nicht zu verbieten versuchte.

Doch allmählich wurden Risse an der glanzvollen Oberfläche sichtbar. Niemand wollte es wahrhaben, man fand Entschuldigungen, und es dauerte lange, bis die internationale Gemeinschaft erkannte, dass es ein Fehler gewesen war, Sirleaf kritiklos in Seide gewickelt zu haben. Zwei ihrer früheren Kollegen von UNDP bekleideten höchste Ämter in UNMIL, und besonders die USA setzten immer noch auf Sirleaf. Ich fragte eines Tages den Botschafter eines europäischen Landes, ob denn die USA immer noch von Sirleaf überzeugt waren. Die Antwort lautete: »Sie wissen durchaus wie der Hase läuft, aber denken, dass es im Moment keine Alternative gibt.«

Kulissen von wohlhabenden Dörfern aufgestellt haben soll, um Katharina der Großen auf einer Reise über den Wohlstand der Gegend zu täuschen.

Vor der Wahl hatte Sirleaf die Korruption zum Feind Nummer Eins erklärt, die sie gezielt zu bekämpfen versprach. Sie wollte Monrovia innerhalb von sechs Monaten elektrifizieren und mit sauberem Trinkwasser versorgen, die Arbeitslosigkeit bekämpfen, das Straßennetz und andere Infrastrukturen ausbauen. Lehrer und Angestellte im Gesundheitswesen, die kaum etwas verdienten, wenn sie denn überhaupt bezahlt wurden, sollten besser entlohnt werden und Geschäftsleuten sollte der Zugang zum Bankenservice und zu Krediten ermöglicht werden. Nichts davon passierte. Sirleaf verteilte Regierungsposten an ihre Söhne und andere Familienmitglieder, Freunde und Kinder von Freunden.

Sirleaf ernannte ihren Sohn Charles Sirleaf, bisheriger Vizegouverneur, zum Gouverneur der liberianischen Zentralbank. Im März 2019 wurde Charles Sirleaf in Verbindung mit dem illegalen Drucken von liberianischen Banknoten im Wert von über 104 Millionen US-Dollar verhaftet. Zusammen mit drei anderen Mitarbeitern der Zentralbank wurde er der Wirtschaftssabotage, Geldwäsche und krimineller Verschwörung angeklagt.

Sirleaf ernannte ihren Sohn Robert zu ihrem präsidialen Berater und machte ihn zum Vorsitzenden der National Oil Company of Liberia (NOCAL). 2013 wurde er unter heftiger Kritik gezwungen, sein Amt niederzulegen, und zwei Jahre später brach die NOCAL aufgrund jahrelanger Misswirtschaft und Korruption zusammen. Viele Millionen sind verschwunden.

Allein während ihrer ersten Regierungszeit wurden 20 Regierungsminister von der unabhängigen Wirtschaftsprüfkommission der Korruption bezichtigt, ohne dass Sirleaf sie zur Rechenschaft gezogen hätte. Global Witness, eine NGO, die unter anderem Korruption bekämpft, prangerte an, dass in ihrer zweiten Regierungszeit 20 der größten Verträge zur Abholzung des Regenwaldes illegal ausgehandelt worden waren. Schlimmer noch, die Präsidentin hat 58 Prozent des Regenwaldes an Abholzfirmen verkauft, obwohl viele Menschen vom Regenwald leben.

Ein Beispiel der skandalösen Handhabung von Korruptionsfällen hochrangiger Staatsbeamter war der Fall Rodney Sieh, einer der besten Investigativjournalisten Liberias. Seine Geschichte ist ein Beispiel, wie Verleumdungsgesetze in Afrika Journalisten zum Schweigen bringen und die Bekämpfung von Korruption verhindern. Nach Jahren im Exil kehrte Rodney Sieh nach Liberia zurück und gründet edie Zeitung *Frontpageafrica*. Er stellte auch weibliche Journalisten ein und wagte sich an Tabuthemen. Die Zeitung gewann internationale Journalistenpreise. Dann veröffentlichte Sieh eine unabhängige Wirtschaftsprüfung, die zu Tage förderte, dass das Landwirtschaftsministerium unter Minister Dr. Christopher Toe keine Rechenschaft über sechs Millionen fehlende US-Dollar abgelegen konnte. Toe musste daraufhin seinen Hut nehmen, wurde aber vom UNO-Welternährungsprogramm für eine hochrangige internationale Position eingestellt. Toe verklagte Sieh wegen Verleumdung und verlangte 1,5 Millionen US-Dollar als Wiedergutmachung. Sieh wurde für schuldig befunden und sollte die volle Summe zahlen. Da er das nicht konnte, wurde er zu 5.000 Jahren Gefängnis verurteilt. Seine Inhaftierung löste internationale Entrüstung aus, was für Ellen Johnson Sirleaf durchaus beschämend sein musste, hatte sie doch 2010 den »Friend of the Media Aware« erhalten, eine Auszeichnung, die Förderer der Meinungsfreiheit auszeichnet.

Sieh trat in den Hungerstreik, wurde krank und nach seiner Behandlung im Krankenhaus ins Gefängnis zurückgebracht. Später, wohl Dank der Prominenz des Falles, wurde er entlassen, musste sich aber bei Gericht entschuldigen. Er schrieb ein Buch[144] über diese Episode, worin er auch die katastrophalen Zustände im Gefängnis von Monrovia anprangert, wo Menschen seit 5 Jahren einsitzen, die nie einem Richter vorgeführt worden waren. Später berichteten die Medien, dass ein Geschworener zugab, in dem Fall bestochen worden zu sein.[145]

Sirleaf ernannte ihren dritten Sohn Fombah Sirleaf zum Chef der nationalen Sicherheitsbehörde. Unter anderem wurde Fombah 2014 beschuldigt, 24.000 US-Dollar illegal von einem koreanischen Geschäftsmann beschlagnahmt zu haben. Die Justizministerin trat zurück, aus Protest darüber, dass Ellen Johnson Sirleaf die Ermittlungen in diesem Fall zu manipulieren versucht hatte. Global Witness enthüllte ebenfalls, dass eine britische Minengesellschaft für die Konzession einer Eisenerzmine Bestechungsgelder von über 950.000 US-Dollar an liberianische Regierungsbeamte zahlte, unter anderem finanzierte die Minengesellschaft Fombah Sirleafs Jagdurlaub in Südafrika mit über 9.000 US-Dollar.[146]

Sirleaf ernannte ihre Schwester und deren Ehemann ebenfalls zu präsidialen Beratern. Die Schwester wurde in einen Skandal mit einem befreundeten Nigerianer verwickelt, bei dem 18 Millionen US-Dollar aus dem Staatskoffer für gefälschte Aufträge verwendet worden waren.

Die Präsidentin, die als Antikorruptionspäpstin in ihr Amt ging, war übrigens auch auf der Liste der Offshore-Kunden der »Paradise Papers«, die die *Süddeutsche Zeitung* offenlegte, bei denen es um Korruption, Geldwäsche und Steuerhinterziehung ging.

Von 2006 bis 2011 finanzierte die Europäische Union einen Generalwirtschaftsprüfer für Liberia. John Morlu ist ein hochqualifizierter Wirtschaftsprüfer aus den USA mit liberianischen Wurzeln. Sirleaf war angeblich nicht davon begeistert, aber eine Ablehnung hätte ihren angekündigten Kampf gegen Korruption unglaubwürdig gemacht. Morlu informierte UNMIL 2010 bei einem Briefing offiziell darüber, was die Spatzen bereits von den Dächern pfiffen: dass die Regierung Sirleaf durch und durch korrupt war. Morlu ging an die Öffentlichkeit und

---

144 *Journalist on Trial – Fighting Corruption, Media Muzzing and a 5,000 year Prison Sentence in Liberia*, Rodney D. Sieh.
145 22.02.2011 – The Informer: Liberia: Juror Admits Taking Bribe in Chris Toe Libel Suit.
146 Global Witness, Pressemitteilung vom 31.07.2019.

beschuldigte das Sirleaf-Regime, dreimal so korrupt zu sein wie die vorherige Übergangsregierung unter Gyude Bryant, der kurz zuvor beschuldigt worden war, über eine Millionen US-Dollar unterschlagen zu haben. Unter anderem seien Einnahmen in Höhe von 47 Millionen US-Dollar im Budget 2007/2008 nicht aufgeführt, ein Öllieferungsabkommen mit Nigeria sei nicht öffentlich gemacht worden, Einkommen aus dem Abbau von Diamanten und Tropenhölzern fehlten in den Büchern, ebenso wie die Einkünfte der Forstbehörde, der Flughafengesellschaft und der Petroleumraffinerie.

2006 begann die TRC, alle Akteure des Bürgerkrieges zu vernehmen. Ellen Johnson Sirleaf weigerte sie sich zunächst, auszusagen, mit der Begründung, dass man alles in ihrem Buch nachlesen könne. Nach großem öffentlichem Druck sagte sie 2009 aus, dass sie Taylor anfänglich unterstützte und ihm nur ein einziges Mal 10.000 US-Dollar gegeben hätte. Viele Kriegsopfer empfanden diese Aussage als einen Schlag ins Gesicht.

Was viele Liberianer Sirleaf nie verziehen, war eine Aussage, die lange bekannt war, aber erst 2005 durch einen offenen Brief an Sirleaf von Tom Woewiyu, dem ehemaligen NPFL-Wortführer und Verteidigungsminister, veröffentlicht wurde. In dem Brief, der in den liberianischen Zeitungen nachzulesen war, wird Sirleaf beschuldigt, während des Krieges angeordnet zu haben, Monrovia dem Erdboden gleichzumachen,[147] sie könnten es später wieder aufbauen. Er beschuldigt sie auch, eine tragende Rolle bei Quiwonkpas fehlgeschlagenem Coup gegen Doe gespielt zu haben, und dass sie Commander-in-Chief der NPFL gewesen sei, als sie 1992 den Angriff auf Monrovia angeordnet hab, und somit Operation Octopus erst ins Leben gerufen habe.

Mir wurde schon Ende 1992, nachdem ich Sirleaf in der Elfenbeinküste getroffen hatte (siehe Seite 48), gesagt, dass nach einem Sieg der NPFL durch Operation Octopus Sirleaf Präsidentin werden sollte, während Taylor für den Posten des Verteidigungsministers vorgesehen war. Als klar wurde, dass Taylor nichts anderes als die Präsidentschaft akzeptieren würde, ging Sirleaf ihren eigenen Weg, um an die Macht zu gelangen. Die Ironie der Geschichte wollte es, dass beide ihr Ziel erreichen sollten, aber mit sehr unterschiedlichem Ausgang für jeden von ihnen.

2009 veröffentlicht die TRC ihre Empfehlungen in einem Abschlussbericht. Unter anderem empfahl sie, dass Ellen Johnson Sirleafd aufgrund ihrer prominenten Rolle im Bürgerkrieg für die nächsten 30 Jahre von allen öffentlichen Ämtern ausgeschlossen werden sollte. Sirleaf stellte daraufhin die Kompetenz der TRC, derartige Empfehlungen auszusprechen, in Frage und kündigte an, für eine Wiederwahl 2011 zur Verfügung zu stehen, wohl wissend, dass sie vorher

---

147 »Level Monrovia, we will rebuild it«, soll Sirleaf angeordnet haben.

versichert hatte, nur eine Präsidentschaftsperiode regieren zu wollen. Sie wurde wiedergewählt.

Der ehemalige Vorsitzende der Wahrheits- und Versöhnungskommission, Jerome Verdier, kommentierte, dass sie jetzt Beweise hätten, dass Sirleaf den Bürgerkrieg viel stärker unterstützt hat, als sie es vor der Kommission zugegeben hatte, dass sie die Hauptgeldbeschafferin war, dass sie den US-Kongress und die ganze US-Regierung gebeten hat, Charles Taylor voll zu unterstützen, und dass sie an der Rekrutierung von Kindersoldaten beteiligt war. Er hält sie für eine Kriegsverbrecherin.[148]

Also bleibt ihr Vermächtnis die Förderung des Friedens und der Frauenrechte, für den sie 2011 den Friedensnobelpreis bekam? Robtel N. Pailey, liberianische Akademikerin, Aktivistin und Autorin eines Antikorruptionsbuches für Kinder, sowie Korto Reeves Williams, liberianische Feministin und führende Aktivistin der Zivilgesellschaft, haben Sirleafs Hinterlassenschaft für die so schwer gebeutelten liberianischen Frauen analysiert.[149] Sie beklagen, dass Sirleafs Verherrlichung als feministische Ikone besonders beunruhigend sei, da ihre zwölfjährige Präsidentschaft nur den Interessen einer kleinen Elite von Frauen und Männern in der Politik gedient hätte, und sie damit die langjährigen patriarchalischen Normen aufrechterhalten hatte, unter anderem durch kontinuierliches Recycling von hauptsächlich männlichen Regierungsbeamten. Sie schreiben weiter: »Obwohl die internationale Medienmaschinerie Sirleaf weiterhin als Matrone der Frauenrechte anerkennt, hat sie diesen Titel weit weniger verdient.«

Im Januar 2018 übergab Sirleaf die Macht an den internationalen Fußballspieler George Weah, der die Wahlen kurz zuvor gewonnen hatte und dessen Kandidatur sie unterstützt hatte.

Im Juni 2019 traten die deutsche Kanzlerin Angela Merkel und Ellen Johnson Sirleaf zusammen beim Deutschen Evangelischen Kirchentag in Dortmund auf. Sirleaf – in der Rolle des Hauptrednerin – lobte Deutschlands großzügige Hilfe und Merkels persönlichen Einsatz für Liberia: »Ich traf Merkel zum ersten Mal 2007, als sie als erste deutsche Kanzlerin das Land besuchte. Was folgte, war eine lange und lohnende Freundschaft«. In der anschließenden Podiumsdiskussion ging es um das Thema »Vertrauen als Grundlage internationaler Politik«. Merkel antwortete auf die Frage des Moderators, ob sie sofort gespürt habe, dass Sirleaf jemand ist, dem sie vertrauen könne: »Wenn man sie so erlebt, dann merkt man das.«

---

148 http://bushchicken.com/jerome-verdier-supports-lawsuit-against-sirleaf/3/04/2018 Jerome Verdier Supports Lawsuit Against Sirleaf; siehe auch https://newspublictrust.com/trc-head-jerome-verdier-says-ex-pres-sirleaf-aided-and-abetted-war-crimes/ (zuletzt abgerufen am 17.06.2019).
149 »Is Liberia's Sirleaf really standing up for women?« *Al Jazeera*, 31.08.2017.

36. Schachmatt für Charles Taylor

Nach fast fünf Jahren Gerichtsverfahren wurde Taylor am 30. Mai 2012 für schuldig befunden und zu 50 Jahren Haft verurteilt. Der Richter bemerkte vor der Urteilsverkündung: »Der Angeklagte wird für die Beihilfe, Anstiftung und die Planung einiger der abscheulichsten und brutalsten Verbrechen in der Geschichte der Menschheit verantwortlich gemacht«. Taylor selbst hatte stets seine Unschuld beteuert und sah sich als Opfer einer internationalen Intrige. Sein Sohn Chucky wurde ebenfalls in den USA verhaftet und dort wegen Folter von einem Gericht zu 97 Jahren Gefängnis verurteilt.

Taylors Gerichtsverfahren kostete 250 Millionen US-Dollar, und die Ausgaben für seinen Aufenthalt im Gefängnis sollen sich auf über 90.000 Euro pro Jahr belaufen haben, während die Opfer leer ausgingen. Der Prozess hatte vor allem dadurch Aufsehen erregt, dass die US-Schauspielerin Mia Farrow und das Model Naomi Campbell aussagten. Beide waren 1997 zu Gast bei Präsident Mandela in Südafrika, wo Campbell angeblich mit Taylor geflirtet haben soll, während ihr später in der Nacht Diamanten überbracht wurden.

37. Der Fußballspieler – Liberia heute

Im Januar 2018 übernahm der Ex-Fußballspieler George Weah das Amt des Präsidenten, nachdem er die Wahlen im Oktober 2017 gewonnen hatte. Weah ist kein Americo-Liberianer, sondern vom Volk der Kru und wuchs in West Point, dem schlimmsten Slum von Monrovia auf, wo er die Schule abbrach und später als internationaler Fußballstar Karriere machte. Er galt sogar als bester Fußballspieler aller Zeiten. Somit wurde er ein Vorbild für die liberianische Jugend. Weah praktizierte den Islam zehn Jahre lang, bevor er sich dem Christentum zuwandte. Später holte er seinen Universitätsabschluss nach. Verheiratet mit einer Jamaikanerin, hat er aber noch eine liberianische Frau, die Tochter des Ex-Präsidenten Doe. Außerdem hat er noch Kinder von zwei anderen Frauen. Noch kontroverser ist, dass Charles Taylors Ex-Ehefrau, Jewel Taylor, seine Vize-Präsidentin ist. Vor seiner Wahl kamen Gerüchte auf, dass Charles Taylor aus seiner Gefängniszelle heraus Direktiven erteilte. Weah hat zugegeben, mindestens einmal während des Wahlkampfes mit Taylor telefoniert zu haben. Ebenso undurchsichtig ist, wer Weahs Kampagne finanziert hat. Vermögensangaben bei vorherigen Senatorenwahlen bestätigen, dass Weah seine Fußballermillionen verpulvert hatte. Trotzdem hat er im ersten Amtsjahr massiv Land aufgekauft und mehrere private Bauvorhaben begonnen. Das erzürnte die Liberianer, hatten sie Weah doch auch gewählt, weil bei ihm angeblich der Kampf gegen Korruption Priorität haben sollte.

Gleichzeitig erregt der Privatjet Aufmerksamkeit, den der Präsident mit seiner Entourage für Regionalflüge benutzt, und der ansonsten am Flughafen parkt. Gerüchte kursieren, dass er den Jet für 30 Millionen US-Dollar gekauft hat. Weah weist dies zurück und erklärt, dass ein ausländischer Freund ihm den Jet zur Verfügung stellt.

Zwei Monate nach Amtsantritt berichten Medien vom Verschwinden von Schiffscontainern mit in Schweden frisch gedruckten 16 Milliarden liberianischen Dollars (ca. 104 Millionen US-Dollar). Der Journalist, der die Story veröffentlichte, bekam Todesdrohungen.

Öffentlicher Unmut macht sich breit, weil Weah sein Vermögen nicht sofort offenlegte, so wie es der liberianische Verhaltenskodex von öffentlichen Amtsträgern verlangt. Erst im Juli 2018, nach Monaten enormen öffentlichen Drucks, gab er eine Vermögenserklärung ab. Damit verliert seine Korruptionsbekämpfung an Glaubwürdigkeit.

Eine weitere Kontroverse bildete sich um die 25 Millionen US-Dollar, die Weah zur Inflationsbekämpfung in die Wirtschaft pumpen wollte. Es gibt keine Belege darüber, wohin das Geld geflossen ist.

37. Der Fußballspieler – Liberia heute

Im April 2019 forderte der höchste UN-Repräsentant in Liberia, Yacoub Hillo, öffentlich, dass die Weah-Regierung über die Gelder, die für Entwicklungshilfe bereit gestellt wurden, Rechenschaft ablegen sollte. Ich kann aus meiner über 30-jährigen Erfahrung versichern, dass UNO-Diplomaten solch eine Erklärung nur in äußersten Extremfällen abgeben, und erst dann, wenn alle diplomatischen Bemühungen fehlgeschlagen sind.

Im Mai 2019 beschwerten sich neun Botschafter, unter ihnen die aus den USA, Frankreich, Großbritannien, Irland, Japan, Schweden und der Europäischen Union schriftlich bei Weah darüber, dass irregulär und ohne Erlaubnis Geld vom Spendenkonto für Entwicklungsprojekte bei der liberianischen Zentralbank abgehoben worden wäre. Weah versprach, das Geld zurückzuzahlen.

Eine extrem hohe Inflation sorgte für eine Verdoppelung der Lebenshaltungskosten bei gleichbleibender Arbeitslosigkeit. Staatsangestellte wurden seit Monaten nicht bezahlt. Es heißt, dass im Ministerium kein Umschlag mehr zur Verfügung stehe und dass es in den Krankenhäusern keine Medikamente mehr gäbe. Angestellte im Gesundheitswesen streiken, weil sie ihr Gehalt verzögert oder nur teilweise erhalten. Die Korruption blüht wie bisher auf allen Ebenen. Tausende gingen seither auf die Straße, um gegen Weahs Regierung zu protestieren.

Im September 2019 vermehrten sich Berichte, dass viele ausländische Botschaften kein Geld erhalten würden, um ihre Miete und ihre Angestellten zu zahlen. Das erinnert an frühere Zeiten, als Botschaftsangestellte Visa und Pässe verkauften, um ihr Einkommen zu sichern, ganz zu schweigen von Vorfällen, wobei denen Diplomaten versuchten, ihre Botschaft zu verkaufen. Im gleichen Monat überbrachte der Nationalrat der Chiefs und Ältesten Präsident Weah eine Petition, in der sie unmissverständlich den Zustand im Land beklagten. Ihre Kritik betraf nicht nur den Präsidenten, sondern auch alle anderen Staatsorgane wurden des Versagens bezichtigt. Der Rat ermahnte Weah, nun endlich das Tribunal für Wirtschafts- und Kriegsverbrechen auf die Beine zu stellen, wie von der TRC empfohlen, da bis zum jetzigen Zeitpunkt niemand im Land für diese Verbrechen zur Rechenschaft gezogen wurde. Kein einziges Opfer wurde entschädigt. Im Gegenteil, viele Kriegsverbrecher haben hohe Staatsämter inne und bewerben sich bei Präsidentschaftswahlen, weshalb die Diskussion über den Gerichtshof so sensibel ist. Doch die USA, die UNO, Menschenrechtsorganisationen und auch immer mehr Stimmen im Volk, in der Diaspora in den USA, und auch in der Politik üben jetzt Druck auf die Regierung Weah aus, endlich zu handeln.

38. Gedanken

Meine Absicht mit diesem Buch ist, dem Leser an konkreten Beispielen die Problematik der internationalen Hilfe vor Auge zu führen. Es sprengt den Rahmen dieses Buches, global näher auf dieses Thema einzugehen, und deshalb zitiere ich hier nur ein paar der vielen Stimmen, die eine radikale Reform der Zusammenarbeit mit den Entwicklungsländern fordern. Wer sich in dieses Thema vertiefen möchte, findet in den Buchhandlungen und im Internet eine Fülle von entsprechenden Büchern und Artikeln.

Nach William Easterly, einem führenden Entwicklungsökonom, sind »*600 Milliarden Dollar Hilfsgelder seit den sechziger Jahren nach Schwarzafrika geflossen, doch am Lebensstandard habe sich dadurch ›praktisch nichts verändert"..[...] In den Folgejahren bis 2013 erhielt Afrika nach OECD-Angaben weitere 300 Milliarden Dollar. Vor kurzem sagte der Forscher, dass auch dieses Geld zu großen Teilen versandet und möglicherweise sogar Schaden verursacht hat, indem es unbeabsichtigt afrikanische Autokratien gefestigt haben.*«

Der »Bonner Aufruf«[150] ist eine Initiative für eine veränderte Entwicklungspolitik, die von einer beeindruckenden Liste von Experten mit solider Erfahrung unterzeichnet wurde.

Es gibt eine Bewegung von Afrikanern, die die Barmherzigkeit des Westens bei gleichzeitiger Ausplünderung der afrikanischen Ressourcen, besonders auch durch China, nicht länger ertragen wollen. Einige plädieren sogar dafür, alle ausländischen Hilfsorganisationen auszuweisen, und die Entwicklungshilfe ganz einzustellen. Manche gehen so weit, dass sie die Notfallhilfe ablehnen. Ich bin sicher, dass wir in Zukunft noch mehr von diesem Trend hören werden.

Einer der beeindruckendsten dieser Aktivisten ist Professor P. L.O. Lumumba[151] aus Kenia, der Direktor der juristischen Fakultät, der den Finger genau in die Wunde legt. Man kann sich dem Charisma dieses brillanten und redegewandten Juristen kaum entziehen, der in seinen Reden ganz unmissverständlich zeigt, dass die Migration eine Folge von Misswirtschaft und Korruption ist. Seine berühmten Reden kann man auf Youtube verfolgen.

Lumumba war von September 2010 bis August 2011 der Direktor der kenianischen Antikorruptionskommission, und wurde nach weniger als einem Jahr im Amt unter kontroversen Umständen entlassen, wie so viele seiner Kollegen

---

150 www.bonner-aufruf.eu
151 Seine Eltern nannten ihn nach Patrice Lumumba. In Afrika ist es üblich, Kinder nach berühmten Helden zu benennen.

in gleichen Ämtern in anderen afrikanischen Ländern. Während integren und fähigen Menschen keine Chance gegeben wird, hofieren unsere Regierungen weiter kriminelle Regime.

Hier sind einige von P. L. O. Lumumbas Aussagen:

- *Korruption ist der Grund, warum Afrikaner arm bleiben, die afrikanischen Staatsführer handeln nicht im Interesse der Menschen,*
- *Überall in Afrika sind die reichsten Menschen in öffentlichen Ämtern,*
- *Ich wurde zum Direktor der Antikorruptionskommission ernannt, und somit nahm ich an, dass ich die Korrupten finden sollte, aber in Wahrheit sollte ich nur so tun, als ob ich Korruption bekämpfe. Sobald ich mit meinem Team an die Arbeit ging, lösten sie die Kommission auf und schickten uns nach Hause, und das ist nicht nur uns passiert, sondern vielen anderen Anti-Korruptionsbekämpfern auf dem Kontinent. Korruption zu bekämpfen ist nicht leicht, denn die Täter sind gut organisiert und bereit zu töten.*
- *Es ist Zeit aufzuwachen und afrikanische Lösungen für afrikanische Probleme zu finden, junge Menschen müssen sich für eine fundamentale Veränderung engagieren, anstatt sich für Fußball und Fernsehserien zu interessieren,*
- *Jeder von uns muss sich verändern und mit dem leben, was er hat, es kann doch nicht sein, dass auf einem Kontinent so reich wie der unsere, [die Jugend] nur eine Ambition hat [und zwar die] ins Ausland zu gehen. Unsere Bodenschätze werden uns weggenommen, unsere Agrarprodukte werden exportiert, unsere Menschen rennen weg in die USA oder nach Europa, um Hamburger zu braten,*
- *Es schmerzt mich zu sehen, wie die Menschen ihr Leben im Mittelmeer verlieren – vor langer Zeit brachte man Afrikaner gewaltsam als Sklaven nach Europa und in die Karibik, und jetzt gehen sie freiwillig, um in einem Job versklavt zu werden, dessen Lohn einen kaum am Leben halten kann.*

Die Halbschwester des Ex-US Präsidenten Barack Obama, Auma Obama, selbst Aktivistin in Kenia, die dort Projekte leitet, sagte auf dem »Life Quality Form«, dem Forum für Lebensqualität 2017 in Kitzbühel,[152] dass Entwicklungshilfe abhängig macht falsche Erwartungen weckt, und die Afrikaner sich als Opfer sehen lässt. »*Wenn man kein fließendes Wasser hat und keinen Strom, heißt das noch lange nicht, dass man arm ist*«, betonte Obama. »*Schließlich*

---

152 *Focus online*, 20.10.2017, »Menschenrechtlerin Auma Obama fordert Umdenken in Entwicklungshilfe«.

zahlen Urlauber in Finnland oder Schweden viel Geld für abgelegene Hütten mit Plumpsklo [...]. Die Entwicklungshilfe zwingt uns auf die Knie, denn nicht wir haben dabei das Sagen, und sie nimmt uns die Würde [...]. Die Kinder sind unterernährt, weil sie das Falsche essen, nicht, weil sie nichts zu essen bekommen. Aufklärung ist viel wichter, als reines Bereitstellen von Nahrungsmitteln«. Obama sprach sich klar gegen Schülerstipendien und Austauschprogramme für junge Menschen aus. *»Wenn die Kinder einmal weggehen, sind sie weg [...]. Es muss nicht das schicke europäische Haus sein, es reicht eine schöne Hütte, und besserer Lebensstandard bedeutet nicht, dass es unbedingt der europäische Standard sein muss.«*

Im Falle Liberias fokussiert die Regierung darauf, Investoren aus dem Ausland ins Land zu holen, die in Wirklichkeit kein Interesse an der Entwicklung des Landes haben, sondern auf Profit ausgerichtet sind, und meistens an der Zerstörung der Natur, der Grundlage des liberianischen Reichtums, beteiligt sind. Sie bringen Experten aus dem Ausland mit, bilden kaum Einheimische aus, sondern benutzen sie nur für ungelernte Arbeit. Schon Präsident Tubmans Wirtschaftspolitik mit einem Rohstoffsektor auf der einen Seite, der von ein paar ausländischen Investoren dominiert wurde, und mit einer breiten Subsistenzwirtschaft auf der anderen Seite, scheiterte, und galt als ein Beispiel für »Wachstum ohne Entwicklung«. Man mag sich auch des Gedankens nicht erwehren, dass es die Taschen der Eliten sind, die von solch einer Strategie persönlich profitieren. Zum Beispiel erhielten ausländische Investoren wie Sime Darby riesige Flächen für den Anbau von Palmöl. Abgesehen von den Auswirkungen auf die Umwelt, werden dabei die Rechte der Liberianer missachtet, die diese Flächen seit Jahrhunderten besitzen und bearbeiten, und für ihren Lebensunterhalt von diesen Flächen abhängig sind. In Liberia droht sich »Wachstum ohne Entwicklung« zu wiederholen.

Seit die internationale Hilfe verringert worden ist, hat das Land massive wirtschaftliche Schwierigkeiten. Das zeigt, dass die vielen Hilfsgelder und Auslandsinvestitionen besser in die Ausbildung der Bevölkerung investiert worden wären, um sich eine eigene Wirtschaft und eine Basis für eine verbesserte Landesführung zu schaffen, anstatt sich nur auf ausländische Fachkräfte und Investitionen zu verlassen. Es macht mich nachdenklich, dass ausgerechnet Joshua Blahyi, alias General Butt Naked erkannt hat, dass die Qualität einer Staatsführung aus dem Kollektiven kommt und sich nur ändern kann, wenn jeder Einzelne sich ändert, genau wie Lumumba es auch fordert.

Junge Menschen, die Träger eines echten Wandels in Afrika sein könnten, haben wenig Chancen, an einer Reform mitzuwirken, solange die Welt durch kontinuierlichen Geldfluss, fehlgeleiteten Investitionen und Toleranz gegenüber Korruption dafür sorgt, dass kriminelle Regime sich perpetuieren. Deshalb verlassen sie den Kontinent, um anderswo als Flüchtlinge oder Migranten zu leben.

Die internationale Gemeinschaft sowie Staaten, die Entwicklungshilfe leisten, verschließen sich jeglicher Diskussion der Thematik, und beharren auf dem Irrglauben, alles mit Geld regeln zu können.

Es sind auch die hierarchischen Gesellschaftsstrukturen, die ein demokratisches Mitwirken erschweren. Egal, auf welcher Ebene, sobald jemand eine Stufe höher gestellt wird, demonstriert er Macht und Willkür in einem Ausmaß, das die demokratische und rechtsstaatliche Ordnung untergräbt. Während in einigen Ländern Minister sogar öffentliche Transportmittel benutzen, fahren ihre Pendants in Afrika in einer Autokolonne von mehreren Limousinen, und zwar so rücksichtslos, dass jeder schon freiwillig in den Graben fährt, wenn er die Sirene hört. Junge Menschen möchten das nicht mehr erleben.

Unter zahllosen Beispielen erinnere ich mich an einen grotesken Vorfall in Monrovia. UNMIL stellte liberianischen Regierungsbeamten ihre Helikopter zur Verfügung, wenn sie Aufgaben nachkamen, die der Friedenssicherung oder dem Wiederaufbau des Landes dienten. Ein höherer Beamter, der diesen Dienst nutzte, befahl den Piloten nach seiner Rückkehr, den Helikopter so nah an das Flughafengebäude heranzufahren, dass er nicht zu Fuß über das Rollfeld laufen musste, obwohl es nur ein paar Schritte waren. Die ukrainischen Piloten erklärten ihm höflich, dass dies aus sicherheitstechnischen Gründen nicht möglich sei. Der liberianische Beamte verwies auf seinen Status und bekam einen Wutanfall, drohte den Piloten, und weigerte sich zunächst, auszusteigen.

Was wir für Afrika tun können, ist das Verhältnis unserer Politiker zu den Herrschenden und ihre Entwicklungspolitik zu hinterfragen, anstatt Spendenaktionen aller Art zu organisieren, die oft nur dem eigenen Wohlgefühl dienen und das moralische Selbstimage heben. Der Gedanke, dass die Massenmigration durch Millionenzahlungen an die korrupten Eliten gestoppt werden könnte, ist irrsinnig. Im Gegenteil – sie bestärken die dysfunktionalen Staatssysteme und sind damit eine Hauptursache für Migration.

Lumumba klagt an, dass wir es scheinbar normal finden, dass Afrikaner ihr ganzes Vermögen ausgeben, um kriminelle Schlepperbanden zu unterstützen, ihr Leben auf einer traumatisierenden Reise zu riskieren, um dann in Europa Almosen zu empfangen oder Jobs innezuhaben, von denen man kaum leben kann. Er sagt, dass es die kräftigsten Männer und Frauen sind, und nicht die Ärmsten und Bedürftigsten, die auf diese Reise geschickt werden, und zum Teil sind sie noch minderjährig. Menschen, die einen afrikanischen Frühling einleiten könnten.

39. Chronologie

1820	Befreite Sklaven werden aus den USA nach Liberia ausgesiedelt.
1847	Die Ex-Sklaven, Americo-Liberianer genannt, gründen eine Republik mit einer Verfassung nach dem Vorbild der USA. Einheimische Liberianer werden ausgebeutet und unterdrückt, das Hinterland bleibt von Weiterentwicklungen ausgeschlossen.
1917	Liberia erklärt Deutschland den Krieg und somit bekommen die Alliierten eine Basis in Afrika.
1926	Die US-amerikanische Firma Fireston leased zu einem Spottpreis eine Millien Acres[153] Land in Liberia für die größte Kautschukplantage der Welt. Zwölf Millionen Gummibäume werden gepflanzt, 25.000 Arbeiter eingestellt. Bis heute steht die Plantage aufgrund der dort herrschenden Arbeitsbedingungen in der Kritik. Firestone gibt Liberia ein Darlehen von fünf Millionen Dollar und gerät damit in wirtschaftliche Abhängigkeit.
1944	William Tubman wird zum Präsidenten gewählt.
1951	Frauen und einige wohlhabende einheimische Liberianer bekommen das Wahlrecht.
1971	Präsident Tubman stirbt und wird von Vizepräsident William Tolbert abgelöst, der sich von der Abhängigkeit zu den USA lösen will indem er Beziehungen zu Europa, der Sowjetunion, China, Kuba und den Ostblockstaaten aufbaut.
April 1979	Einer angekündigten Erhöhung der Preise für Importreis folgen Proteste und Plünderungen in der Hauptstadt. Mindestens 40 Menschen werden getötet, als Präsident Tolbert, der persönlich von der Erhöhung profitieren würde, in die Menge schießen lässt.

---

153 1 Acre entspricht 4046 Quadratmetern.

April 1980	Präsident Tolbert wird von Samuel K. Doe und anderen einheimischen Militärs ermordet. Doe, ein 29-jähriger Hauptfeldwebel vom Stamme der Krahn und quasi Analphabet, übernimmt als erster Einheimischer die Macht und errichtet ein korruptes Terrorregime, dass zunächst massiv von den USA unterstützt wird.
Oktober 1985	Doe wird durch Wahlfälschung zum Präsidenten gewählt, doch die USA erkennen die Wahl an.
November 1985	Does Freund, Thomas Quiwonkpa vom Stamme der Gio, der ebenfalls an der Ermordung von Präsident Tolbert beteiligt war, versucht vergeblich, die Macht durch einen Staatsstreich zu übernehmen. In einem makabren kannibalistiscemn Ritual wird Quiwonkpas Leiche öffentlich zerschnitten und Teile davon werden gegessen. Doe veranlasst grausame Repressalien gegen die Gio- und Mano-Ethnien in Nimba, Quiwonkpas Heimat.
Dezember 1989	Am Heiligabend fällt Charles Taylor mit der NPFL[154] von der Elfenbeinküste her in Liberia ein, um das Doe-Regime zu stürzen. Viele der Gio und Mano schließen sich den Rebellen an. Was als Befreiungskampf begann, entwickelt sich zu einem brutalen Bürgerkrieg, in dem massive Menschenrechtsverletzungen an der Zivilbevölkerung verübt werden.
Juni 1990	Does Armee und Tayors Rebellen liefern sich eine Schlacht um Monrovia, bei der Zivilisten wahllos ermordet werden. Große Teile der Bevölkerung werden vertrieben. Massive Plünderungen finden statt.
Juli 1990	600 Männer, Frauen und Kinder, meist Gio und Mano, die in der lutherischen Kirche in Monrovia Zuflucht suchten, werden von Does Soldaten erschossen oder mit Macheten zu Tode gehackt.
August 1990	Als die Rebellen vor den Toren der Hauptstadt stehen, schickt die Wirtschaftsgemeinschaft Westafrikanischer Staaten (ECOWAS)[155] 4.000 ECOMOG[156]-Soldaten aus Nigeria,

---

154 National Patriotic Front of Liberia.
155 Economic Community of West African States.
156 Economic Community of West African States Monitoring Group oder kurz ECOMOG.

39. Chronologie

	Ghana, Sierra Leone, Gambia und Guinea nach Monrovia. Die USA bieten Doe Exil an, was dieser aber ablehnt.
September 1990	Eine Splittergruppe der NPFL, die INPFL,[157] unter dem Kommando von Prince Johnson, stellt Präsident Doe eine Falle, nimmt ihn gefangen, lässt ihm vor laufender Kamera die Ohren abschneiden. Doe stirbt noch in der Nacht.
November 1990	ECOWAS organisiert erste Friedensgespräche in Bamako, Mali, und vereidigt einen Übergangspräsidenten.
Dezember 1990	Ein Friedensvertrag zwischen der Übergangsregierung, Taylors NPFL und Does Anhängern, den Krahn, wird in Banjul, Gambia, unterzeichnet.
Januar 1991	Charles Taylor kündigt alle Friedensverträge auf und gründet seine eigene Regierung in Gbarnga. Er kontrolliert über 90 Prozent des Landes, beutet seine Rohstoffe aus und wird sehr reich.
Februar 1991	Ein Friedensvertrag, unterschrieben in Lome, Togo, sieht vor, dass ECOMOG im ganzen Land stationiert wird. Doch der Vertrag wird nie ausgeführt.
April 1991	Does Anhänger, die Krahn und auch Mandingos, gründen eine eigene Kriegspartei, ULIMO,[158] um gegen Charles Taylor zu kämpfen. ECOMOG unterstützt ULIMO mit Waffen, Uniformen und nachrichtendienstlich.
Oktober 1992	NPFL-Rebellen greifen Monrovia und ECOMOG-Friedenstruppen Monrovia an (Operation Octopus).
Juli 1993	Charles Taylor, ULIMO und die Übergangsregierung unterzeichnen einen Waffenstillstand in Genf, Schweiz.
Juli 1993	Ein weiterer Friedensvertrag wird in Cotonou, Benin, unterzeichnet, der eine neue Übergangsregierung, Entwaffnung und Wahlen im Februar 1994 vorsieht. Der Weltsicherheitsrat unterstützt dieses Abkommen mit der UNO-Militärbeobachtermission UNOMIL, die mit ECOMOG zusammenarbeiten soll.

---

157 Independent National Patriotic Front of Liberia.
158 United Liberation Movement for Democracy.

September 1994	Ein Zusatz zum Friedensabkommen wird in Akosombo, Ghana, unterzeichnet. Man einigt sich auf Wahlen im Oktober 1995. Der UNO-Weltsicherheitsrat unterstützt das Cotonou-Abkommen mit der UNO-Beobachtermission UNOMIL.[159] Die Entwaffnung der Kriegsparteien scheitert an erneuter Gewalt, logistischen, finanziellen und personellen Herausforderungen.
Dezember 1994	Die Kriegsparteien treffen sich in Accra, Ghana, zu Friedensgesprächen und einigen sich auf Wahlen im November 1995. Die ULIMO spaltet sich in ULIMO-K (Mandingo unter Al Haji Kromah) und ULIMO-J (Krahn unter Roosevelt Johnson auf.
August 1995	In einem neuen Friedensvertrag wird ein »Liberian Council of State«, ein liberianischer Staatsrat, gegründet, der sich aus sieben verschiedenen Kriegsparteien zusammensetzt. Charles Taylor (NPFL), Alhaji Kromah (ULIMO-K) und George Boley (LPC) führen zusammen mit drei Zivilisten kollektiv das Amt des Präsidenten.
April 1996	In Monrovia brechen heftige Kämpfe zwischen Charles Taylors und Alhaji Kroahs gemeinsamen Truppen und denen von Roosevelt Johnson aus, den Taylor immer noch als Rivalen sieht. Tausende Menschen werden getötet. Massenhafte Plünderungen finden statt, auch in Privathäusern. Alle UNO-Einrichtungen, Büros, Fahrzeuge etc. werden vollständig geplündert. ECOMOG[160] nimmt an den Plünderungen teil.
August 1996	Ein neues Friedensabkommen wird von den Kriegsparteien und Vertretern der Zivilgesellschaft unterzeichnet. Wahlen sollen nun im Mai 1997 stattfinden.
Juli 1997	Charles Taylor gewinnt die Präsidentschaftswahlen, die international als fair anerkannt werden.
September 1998	Präsident Taylor will seinen letzten Rivalen, Roosevelt Johnson, loswerden. Seine Männer greifen an und töten fast seine ganze Miliz. Roosevelt Johnson flieht in die US-Botschaft und wird nach Ghana evakuiert.

---

159 The Unites Nations Observer Mission in Liberia.
160 ECOMOG erhält den Scherznamen »Every Car Or Moving Object Gone«.

39. Chronologie

Januar 1999	Taylor wird offiziell beschuldigt, die RUF-[161]Rebellen in Sierra Leone zu unterstützen, dorthin Waffen gegen Diamanten zu liefern, und schwersten Menschenrechtsverletzungen Vorschub zu leisten. Die USA, Großbritannens und die Vereinten Nationen verhängen Sanktionen.
April 1999	Eine neue Rebellengruppe formiert sich gegen Taylor: LURD,[162] die sich aus verschiedenen Anti-Taylor-Gruppen zusammensetzt, hauptsächlich Mandingos aber auch Krahn. Sie erhalten Unterstützung aus Guinea und Sierra Leone, sowie von Großbritannien und den USA.
September 2000	LURD-Rebellen greifen von Guinea aus an und marschieren Richtung Monrovia.
Juni–August 2003	LURD und Tayors Truppen liefern sich schwere Kämpfe direkt vor Monrovias Innenstadt. Die UNO erlässt einen Haftbefehl gegen Taylor für seine Kriegsverbrechen. Unter Druck tritt Taylor zurück und wird nach Nigeria ins Exil geflogen. Ein Friedensvertrag wird unterzeichnet und eine Übergangsregierung eingesetzt. Die UNO-Mission in Liberia (UNMIL)[163] übernimmt das Land.
April 2004	UNMIL beginnt die Entwaffnung, Demobilisation und Reintegration von 103.000 Kämpfern aller Parteien.
Oktober 2005	Ellen Johnson-Sirleaf gewinnt die Präsidentschaftswahlen und wird die erste demokratisch gewählte Frau an der Spitze eines afrikanischen Staates.
March 2006	Charles Taylor wird dem Internationalen Gerichtshof überstellt und inhaftiert.

---

161 Revolutionary United Front.
162 Liberians United for Reconciliation and Democracy.
163 United Nations Mission in Liberia.

39. Chronologie

Oktober 2006	Eie liberianische Wahrheits- und Versöhnungskommission (TRC)[164] nach dem Vorbild Südafrikas beginnt, Zeugen anzuhören, um Menschenrechtsverletzungen zu untersuchen. Die Kommission empfiehlt, dass Ellen Johnson Sirleaf aufgrund ihrer Rolle im Bürgerkrieg für die nächsten 30 Jahre auf ein offizielles Amt verzichten soll.
Oktober 2011	Trotz ihrer anfänglichen Aussage, nicht wieder zur Wahl zur Verfügung zu stehen, und der Empfehlung des TRC, kandidiert Sirleaf erneut für die Wahlen 2011 und gewinnt diese.
Dezember 2011	Ellen Johnson Sirleaf bekommt den Friedensnobelpreis, zusammen mit Leymah Gbowee und Tawakkul Karman. Es zeigt sich, dass Sirleafs Regime nicht weniger korrupt ist als andere.
April 2012	Die Richter erklären Charles Taylor für schuldig und verurteilen ihn zu einer Gefängnisstrafe von 50 Jahren, die er in England verbüßt.
2014–2015	Liberia durchlebt die Ebolakrise mit massiver internationaler Hilfe, besonders seitens der USA. Der Regierung wird schwerwiegende Korruption im Umgang mit den Hilfsgeldern angelastet.
Oktober 2017	George Weah, der internationale Fußballstar, gewinnt die Präsidentschaftswahlen. Er wird jedoch beschuldigt, Millionen unterschlagen zu haben, und sich dafür luxuriöse Wohnsitze im In- und Ausland gebaut zu haben, während die Mehrheit aller Liberianer noch immer unter der Armutsgrenze lebt.
Juni 2018	UNMIL zieht sich endgültig aus Liberia zurück.

---

164 Truth and Reconciliation Commission.

Abbildungen

Abb. 1: Dorf im Hinterland

Abb. 2: Frau aus einer ländlichen Gegend

Abb. 3: Für den Snack zwischendurch

Abb. 4: Junge

Abbildungen

Abb. 5: Frau und Kinder in Monrovia

Abb. 6: Frisör in Monrovia

Abb. 7: Werbeplakat in Monrovia

Abb. 8: Monrovia – vermüllter Strand, geplünderte Hochhäuser im Hintergrund

Abb. 9: Marktviertel in Monrovia

Abbildungen

Abb. 10: Grand Bassa

Abb. 11: Americo-liberianisches Haus in Robertsport

Abb. 12: Parkplatz hinter dem UNO-Hauptgebäude in Monrovia

Abb. 13: Blick aus dem UNMIL-Schlafcontainer in Harper

Abb. 14: In Ganta, typisches Wohnviertel

227

Abbildungen

Abb. 15: In Westpoint, einem Slum von Monrovia

Abb. 16: Westpoint, der größte Slum von Monrovia

Abb. 17: Auf der Straße von Monrovia nach Voinjama

Abb. 18: Lebende Maden werden am Straßenrand als Snack angeboten

Abb. 19: Das UNO-Welternährungsprogramm stellt kostenloses Mittagessen für Schüler bereit

Abbildungen

Abb. 20: Vergewaltigungen waren und sind ein großes Problem in Liberia. Die Hilfsorganisation »Ärzte Ohne Grenzen« sponsort Schilder, die die Bevölkerung sensibilieren sollen und die über kostenlose ärztliche Behandlung aufklären

Abb. 21: Traditioneller Arzt mit Plakataufzeichnung der Krankheiten, die er behandelt

Abbildungen

Abb. 22: Benzinverkaufsstelle (Benzin wird in Flaschen verkauft, wenn vorhanden)

Abb. 23: Gefängniszelle in Sanniquelle

Abbildungen

Abb. 24: Doris Kleffner auf dem Flughafen von Greenville, dessen Piste von UNMIL errichtet wurde

Abb. 25: Besuch beim nigerianischen UNMIL-Peacekeeper-Kontingent
(Doris Kleffner: erste Reihe rechts)

Abbildungen

Abb. 26: Goldmine

Abb. 27: Gerichtssaal im Slumviertel Westpoint

Abbildungen

Abb. 28: Schubkarren mit Waren auf dem Markt

Abb. 29: Fischerboote am Strand von Monrovia

Abbildungen

Abb. 30: Frauen bei der Feldarbeit

Abb. 31: Frauenkooperative bei der Feldarbeit

Abbildungen

Abb. 32: Geplünderter Freimaurertempel in Harper

Abb. 33: Weitere geplünderte Häuser der Americo-Liberianer in Harper

Abb. 34: Geplündertes Haus von Americo-Liberianern in Harper

Abb. 35: Polizeistation Robertsport – Polizisten haben gespendetes Fahrzeug geplündert, da sie nicht bezahlt worden sind

Abbildungen

Abb. 36: Weibliche UNMIL-Soldatinnen

Abb. 37: Indisches Polizeikontingent (nur aus Frauen bestehend)

Abbildungen

Abb. 38: Vertriebene in einem Haus in Robertsport

Abb. 39: Typisches americo-liberianisches Haus in Robertsport

Abbildungen

Abb. 40: Sogenanntes »Bushmeat« – hier kleine geräucherte Antilopen auf dem Markt in Ganta

Abb. 41: Hauswand auf dem Lande mit Kinderzeichnungen vom Bürgerkrieg

Abbildungen

Abb. 42: Traumstrand in Buchanan

Abb. 43: Einer der unzähligen endlosen Strände

Abbildungen

Abb. 44: Amputiertenfußballteam der Ex-Kämpfer

Abb. 45: Ex-Kämpfer im UNMIL-Berufsausbildungsprogramm

Abb. 46: Ex-Kämpfer im UNMIL-Berufsausbildungsprogramm

Abb. 47: Sinoe County

Abbildungsnachweise

Ich möchte mich besonders bedanken bei dem Fotografen Christopher Herwig, der die meisten Fotos zur Verfügung gestellt hat.

Abb 1: Christopher Herwig / UNMIL	**Abb. 24:** Doris Kleffner
Abb. 2: Christopher Herwig / UNMIL	**Abb. 25:** Doris Kleffner
Abb. 3: Christopher Herwig / UNMIL	**Abb. 26:** Christopher Herwig / UNMIL
Abb. 4: Christopher Herwig / UNMIL	**Abb. 27:** Christopher Herwig / UNMIL
Abb. 5: Christopher Herwig / UNMIL	**Abb. 28:** Christopher Herwig / UNMIL
Abb. 6: Christopher Herwig / UNMIL	**Abb. 29:** Christopher Herwig / UNMIL
Abb. 7: Christopher Herwig / UNMIL	**Abb. 30:** Christopher Herwig / UNMIL
Abb. 8: Christopher Herwig / UNMIL	**Abb. 31:** Christopher Herwig / UNMIL
Abb. 9: Christopher Herwig / UNMIL	**Abb. 32:** Doris Kleffner
Abb. 10: Christopher Herwig / UNMIL	**Abb. 33:** Doris Kleffner
Abb. 11: Christopher Herwig / UNMIL	**Abb. 34:** Doris Kleffner
Abb. 12: Christopher Herwig / UNMIL	**Abb. 35:** Doris Kleffner
Abb. 13: Doris Kleffner	**Abb. 36:** Christopher Herwig / UNMIL
Abb. 14: Christopher Herwig / UNMIL	**Abb. 37:** Christopher Herwig / UNMIL
Abb. 15: Christopher Herwig / UNMIL	**Abb. 38:** Christopher Herwig / UNMIL
Abb. 16: Christopher Herwig / UNMIL	**Abb. 39:** Christopher Herwig / UNMIL
Abb. 17: Doris Kleffner	**Abb. 40:** Christopher Herwig / UNMIL
Abb. 18: Doris Kleffner	**Abb. 41:** Christopher Herwig / UNMIL
Abb. 19: Christopher Herwig / UNMIL	**Abb. 42:** Christopher Herwig / UNMIL
Abb. 20: Christopher Herwig / UNMIL	**Abb. 43:** Christopher Herwig / UNMIL
Abb. 21: Christopher Herwig / UNMIL	**Abb. 44:** Christopher Herwig / UNMIL
Abb. 22: Christopher Herwig / UNMIL	**Abb. 45:** Doris Kleffner
Abb. 23: Christopher Herwig / UNMIL	**Abb. 46:** Doris Kleffner
	Abb. 47: Christopher Herwig / UNMIL

Brandes & Apsel

Henning Melber (Hrsg.)

Deutschland und Afrika – Anatomie eines komplexen Verhältnisses

228 S., 15,5 x 23,5 cm,
Pb. Großoktav
22,90 €
ISBN 978-3-95558-257-9

Der Band richtet sich im Sinne eines aufklärerischen Sachbuchs an ein interessiertes, aber nicht unbedingt einschlägig vorbelastetes Publikum. Zahlreiche namhafte Autorinnen und Autoren tragen in fast zwanzig Kapiteln kompetent dazu bei, umfassender und differenzierter als je zuvor die deutsch-afrikanischen Beziehungen kritisch zu reflektieren. Sie leisten damit einen notwendigen Beitrag zu einem überfälligen Diskurs, der den Realitäten im Zeitalter des Postkolonialismus Rechnung trägt.

Ein Jahrhundert nach dem Ende der deutschen Kolonialherrschaft rücken allmählich im öffentlichen Diskurs Aspekte eines deutsch-afrikanischen Verhältnisses in das Blickfeld, die sich mit den anhaltenden strukturellen und mentalen Folgen hier wie dort auseinandersetzen. Der Band präsentiert fast alle Aspekte des deutschen Verhältnisses zu Afrika. Die Autorinnen und Autoren aus Wissenschaft und Zivilgesellschaft offerieren Einblicke und Analysen, die auch die afrodeutschen Sichtweisen umfassen und die über das offizielle Terrain weit hinausgehen. Die vielfältigen Kapitel zeichnen so ein nuanciertes Bild der Geschichte und Gegenwart einer komplexen Beziehung. Die Gesamtbilanz verdeutlicht, dass die deutsche Gesellschaft mehr von einem Austausch mit Afrika geschuldeten Elementen geprägt ist, als dies weithin bewusst ist. Damit eröffnet der Band eine Perspektive für die Zukunft der deutsch-afrikanischen Beziehungen.

»Dieses Buch von Henning Melber sollte man, wenn man in der Kolonialismus-Diskussion mitreden möchte, unbedingt gelesen haben.« (Olaf Zimmermann, Leiter des Deutschen Kulturrates, via Twitter)

Brandes & Apsel

Jan-Philipp Scholz

Menschenhandel, Migrationsbusiness und moderne Sklaverei

Menschen gefangen zwischen afrikanischen Herkunftsländern und europäischen Staaten

188 S., 15,5 x 23,5 cm,
Pb. Großoktav
14,90 €
ISBN 978-3-95558-251-7

»Diese Neuerscheinung erlaubt eine intensive Beschäftigung mit dem Thema der Migration, wie der Analyse ihrer vielgestaltigen Ausprägungen. Sie verweisen auf die Notwendigkeit, sich intensiv und mit Verantwortung mit den Entwicklungen der sehr komplexen weltweiten Prozesse zu beschäftigen. Damit verbunden ist die Hoffnung, mit dieser Veröffentlichung beizutragen zu einer differenzierten Sichtweise auf die deutschen Verhältnisse.« (Theresa Endres, africa-live.de)

»Sehr genau beschreibt er die Verhältnisse vor Ort, die korrupten Eliten – unterstützt oft von westlichen Regierungen – die den jungen Menschen jede Perspektive auf ein auskömmliches Leben verwehren. Der Journalist schreibt anschaulich und verbindet gekonnt Reportage und Analyse, sodass ein Bild dieses menschenverachtenden Migrationsbusiness, seiner Ursachen und möglichen Gegenstrategien, die sowohl in Afrika als auch Europa ansetzen müssen, erkennbar wird. Lesenswert und aktuell.« (Reinhild Khan, ekz.bibliotheksservice)

»Als langjähriger Korrespondent in Nigeria kennt Jan-Philipp Scholz die Lage im Norden Afrikas. Er berichtet von korrupten Eliten, kriminellen Netzwerken und fehlgeleiteter Fluchtursachenbekämpfung mit europäischem Geld. Ausdrückliche Leseempfehlung!« (allewelt, Missio Österreich)

»Jan-Philipp Scholz beschreibt in seinem Buch pointiert und verständlich die Probleme der Migration von Afrika nach Europa. (...) Das Buch ist spannend geschrieben, gut lesbar und für eine breite Leserschaft geeignet.« (Andreas M. Rauch, welt-sichten)

»Das Buch basiert auf zahlreichen Gesprächen, die der Autor in Westafrika geführt hat. Ein spannender, enthüllender Bericht (...).« (afrika-bulletin, 5/2020)

Brandes & Apsel

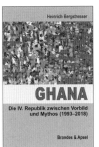

Heinrich Bergstresser

GHANA –

Die IV. Republik zwischen Vorbild und Mythos (1993–2018)

Ghana, the *Black Star*, gehörte zu den ersten unabhängigen Staaten Afrikas. Im Kontext der neuen Weltordnung der 1990er Jahre transformierte sich Ghana früher als andere diktatorisch und repressiv regierte Länder des Kontinents in einen demokratisch legitimierten Staat und setzte damit Maßstäbe. Heinrich Bergstresser schaut auf und hinter das demokratische System der IV. Republik, zeigt seine Stärken und Schwächen auf und arbeitet das politökonomische Innenleben Ghanas und sein Verhältnis zur internationalen Gemeinschaft heraus.

256 S., Pb. Großoktav, € 24,90
ISBN 978-3-86099-252-4

Heinrich Bergstresser

NIGERIA –

Die IV. Republik zwischen Demokratisierung, Terror und Staatsversagen (1999–2017)

»Bergstresser konstatiert im Buch mehrfach ein ›Staatsversagen‹, versucht aber nicht, dessen Ursachen zu ergründen. Das muss er auch nicht. Als Journalist hat er Fakten zu liefern – und das hat er vorbildlich getan.«
(Gerd Bedszent, junge Welt)

260 S., Pb. Großoktav, € 24,90
ISBN 978-3-86099-199-2

Rita Schäfer

Migration und Neuanfang in Südafrika

Geschichte und Gegenwart von Einwanderung, Asyl und Wanderarbeit

Südafrika ist das wichtigste Einwanderungsland in Afrika. Im Lauf seiner wechselvollen Geschichte kamen Immigranten aus verschiedenen Regionen Afrikas und von anderen Kontinenten. Deshalb lassen sich innovative und konfliktreiche Prozesse von Migration und Globalisierung hier besonders gut erkennen.

240 S., Pb. Großoktav, € 24,90
ISBN 978-3-95558-250-0

Henning Melber

Namibia –

Gesellschaftspolitische Erkundungen seit der Unabhängigkeit

»ausgezeichnet (…) engagiert geschrieben (…) kenntnisreich und kritisch«
(A. Eckert, Die Zeit)

»Written by undoubtedly the most knowledgeable expert on Namibia and its development. (…) extremely well researched and lucidly written (…) with an entertaining style which makes for easy and enjoyable reading. (…) definitely a must and an invaluable source of facts.« *(T. Christiansen, Journal of Namibian Studies)*

216 S., Pb. Großoktav, € 24,90
ISBN 978-3-95558-109-1
E-Book: € 22,90, ISBN 978-3-95558-137-4

Unseren Flyer »Frische Bücher« erhalten Sie kostenlos:
Brandes & Apsel Verlag • Scheidswaldstr. 22 • 60385 Frankfurt am Main
info@brandes-apsel.de • www.brandes-apsel.de